W0191068

Albino Luciani

**Das Beispiel
des Samariters**

Albino Luciani

Das Beispiel des Samariters

Die Exerzitien Johannes Paul I.

Verlag Styria Graz Wien Köln

Ins Deutsche übertragen von Helmut Machowetz
Der Titel der italienischen Originalausgabe lautet
IL BUON SAMARITANO
und erschien 1980 bei Editrice Grafiche Messaggero
di S. Antonio, Padova

CIP-Kurztitelaufnahme der Deutschen Bibliothek

Johannes Paulus <Papa. I.> :
Das Beispiel des Samariters : d. Exerzitien
Johannes Paul I. 2 Albino Luciani.
[Ins Dt. übertr. von Helmut Machowetz]. –
Graz, Wien, Köln : Verlag Styria, 1982.
Orig.-Ausg. u.d.T. : Johannes Paulus <Papa, I.> :
Il buon samaritano
ISBN 3-222-11389-0

1982 Verlag Styria Graz Wien Köln
Alle Rechte der deutschen Ausgabe vorbehalten
Printed in Austria
Umschlaggestaltung: Christoph Albrecht
Satz und Druck: Druck- und Verlagshaus Styria, Graz
Bindung: Wiener Verlag, Himberg/Wien
ISBN 3-222-11389-0

INHALTSVERZEICHNIS

Vorwort des Verlages .. 7

Das Gleichnis vom barmherzigen Samariter .. 9

I. Die Heilsgeschichte .. 11

II. Die Liebe .. 20

III. Die Hoffnung .. 36

IV. Die Todsünde .. 48

V. Die Lauheit .. 63

VI. Der Tod .. 78

VII. Die geschaffenen Dinge .. 92

VIII. Güte und Demut .. 109

IX. Die Keuschheit .. 124

X. Armut und Gehorsam .. 143

XI. Die Klugheit .. 157

XII. Das Wort Gottes .. 171

XIII. Die Methode Jesu .. 188

XIV. Jesus rettet uns in der Kirche .. 203

XV. Was die Kirche über sich und die anderen sagt .. 218

XVI. Die Liturgie .. 245

XVII. Die Sakramente .. 253

XVIII. Gebet und Abtötung .. 260

XIX. In Erwartung seiner Wiederkunft .. 267

VORWORT DES VERLAGES

Vom 10. bis 15. Januar 1965 hielt der damalige Bischof von Vittorio Veneto, Albino Luciani, einen Exerzitienkurs für eine Gruppe von Priestern aus verschiedenen Diözesen in der kleinen Stadt Possagno in der Provinz Treviso, bekannt als Heimatort des berühmten italienischen Bildhauers Canova.

Er hielt sich dabei nicht an das traditionelle Schema von Exerzitien, wie es vom hl. Ignatius konzipiert worden ist und fast durchwegs von den Exerzitienmeistern in Anwendung gebracht wird, sondern ließ sich vom *Gleichnis vom barmherzigen Samariter* im Lukasevangelium (10,30–35) inspirieren, und anhand dieses Gleichnisses entwickelte er seine Gedanken: Dort fand er Anregungen für die verschiedenartigsten Überlegungen, in denen er viele Aussagen des damals zu Ende gehenden Konzils schon vorwegnahm. In seiner lockeren Art brachte er es fertig, daß seine Zuhörer eine Woche lang mit gebannter Aufmerksamkeit seinen Ausführungen lauschten. Einer von ihnen nahm die Vorträge mit einem Tonbandgerät auf und tippte sie dann Wort für Wort in die Maschine. Dieses Manuskript hat Bischof Luciani durchgesehen und da und dort noch kleinere Korrekturen angebracht. Das Original dieser Tonbandabschrift blieb in seinen Händen, während der Priester, der sie angefertigt hat, sich eine Fotokopie davon behielt. Auf dieser Kopie beruht nun das vorliegende Buch. Das Originalmanuskript dürfte sich noch im Vatikan befinden bei all den anderen Sachen, die Papst Luciani bei seinem plötzlichen Tod zurückgelassen hat, während die Tonbänder selbst leider verlorengegangen sind.

Der Herausgeber sah sich vor eine erhebliche Schwierigkeit gestellt. Der Text offenbarte klar und eindeutig seine

Herkunft: die lebendige Sprache des Bischofs, der mit seinen Priestern ein freundschaftliches Gespräch führte, ohne auch nur im geringsten darauf zu achten, daß seine Ausdrucksweise ausgefeilt ist und elegant wirkt. Ein geradezu familiäres Gespräch mit angefangenen und dann nicht zu Ende geführten Sätzen, mit Begriffen, die er zunächst ganz allgemein faßt, um sie später mit anderen Worten zu präzisieren, mit Rückblendungen, Wiederholungen, Verweisen, und das alles in seiner typischen Ausdrucksweise. Kurzum, der Text trug alle charakteristischen Merkmale des spontan gesprochenen Wortes an sich.

Was tun? Welchen Sinn hätte es gehabt, den Text neu zu redigieren, ihn zu ordnen, ihm die Lebendigkeit und all die Facetten des gesprochenen Originals zu nehmen, um aus ihm ein feierliches und fixiertes Wort zu machen? Wer hätte darin noch das Wort von Bischof Luciani erkannt? Es war also das Anliegen, auch in der vorliegenden schriftlichen Form seinen ureigenen Sprachstil zu bewahren, mit seinen Vorzügen und seinen Unvollkommenheiten, und nur einige wenige leichte Retuschen dort anzubringen, wo es zum Verständnis und zur Lesbarkeit des Textes notwendig war.

Der Verlag legt nun dieses Werk vor, damit das Andenken an diesen unvergeßlichen Menschen lebendig bleibt. Die Grundlage zu diesem Buch entstand 1965, und wir finden in ihm schon die Wurzeln seines bekanntesten Buches „Illustrissimi" (deutsch: „Ihr ergebener... Albino Luciani"): dieselbe Art, schwierige Sachverhalte leicht faßlich darzustellen, derselbe gefällige Stil, dieselbe Freude am Anekdotenhaften und an humorvollen Scharmützeln; vor allem aber derselbe große Glaube und dieselbe ergreifende Liebe, die damals seine Zuhörer fesselten und die auch heute die Leser dieses Buches in ihren Bann schlagen werden.

DAS GLEICHNIS
VOM BARMHERZIGEN SAMARITER

Ein Mann ging von Jerusalem nach Jericho hinab und wurde von Räubern überfallen. Sie plünderten ihn aus und schlugen ihn nieder; dann gingen sie weg und ließen ihn halbtot liegen. Zufällig kam ein Priester denselben Weg herab; er sah ihn und ging weiter. Auch ein Levit kam zu der Stelle; er sah ihn und ging weiter. Dann kam ein Mann aus Samaria, der auf der Reise war. Als er ihn sah, hatte er Mitleid, ging zu ihm hin, goß Öl und Wein auf seine Wunden und verband sie. Dann hob er ihn auf sein Reittier, brachte ihn zu einer Herberge und sorgte für ihn. Am andern Morgen holte er zwei Denare hervor, gab sie dem Wirt und sagte: Sorge für ihn, und wenn du mehr für ihn brauchst, werde ich es dir bezahlen, wenn ich wiederkomme.

(Lukas 10,30–35)

I
Die Heilsgeschichte

Auf dem Konzil hat ein mahnender Appell starken Widerhall gefunden, der schon seit geraumer Zeit verschiedentlich zu hören war. Einige Konzilsväter haben es ganz deutlich gesagt: Wir müssen in unserer Verkündigung wieder mehr von der *Heilsgeschichte* reden.

Wenn ich es recht verstanden habe, ist damit folgendes gemeint: Gott läuft gewissermaßen den Menschen nach und sagt zu ihnen: Ich will euch helfen, ich will euch läutern, ich will euch erlösen. Die Menschen aber rennen auf und davon. Doch Gott läßt sich nicht entmutigen und bleibt bei seinem Vorhaben: Ich will es noch einmal versuchen – einmal, zehnmal, hundertmal.

Wir müssen wieder mehr von der Heilsgeschichte reden. Es war Origenes, wenn ich mich recht erinnere, der einen genialen Einfall gehabt hat, als er die Heilsgeschichte, d. h. die Geschichte Gottes und unsere Geschichte, im *Gleichnis vom barmherzigen Samariter* dargestellt sah. Der barmherzige Samariter ist Jesus; der unter die Räuber gefallene und dabei übel zugerichtete Wanderer – das sind wir.

Meine Ausführungen werden alle von diesem Gleichnis inspiriert sein. Und wir wollen sogleich damit beginnen.

Ein Mann ging von Jerusalem nach Jericho hinab, heißt es im Evangelium. Er war also unterwegs – und auch wir sind unterwegs. Gott der Herr hat uns auf den Lebensweg geschickt, aber er hat uns diesen Weg auch ganz genau markiert: Ich selbst sage euch, wohin ihr gehen müßt. Ihr werdet eine kleine Runde machen, einige Jahre, und dann müßt ihr wieder hierher zurückkehren. Ich war euer Ausgangspunkt, doch nun bin ich für euch fast so etwas wie ein Magnet geworden. Es gibt ein neues Gesetz der Schwerkraft: Hierher zu mir müßt ihr wieder zurück.

Es gibt Leute, die an dieses neue Gesetz der Schwerkraft nicht glauben. Wir aber glauben daran, ich glaube daran. Wie oft ertappe ich mich dabei, daß ich sage: Herr, nicht daß ich Angst hätte, wieder zu dir zurückzukehren, nein, ich sehne mich sogar danach. Aber ich habe Angst vor der Prüfung, die mich dort erwartet. Laß mich doch bitte, wenn ich zurückkomme, bei dieser Prüfung nicht durchfallen, denn ich weiß, daß ich mein Versagen dann nicht mehr gutmachen kann, weil die Prüfung unwiederholbar ist.

Auf diesem *Heilsweg* werdet ihr als Gerettete, als Erlöste zu mir zurückkehren, als solche, die die Prüfung bestanden haben und nicht durchgefallen sind. Genau das gleiche sagt er auch noch auf eine andere Weise und noch viel deutlicher: Ihr werdet als Erlöste zurückkommen, ja als Heilige! Diese Heiligkeit verlangt der Herr nicht nur von uns Priestern, sondern von *allen* Menschen. Heute möchte ich auf zwei Punkte näher eingehen: 1. Gott verlangt von uns diese Heiligkeit mit einer Entschiedenheit und Deutlichkeit, die nichts zu wünschen übriglassen. – 2. Er fordert sie aber in realistischer Weise, indem er nämlich darauf Rücksicht nimmt, wer wir sind, aus welchem Holz wir geschnitzt sind.

1. Wollt ihr hören, mit welchem Nachdruck Gott von uns verlangt, heilig zu werden? Und das nicht nur von uns Priestern. Beginnen wir beim Alten Testament: „Höre, Israel! Jahwe, unser Gott, Jahwe ist einzig. Darum sollst du den Herrn, deinen Gott, lieben mit ganzem Herzen, mit ganzer Seele und mit ganzer Kraft. Diese Worte, auf die ich dich heute verpflichte, sollen auf deinem Herzen geschrieben stehen. Du sollst sie deinen Söhnen wiederholen. Du sollst von ihnen reden, wenn du zu Hause sitzt und wenn du auf der Straße gehst, wenn du dich schlafen legst und wenn du aufstehst. Du sollst sie als Zeichen um das Handgelenk binden. Sie sollen zum Schmuck auf deiner Stirn werden. Du sollst sie auf die Türpfosten deines Hauses und deiner Stadttore schreiben" (Dtn 6,4–9).

Wenn gesagt wird: „Du sollst den Herrn, deinen Gott, lieben mit ganzem Herzen, mit ganzer Seele und mit ganzer

Kraft", dann heißt das jedenfalls: Du mußt dich mit allen deinen Kräften darum bemühen, heilig zu werden. In dieser Hinsicht gibt es einen Totalitätsanspruch: Immer wieder betont der Herr dieses *ex toto*. Es ist offensichtlich, daß er uns *ganz* will, daß er unsere ganze Persönlichkeit einfordert, daß wir uns mit allen unseren Kräften auf den Weg der Heiligkeit begeben sollen. Und er fügt noch hinzu: Auf der Stirn, um das Handgelenk sollst du diese meine Worte tragen, auf den Türpfosten sollen sie geschrieben stehen, Tag und Nacht sollst du sie verkünden und über sie nachdenken!

Das Neue Testament drückt sich noch klarer aus. Die Bergpredigt ist ja die *Magna Charta* des Christentums. Zu den ganz gewöhnlichen Christen wird dort gesagt: „Ihr sollt also vollkommen sein, wie es auch euer himmlischer Vater ist" (Mt 5,48). Die Worte vom „Licht der Welt" und vom „Salz der Erde" sind nicht speziell zu uns Priestern gesagt, sie sind vielmehr an alle Christen gerichtet, an alle, die Christus nachfolgen. Und auch jene anderen Worte: „Aber das Tor, das zum Leben führt, ist eng, und der Weg dahin ist schmal" – auch diese Worte gehen *alle* an. Es ist für alle mühsam, diesen Anforderungen gerecht zu werden. Die Heiligkeit muß also teuer erkauft werden. Jesus spricht sogar davon, daß man *Gewalt* anwenden muß, um das Himmelreich an sich zu reißen, er spricht von seiner Bürde, von seinem Joch usw. Das alles sind doch sehr deutliche Worte. Und um auch noch den letzten Zweifel auszuräumen, fügt er hinzu: „Wer auch nur eines von den kleinsten Geboten aufhebt und die Menschen entsprechend lehrt, der wird im Himmelreich der Kleinste sein" (Mt 5,19). Wir müssen also vollkommen sein, wir müssen Licht, Salz und Sauerteig sein in dieser Welt. So mancher wird auch nein sagen und die Menschen entsprechend lehren – er wird „der Kleinste" im Himmelreich sein! Und dann sagt Jesus noch: „Wenn dich dein rechtes Auge zum Bösen verführt, dann reiß es aus und wirf es weg! Denn es ist besser für dich, daß eines deiner Glieder verlorengeht, als daß dein ganzer Leib in die Hölle geworfen wird. Und wenn dich deine rechte Hand zum Bösen verführt, dann hau sie ab und wirf sie weg! Denn es ist besser für dich, daß eines deiner Glieder verlorengeht, als daß dein ganzer Leib in die Hölle kommt" (Mt 5,29–30). Das sind ganz eindeutige Worte, sie sind uns sehr geläufig, aber wir denken viel zuwenig darüber nach.

Nun könnte einer sagen: Der Herr hat uns da vielleicht nur ein Ideal vor Augen gestellt, aber keineswegs gemeint, wir sollten es auch tatsächlich im Leben verwirklichen. Man hört sich diese Worte an, das reicht. Doch nein, damit ist es nicht getan. Denn er sagt auch: „Wer aber meine Worte hört und nicht danach handelt, ist wie ein unvernünftiger Mann, der sein Haus auf Sand baute. Als nun ein Wolkenbruch kam und die Wassermassen heranfluteten, als die Stürme tobten und an dem Haus rüttelten, da stürzte es ein und wurde völlig zerstört" (Mt 7,26–27).

Mir scheint, das ist eine ziemlich klare und harte Sprache. Es ist, als hätte Jesus dabei folgende Überlegung angestellt: Die Menschen sind so faul und so schwerfällig, daß sie nie eine klare Entscheidung treffen werden, daß sie selbst von den größten Gnadengaben, die ihnen zur Verfügung stehen, um innerlich zu wachsen und groß und reich zu werden, keinerlei Gebrauch machen. Sie sind halb taub und halb blind. Da muß man schon mit Blitz und Donner dreinfahren, um sie aufzurütteln. Daher diese massive Ausdrucksweise, deren sich Jesus bedient, um uns einzuschärfen: Ihr müßt Heilige werden! Ich will, daß ihr heilig werdet.

2. Ich habe vorhin gesagt: Jesus bringt seine Forderung nach Heiligkeit sehr energisch zum Ausdruck. Aber er ist auch ein Realist und weiß, wer wir sind. Daher finden wir im Evangelium und auch in den Dokumenten des Lehramtes einen großen Realismus. Heiligkeit – ja, das wird von uns verlangt, aber eben die Heiligkeit armseliger Menschen, die wir nun einmal sind.

Ja, wer sind wir denn eigentlich? Nun, tief drinnen in uns sitzt die sogenannte „Konkupiszenz", die böse Begierlichkeit. Der heilige Paulus sagt im Römerbrief von sich selbst, was auch für uns alle gilt: „Ich sehe aber ein anderes Gesetz in meinen Gliedern, das mit dem Gesetz meiner Vernunft im Streit liegt und mich gefangenhält im Gesetz der Sünde, von dem meine Glieder beherrscht werden" (Röm 7,23). Und er fährt fort: „Ich unglücklicher Mensch! Wer wird mich aus diesem dem Tod verfallenen Leib erretten?" (Röm 7,24). Wie drückend ist doch die Last dieser Begierlichkeit! Doch das Wunderbare ist nun, daß wir eben mit dieser Begierlichkeit im Herzen dazu berufen sind, Heilige zu werden.

Aber uns sitzt nicht nur die Begierlichkeit im Nacken, wir werden auch sehr schnell müde und sind dann voll Resignation. Ja, meine Mitbrüder, die Erfahrung lehrt uns: Wir werden unglaublich schnell müde. Wenn wir einer starken Versuchung ausgesetzt sind, dann widerstehen wir zwar anfangs recht gut, aber wenn die Versuchung länger anhält, dann werden wir müde, der Geist trübt sich ein, der klare Blick geht verloren, der Wille erlahmt. Wie schwer tun wir uns doch, wenn Versuchungen längere Zeit anhalten! Eben weil wir so schnell müde werden. Aber gerade diese Leute, die so rasch ermüden, die so temperamentlos sind und daher denkbar ungeeignet, Heilige zu werden – ausgerechnet sie sind zur Heiligkeit berufen.

Ich komme gerade vom Konzil in Rom: Ich selbst habe dort nicht das Wort ergriffen, ich war vor allem darauf aus, zu sehen und zu hören. Dort sind ja Bischöfe von internationalem Ruf versammelt, gute, tüchtige, hervorragende Männer; und doch zeigt sich an jedem einzelnen sein ganz bestimmtes Temperament, sein unverwechselbarer Charakter.

Während des Konzils habe ich zwei Schriften über Dupanloup gelesen: eine Geschichte des I. Vatikanischen Konzils. Es war bei Gott nicht alles gut, was Dupanloup dort gemacht hat, er hat so manches unternommen, was er besser unterlassen hätte, beispielsweise seine Briefe und noch andere Dinge. Aber ich habe auch sein Tagebuch gelesen und muß sagen: Er war ein Heiliger, wirklich ein Heiliger in der Tiefe seines inneren Lebens, aber eben doch mit dem Temperament eines armseligen Menschen.

Doch Gott der Herr sagt: Ich weiß, daß die Menschen so sind, daß sie dieses oder jenes Temperament haben. Das wundert mich auch gar nicht, im Gegenteil, ich rechne sogar damit. Aber deshalb können sie trotzdem Heilige werden, trotz ihres Temperaments, trotz ihres Charakters, trotz ihrer Vergangenheit, auch trotz ihrer Sünden.

Ihr erinnert euch sicher noch an das, was wir in der

Dogmatik gelernt haben: Niemand, auch nicht der Gerechtfertigte, kann ohne ein spezielles Privileg, wie es die Kirche von der heiligen Jungfrau Maria annimmt und lehrt, *auf längere Zeit* läßliche Sünden vermeiden.

Da kommt mir eine sehr klare Aussage von Benedikt XIV. in den Sinn, der ein Fachmann auf diesem Gebiet war und der gesagt hat: Wenn ich einen Diener Gottes mit läßlichen Sünden vor mir habe, dann muß ich unterscheiden: Handelt es sich dabei nur um einige wenige, frei gewollte Sünden (aliqua peccata consulto ammissa), die später bereut werden und wo sich der Betreffende bemüht, sich zu bessern? Dann bin ich nicht so vermessen, einen solchen Menschen einfach abzuschreiben, und er verdient es auch nicht. Es handelt sich ja nach wie vor um einen Diener Gottes, der eben freiwillig einige läßliche Sünden begangen hat. Geht es jedoch um viele, ständig wiederholte Sünden (multa peccata frequenter repetita), die kaum bereut werden und für die keine ausreichende Buße geleistet wird, dann trifft dies nicht zu. Im gegenteiligen Fall schon.

Ich will euch jetzt nicht näher darlegen, was Papst Benedikt XIV. in diesem Zusammenhang noch alles sagt, denn seine Ansicht geht schon aus dem Gesagten klar hervor. Selbst Heilige, die von der Kirche zur Ehre der Altäre erhoben wurden, können irgendwelche läßlichen Sünden gehabt haben, wenn sie nur zur Selbstbesinnung und Reue bereit waren und darum bemüht, sich zu bessern.

Der große mittelalterliche Theologe Suarez sagt einmal: Ich glaube, daß auch die Heiligen läßliche Sünden nur für kurze Zeit vermeiden können. Und was versteht er unter einer solchen kurzen Zeit? Ein Tag, sagt er, und auch das nur mit der Gnade Gottes.

Heilige also sollen wir sein, aber in einem realistischen Sinn, trotz aller Fehler und Mängel, die wir besitzen, und immer bemüht, auf diese Fehler zu reagieren, sich zu bessern und sich immer wieder neu mit Gott zu versöhnen.

In der *Nachfolge Christi* heißt es: Auch wenn wir unser Bestes zu geben versuchen, so unterlaufen uns doch immer wieder viele Fehler. Und das ist zu den Mönchen gesprochen, zu den „Vollkommenen" also.

Wenn nun der Herr selbst, wenn die Kirche diesen realistischen Sinn für die Heiligkeit aufbringt, dann müssen auch wir uns dieses Verständnis zu eigen machen und sagen: Der Herr will von mir, daß ich heilig werde, aber er kennt ja meine Voraussetzungen, er weiß um meinen Zustand, und so will ich eben versuchen, trotz meiner augenfälligen Schwächen heilig zu werden; es gibt schließlich ja noch seine Gnade.

Diesen Sinn für die Realität finden wir im ganzen Neuen Testament. Es gibt eine Stelle im Markusevangelium, die bei den Kommentatoren noch nicht genügend Beachtung gefunden hat. Es handelt sich um die Geschichte von einem besessenen Jungen, den die Jünger nicht zu heilen vermochten. Der Vater dieses Jungen wandte sich daraufhin an Jesus: „Wenn du kannst, hilf uns; hab Mitleid mit uns!" Jesus war darüber ein wenig ungehalten, wenn man so sagen darf, und antwortete: „Wenn du kannst? Alles kann, wer glaubt." Du darfst dich nicht hieher stellen und sagen: *Wenn du kannst* ... Selbstverständlich *kann* man. Alles kann, wer glaubt! Von meiner Seite her ist alles möglich; es genügt, wenn du glaubst. Wenn wir also Vertrauen haben in die Gnade des Herrn, dann *können* wir, in welcher Verfassung wir uns auch immer befinden mögen, dann können wir tatsächlich heilig werden (vgl. Mk 9,14–27).

Das Konzil von Trient, das immerhin ziemlich streng war in seinen Aussagen, hat betont: Keiner darf die verwegene, von den Vätern mit dem Bann belegte Aussage machen, die Erfüllung der Gebote Gottes sei für den gerechtfertigten Menschen unmöglich. Denn Gott gebietet nichts Unmögliches; sondern wenn er gebietet, dann ermahnt er damit zugleich, zu tun, was du kannst, und zu erbitten, was du nicht kannst; und er hilft, daß du kannst. Und als Jansenius mit seiner rigorosen Lehre auftrat, die alle erschreckte, wurden fünf Sätze von ihm als häretisch verurteilt, von denen der erste lautet: Einige Gebote Gottes sind für die gerechten Menschen, auch wenn sie wollen und sich bemühen, mit den ihnen im jetzigen Zustand zur Verfügung stehenden Kräften unerfüllbar ... usw. Das ist Häresie! Alles ist möglich mit der Gnade Gottes.

Es gibt ein wunderbares Dokument von Pius XI. über den

heiligen Franz von Sales. Der Papst war ein glühender Verehrer dieses Heiligen und hat dessen Methoden sehr gefördert. Seine Lehre – so sagt der Papst – kann uns ermutigen. Wir sollten ihn schätzen und viel von ihm lernen. Warum? Weil er uns lehrt, das zu tun, was alle anderen auch tun. Aber er lehrt uns, es *auf heiligmäßige Weise* zu tun. So und nicht anders wirst du ein Heiliger! Du brauchst keine außergewöhnlichen Dinge zu vollbringen. Tu einfach das, was auch die anderen tun, nur versuche es auf heiligmäßige Weise zu tun. Er lehrt uns, die menschliche Natur nicht zu verleugnen oder zu unterdrücken, sondern sie zu korrigieren, wenn es notwendig ist, und zu verbessern (non naturam abolere, sed naturam corrigere). Wir haben nun einmal diesen bestimmten Charakter, wir können ihn nicht einfach beiseite legen, wir sind eben aus diesem Holz geschnitzt. Wir können unsere Natur nicht außer Kraft setzen, wir müssen vielmehr versuchen, korrigierend und verbessernd einzugreifen, wenn es sich als notwendig erweist.

Dieser Heilige lehrt uns des weiteren, sich mit kleinen Flügelschlägen zum Himmel emporzuschwingen, so wie es die Tauben tun, wenn wir schon keine Adler sein können. Heiligkeit in kleinen Dosen! Wie die Tauben, die nur einen kleinen Hüpfer machen von hier nach dort, von einem Dach zum andern, von einem Schornstein zum nächsten. Nach und nach werden wir auch mit unseren kleinen Bemühungen ans Ziel kommen. Es gibt sicher auch Menschen, die wie die Adler sind. Aber begnügt euch einstweilen lieber damit, wie die Tauben zu sein, und macht euch auf diese Weise auf den Weg zum Himmel!

Nichts anderes kann ich euch heute zur gläubigen Meditation ans Herz legen. Gerade diese Tage der Exerzitien sollen für uns Schritte auf dem Weg zur Heiligkeit sein.

Ich möchte euch noch einmal den Begriff der Heilsgeschichte in Erinnerung rufen: Gott selbst ist es, der uns unermüdlich nachläuft und der nicht aufgibt, selbst wenn wir alle möglichen Tricks anwenden, um ihm zu entwischen. Es nützt nichts, zu sagen: Ich habe doch so viele Sünden! Es nützt nichts, denn der Herr will uns trotzdem das Heil bringen, er will uns retten und erlösen, indem er uns zur Heiligkeit beruft.

Wir wollen diese Exerzitien mit dem Vorsatz beginnen: Ich muß ein Heiliger werden. Das ist nichts Außergewöhnliches – es ist vielmehr eine Verpflichtung für alle, ganz besonders aber für uns Priester.

Der Herr steht uns bei mit seiner Gnade. Maria, seine Mutter, wurde vom Papst die *Mutter der Kirche* genannt. Wir Priester sind ein beachtenswerter Teil dieser Kirche, wir sind nicht die Kirche selbst, aber doch ein bedeutender Teil von ihr. Daher interessiert sich Maria in ganz besonderer Weise für uns; es ist ihr an unserem Seelenheil gelegen, auch an diesen unseren Exerzitien.

Versuchen wir daher, uns wirklich auf den Weg zu machen, um heilig zu werden!

II
Die Liebe

Gott der Herr hat euch also auf den Weg der Heiligkeit gestellt. Wenn ihr imstande seid, ihn zu gehen, dann wird man euch eines Tages vielleicht sogar öffentlich heiligsprechen, wenn das in Erfüllung geht, was sich Kardinal Suenens beim Konzil so sehr gewünscht hat.

Er hat gemeint, die ganze Prozedur einer solchen Heiligsprechung müsse viel schneller vor sich gehen. In Rom dauere alles viel zu lange, daher sei es besser, diese Angelegenheiten in Zukunft den einzelnen Bischofskonferenzen zu übertragen. Und so wird man euch wohl über kurz oder lang auf die herkömmliche Weise heiligsprechen. Man wird sagen: Dieser Diener Gottes N. N. – hat er in seinem Leben *alle* christlichen Tugenden geübt, ja oder nein? Es gibt sehr viele Tugenden, genau 133 Stück! Der heilige Thomas hat sie in seiner *Summa* der Reihe nach aufgezählt. Und man wird es genau überprüfen. Aber *alle* Tugenden – das ist doch unmöglich. Also hat man folgendes Kriterium aufgestellt: Wir halten uns an die Grundtugend, die alles andere umfaßt: Das ist die *Liebe*.

Benedikt XIV. hat einmal gesagt, bei einem Heiligsprechungsprozeß müsse man vor allem darauf achten, ob der Betreffende die Liebe geübt habe, und zwar die Liebe zu Gott und zum Nächsten. Hat er diese Liebe in einem heroischen Ausmaß besessen, dann sind wir über den Berg, dann ist die Sache schon geritzt.

Wie könnte ich also zu euch von der Heiligkeit sprechen, ohne von der Liebe auszugehen? Daher muß ich jetzt von der Liebe sprechen, und ich will es auf eine sehr einfache und schlichte Weise tun, indem ich jenes Gebet, mit dem wir täglich den Akt der Liebe erwecken, näher erläutere.

Dieses Gebet beginnt mit den Worten: *O mein Gott, ich liebe dich.*

Nehmen wir gleich das erste Wort her: *Ich liebe . . .* Als ich Theologie studierte, hat man mich gelehrt, daß es zwei ganz eng miteinander verbundene menschliche Tätigkeiten gibt: Erkennen und Lieben. Nichts kann gewollt oder geliebt werden, wenn es nicht zuvor erkannt worden ist. Und man hat mir weiter erklärt: Es gibt da einen Unterschied. Du siehst diesen Lautsprecher da, du erkennst ihn. Vorher hast du ihn nicht gesehen, nicht erkannt. Das heißt also, dieser Lautsprecher hat gewissermaßen eine Reise angetreten, von der Außenwelt ist er in dich eingedrungen. Mit anderen Worten: Ich kann einen bestimmten Gegenstand nur erkennen, weil eine Art Abbild von ihm in mir entsteht, die sogenannte *species expressa* des erkannten Gegenstandes. In der Form dieses Abbildes existiert der Gegenstand in mir.

Wenn du aber eine Person oder einen Gegenstand liebst, ist alles genau umgekehrt. In diesem Fall kommt nicht der Gegenstand zu dir, sondern du begibst dich zum Gegenstand hin. Die Bewegung verläuft also genau umgekehrt. Der heilige Augustinus sagt: Wenn ich etwas liebe, dann wirkt die geliebte Sache in mir wie eine Schwerkraft, die mich zum Gegenstand selbst hinzieht.

Noch klarer drückt es der heilige Thomas aus: Amatum est in voluntate inclinans et quasi impellens amantem intrinsecus in ipsam rem amatam. Das heißt: Der geliebte Gegenstand ist auf eine solche Weise im Willen am Werk, daß er den Liebenden innerlich zur geliebten Sache selbst hinneigt, ja gleichsam hinzieht.

Wenn ich etwas erkenne, ist ein Abbild des erkannten Gegenstandes in mir, und in diesem Augenblick kommt die Bewegung des Erkennens zum Stillstand, der Vorgang ist abgeschlossen. Wenn ich jedoch etwas liebe, ist ebenfalls ein Abbild der geliebten Sache in mir, aber dieses Abbild bringt die Bewegung erst in Gang und zieht mich gewissermaßen zum geliebten Gegenstand hin.

Das gilt ganz allgemein. Auch in der *Nachfolge Christi* heißt es: „Der Liebende hat Flügel, er läuft voller Freude." Wenn einer liebt, dann macht er sich auf den Weg zum geliebten Gegenstand. Auch die synonymen Worte für Liebe bringen das zum Ausdruck: Neigung – man beugt sich gewissermaßen hinunter zur geliebten Sache; Anreiz – vom Gegenstand geht ein Impuls aus, der uns in Bewegung setzt; Tendenz – diese Bewegung hält weiter an; Trieb – diese Bewegung auf etwas hin ist so tief in uns verankert, daß sie ständig wirksam ist.

Wenn ich also liebe, dann bin ich gleichsam in Bewegung, dann bin ich unterwegs. Und wenn ich Gott liebe, dann befinde ich mich auf dem Weg zu Gott. Ich bin aus mir selbst herausgegangen, ich bin ausgebrochen aus meiner apathischen Gleichgültigkeit, und nun komme ich zu dir, Herr! Der heilige Augustinus sagt: Wir erreichen Gott nicht, indem wir zu ihm gehen, sondern indem wir ihn lieben (non ambulando, sed amando). Nur so sind wir wirklich unterwegs zu Gott.

Es ist wunderschön, zu Gott unterwegs zu sein, aber zuweilen ist dieser Weg auch voller Geheimnisse, und nicht selten kommt es auch zu dramatischen Zwischenfällen. *Dramatisch* kann es werden, weil dieser Weg so umstritten ist. Immer wieder stellen sich uns feindliche Mächte in den Weg. Der heilige Paulus sagt: „Laßt euch vom Geist leiten!" Aber er fügt sogleich hinzu: „Das Begehren des Fleisches richtet sich gegen den Geist" (Gal 5,16f). Geht nur, aber seid euch bewußt, daß es so manches gibt, was sich euch in den Weg stellen wird.

Dieser Weg der Liebe zu Gott ist aber auch *voller Geheimnisse*. Wenn ich beispielsweise ein neues Auto oder einen neuen Fernsehapparat liebe, dann geht das folgendermaßen vor sich: Kaum habe ich das Ding erblickt und gleichsam in mich aufgenommen, beginnt es mir schon zu gefallen und setzt sofort mein Begehren in Gang...

Gott ist aber unendlich schöner und begehrenswerter als alle neuen Autos und Fernsehapparate dieser Welt. Aber da geschieht nun etwas Seltsames und Geheimnisvolles. Auch wenn ich den Gedanken an Gott in mir trage und begriffen habe, daß er unendlich schön und erstrebenswert ist, so genügt das immer noch nicht, daß ich mich auch wirklich zu ihm hin auf den Weg mache. Es ist vielmehr notwendig, daß ein spezieller Anstoß auch von seiner Seite her erfolgt. Man nennt das die *aktuelle Gnade* (gratia actualis). Wenn Gott sich nicht rühren würde... von mir allein aus geschieht gar nichts. „Niemand kann zu mir kommen, wenn nicht der Vater, der mich gesandt hat, ihn zu mir führt" (Joh 6,44). O Herr, zieh mich an dich, denn ich selbst bin leider nicht imstande, den ersten Schritt zu tun.

Der heilige Thomas sagt in diesem Zusammenhang: Die Liebe ist keine natürliche Tugend, und sie wird auch nicht durch natürliche Hilfsmittel erworben, sondern mit dem Heiligen Geist in uns eingegossen. Gott der Herr muß mich an sich ziehen. Er vermag alles, wenn er will. Er ist der Fischer, ich bin der Fisch. Er wirft die Angel aus und zieht mich an Land.

Voller Geheimnisse ist dieses Geschehen, sagte ich, denn es ist nicht ganz klar, wie er das eigentlich macht. Wenn er mich an sich zieht, dann *muß* ich diesem sanften Druck folgen, ich habe gar keine andere Wahl – und gleichzeitig tue ich es doch auch *freiwillig*. Das sagte schon der heilige Augustinus. Aber ich gehe nicht nur freiwillig (voluntate) diesen Weg zu Gott, sondern sogar mit Lust und Freude (voluptate). Ein Weg voller Geheimnisse jedenfalls.

O mein Gott, ich liebe dich aus ganzem Herzen, so beten wir weiter. Ich liebe Gott also *mit dem Herzen.* Ihr wißt, das Herz gehört zu den inneren Organen, es ist irgendwie das Innerste des Menschen. Wenn man vom Herzen spricht, dann meint man damit die Regungen des Willens und die Gedanken des Geistes. Mit diesen innersten Kräften will Gott geliebt werden, er hält nichts von reinen Äußerlichkeiten. Seinerzeit ist Jesus auf den Straßen Palästinas gewissen Menschen begegnet, die ein finsteres Gesicht zur Schau trugen und sich dabei für sehr religiös hielten. Sie gaben sich bewußt „ein trübseliges Aussehen" (Mt 6,16). Ihr Antlitz war gezeichnet, ja entstellt vom religiösen Fasten. Wenn er diese Leute sah, sagte er: Nein, nein, solche Gesichter mag ich nicht. Denn ihr Herz ist weit entfernt von mir. Ich will aus innerstem Herzen geliebt werden, nicht mit einem finsteren Gesicht, nicht nur mit einigen äußerlichen Werken. Ihr Herz ist weit entfernt von mir. Er will, daß unser Herz ganz nahe bei ihm ist, darauf legt er Wert. Die Liebe zu Gott muß sich also vor allem in unserem Denken, in unserem Fühlen, in unseren freien Entscheidungen abspielen.

Und dann heißt es noch: aus *ganzem* Herzen. Ich will kurz zu erklären versuchen, wie ich das verstehe. Als Josef aus dem Gefängnis in Ägypten entlassen wurde, sagte der Pharao zu ihm: „Hiermit stelle ich dich über ganz Ägypten" (Gen 41,41). Ganz ähnlich wie der Pharao ist auch Gott vorgegangen, als er mich und euch erschaffen hat. Er hat gesagt: Da drinnen in euch ist ein buntes Gemisch von Gefühlen, Affekten, Gedanken und Neigungen, da wimmelt es wie in einem Ameisenhaufen. Aber ich will, daß da drinnen Ordnung herrscht, und daher setze ich einen an die Spitze, der das Sagen hat, der das Kommando führt. Dieser eine ist der Wille.

Es ist der Wille, der mein ganzes Innenleben steuert, und zwar so, daß derjenige, der seinen Willen fest in der Hand hat, damit sein ganzes Herz in der Hand hat und das Kommando über sein gesamtes Innenleben führt. Und daher hat Gott der Herr, der dies weiß, es ganz besonders auf den Willen abgesehen; dort will er bei uns Erfolg haben.

Der Wille, so würde der heilige Franz von Sales sagen, will sich gleichsam vermählen. Es ist so ähnlich wie bei einer Hochzeit, meint der Heilige, wenn er sagt: Der Wille ist wie ein schönes, anmutiges Mädchen, das von einem ganzen Schwarm von jungen Männern umlagert wird, die ihr den Hof machen und sagen: Ich möchte dich heiraten. Und ihr gefällt das, stolz trägt sie den Kopf hoch, und solange sie nicht einem von diesen Freiern ihre Hand zur Ehe gegeben hat, ist sie es, die alle beherrscht, denn sie weiß, daß sie umworben wird, und läßt alle gehörig zappeln. Aber kaum hat sie zu einem ihrer Bewerber gesagt: Du sollst mein Mann werden – was passiert dann? Nicht mehr sie führt von dem Augenblick an das Kommando, sondern ihr zukünftiger Mann ist ab nun der Herr im Hause.

So ist es auch mit dem Willen. Alle wollen sich mit ihm vermählen, und auch Gott der Herr ist einer in der Runde der Brautwerber. Doch solange der Wille nicht sein Jawort gegeben hat – denn er ist ja frei in seiner Wahl –, ist der Herr ihm notwendigerweise irgendwie ausgeliefert: Wer weiß, ob er mich überhaupt will? Aber kaum hat der Wille gesagt: Ja, Herr, ich will dich, heißt es sogleich: So, und ab nun bin ich dein Mann, jetzt bin ich es, der hier anschafft, du hast nicht mehr aufzumucken, sondern das zu tun, was ich will. Der Herr verläßt sich also auf unseren Willen. Ich kann Gott nicht lieben aus meinem *ganzen* Herzen, wenn ich nicht meinen Willen einsetze und sage: Ja, Herr, ich will dich, ich bin ganz dein! Das ist gemeint mit dem Ausdruck: Ich liebe dich *aus ganzem Herzen.*

Und weiter heißt es im Gebet, daß wir Gott *über alles* lieben. Da wird es nun schwierig. Der heilige Thomas meint, als *Mindestmaß* müsse gelten, daß Gott nicht nur irgendwie geliebt wird, sondern daß nichts mehr geliebt werden darf als er, daß unsere Liebe sich auf nichts richtet, was im Gegensatz zu ihm steht, und daß die Liebe zu anderen Dingen und Personen nie die gleiche Intensität erreichen darf wie zu ihm. Aber Gott der Herr erhebt keinen Ausschließlichkeitsanspruch. Er fordert nicht: Nur ich allein! Nein, das verlangt er nicht, das will er nicht. Du sollst mich lieben, aber auch noch andere Dinge: deine Eltern, deine Untergebenen, auch deinen Plattenspieler, dein Auto, auch ein Glas Wein. Aber von allen diesen Dingen darfst du kein einziges mehr lieben als mich oder genauso wie mich und schon gar nicht so, daß es dich von mir fernhält.

Der heilige Franz von Sales erklärt uns, wie er die Sache sieht: Da gab es Jakob, einen rechtschaffenen und heiligmäßigen jungen Mann – ihr kennt ihn aus der Bibel als den Patriarchen Jakob. Weil er ein Heiliger war, liebte er den Herrn und wollte ihm ganz dienen; aber weil er auch ein fescher junger Mann war, geschah es, daß er eines Tages einem Mädchen begegnete, Rahel, und sich in sie verliebte. Wollt ihr wissen – so der heilige Franz von Sales –, was passiert ist? Der Herr hat das Herz Jakobs weit gemacht. Er hat nicht etwa zu ihm gesagt: Ach so, jetzt hast du die da in dein Herz geschlossen, gut, dann verschwinde ich eben. Nein, er hat vielmehr gesagt: Du bist verliebt in dieses Mädchen, und das ist gut so; es ist die Stunde deines Glücks, und auch für Rahel soll es eine glückliche Stunde sein. Ich will dir nur sagen, daß ich ihr ein wenig Platz mache in deinem Herzen, aber nicht in der Mitte. Wenn sie ein bißchen zur Seite rückt, haben wir alle beide Platz, denn dein Herz ist jetzt weit geworden. Die Liebe zum Herrn muß uns zwar über alles gehen, aber sie darf nichts und niemanden ausschließen. Es gibt also genügend Platz, um auch noch viele andere Dinge zu schätzen und zu lieben.

Auch beim Priester ist es ja nicht so, daß ihm völlig die Hände gebunden wären, er ist keineswegs total ausgeschlossen von allen anderen Formen der Liebe. Sicher, einige sind ihm verboten, und auf andere hat er freiwillig verzichtet. Aber er kann ein Kunstwerk lieben, sich an einem schönen Buch erfreuen, einen guten Roman lesen, wenn dies alles keine Gefahr für ihn darstellt. Viele Dinge stehen ihm offen: „Was immer wahrhaft, edel, recht, was lauter, liebenswert, ansprechend ist, was Tugend heißt und lobenswert ist", sagt der heilige Paulus (Phil 4,8). Eine Liebe, die wohl etwas Bestimmtes bevorzugt, dabei aber nicht alles andere ausschließt.

Wir lieben Gott *über alles,* weil er das höchste Gut und unsere ewige Glückseligkeit ist. An dieser Stelle sei mir erlaubt, kurz auf eine theologische Fragestellung einzugehen, über die schon viel diskutiert worden ist. Das höchste Gut und unsere ewige Glückseligkeit – wohlwollende Liebe (amor benevolentiae) und begehrende Liebe (amor concupiscentiae).

Wohlwollende Liebe ist dann gegeben, wenn ich jemanden liebe, ohne dabei ein eigenes Interesse zu verfolgen. Ein sehr reicher Onkel hat zum Beispiel einen Neffen, den er sehr gern hat. Dieser Onkel hat von seinem Neffen überhaupt nichts zu erwarten, aber er liebt ihn trotzdem.

Begehrende Liebe liegt dann vor, wenn ich einen anderen zwar aufrichtig gern habe, aber doch auch im Hinblick auf ein bestimmtes Eigeninteresse. Der Neffe hat einen reichen Onkel, den er sehr gern hat. Seine Liebe gilt gewiß dem Onkel, aber doch auch sich selbst: Er kann sich von ihm ja doch etwas erhoffen.

Diese begehrende Liebe wird, wenn sie sich auf Gott richtet, zur *Hoffnung,* sie ist praktisch Hoffnung. Wenn ich den Herrn einzig und allein deshalb liebe, weil er unendlich heilig und vollkommen ist, dann ist dies wohlwollende Liebe. Wenn ich aber Gott liebe, weil er der Herr des Himmels ist und ich vor ihm einmal Rechenschaft ablegen muß, um wenigstens dereinst meinen Fuß in die Himmelstür stecken zu können, dann ist es begehrende Liebe, die man auch Hoffnung nennt.

Fénelon hat einmal gesagt: Wenn einer vollkommen sein

will, wirklich vollkommen, dann darf seine Liebe nicht von der Art der begehrenden Liebe sein, denn diese verfolgt ein gewisses Interesse; er muß Gott vielmehr einzig und allein wegen seiner unendlichen Vollkommenheit lieben, ohne mit einem Seitenblick auf die ewige Herrlichkeit und Glückseligkeit in der anderen Welt zu schielen; sonst ist seine Liebe nicht vollkommen.

Bossuet hat ihm darauf geantwortet: Lieber Freund, du magst in vielem recht haben, aber weißt du auch, wohin diese Ansicht in der Konsequenz führt? Welchen Stellenwert gibst du denn dann der Hoffnung? Ich habe immer gehört, daß die Hoffnung nicht nur eine gewöhnliche Tugend sei, sondern eine theologische Tugend. Es wäre doch schlimm, wenn einer nur deswegen, weil er Hoffnung hat, aufhören würde, heilig und vollkommen zu sein, oder es vielleicht in geringerem Maße wäre. Wohin kämen wir da? Die Kirche hat in dieser Frage Bossuet recht gegeben. Ich liebe Gott über alles, denn er ist das höchste Gut und unsere ewige Glückseligkeit: Wir können ruhig ein wenig Hoffnung haben, ein wenig Interesse zeigen, daran ist nichts Schlechtes.

Als die Muttergottes in Lourdes dem Mädchen Bernadette erschien und ihm auftrug, in zwei Wochen wieder zur Grotte zu kommen, erhielt sie zur Antwort: Ja, ich werde kommen! Darauf sagte die Madonna: Ich verspreche, euch glücklich zu machen, zwar nicht in dieser Welt, aber in der anderen! Die Gottesmutter wußte genau, daß wir ständig auf der Suche sind nach unserem Glück. Und als Jesus uns das *Vaterunser* lehrte, hat er gesagt: „So sollt ihr beten ... Dein Reich komme, dein Wille geschehe!" Und er hat auch noch etwas für uns hinzugefügt: „Gib uns heute das Brot, das wir brauchen. Und erlaß uns unsere Schulden!" Habt also keine Angst, unvollkommen zu sein, wenn ihr liebt. Sagt vielmehr aus ganzem Herzen: *Unsere ewige Glückseligkeit!* Auch wenn ihr ein Interesse damit verbindet, ist eure Liebe ein gutes und verdienstvolles Tun.

Mit deiner Liebe liebe ich meinen Nächsten wie mich selbst, so heißt es weiter im Gebet. *Mit deiner Liebe* – das möchte ich besonders unterstreichen. Die Nächstenliebe ist keine wahre Nächstenliebe, wenn der Nächste nicht mit der

Liebe Gottes geliebt wird. Das ist die Garantie, daß es sich um wirkliche Liebe handelt. Das unterscheidet die wahre Nächstenliebe von reiner Menschenliebe und ähnlichen philanthropischen Haltungen. Und das allein macht sie auch möglich, denn manchmal wäre es einem sonst unmöglich, seinen Nächsten zu lieben. Nur mit der Liebe Gottes ist man dazu imstande.

Erzbischof Perini von Fermo illustriert das anhand eines netten Beispiels: Luigi ist 25 Jahre alt. Eines Tages sagt seine Mutter zu ihm: Luigi, eigentlich wäre es an der Zeit, daß du ans Heiraten denkst. Ja, Mama, gibt er zur Antwort, ich werde daran denken. – Eines Tages begegnet er einem Mädchen. Fräulein . . ., sagt er und wird ganz verlegen dabei, ich möchte Sie gern . . . Schon gut, sagt sie darauf, aber doch nicht hier mitten auf der Straße. Kommen Sie doch zu mir nach Hause und halten Sie bei meinem Vater und meiner Mutter um meine Hand an, wie es sich gehört, dann werden wir weitersehen. – Eines Abends nun warf sich Luigi in seinen schönsten Anzug und läutete an der Haustür. Seine Hand zitterte ein wenig, als er auf die Klingel drückte. Und wer erschien, um zu öffnen? Sie. Er schaut sie an, sieht, wie sie über und über rot wird, und weiß sofort, daß es um seine Sache nicht schlecht stehen kann. Er denkt sich: Da kann ich begründete Hoffnung haben. Er tritt ein, im Wohnzimmer sitzt eine ältere Frau auf dem Sofa, ihre Mutter. Er hatte sie vorher schon oft gesehen, aber sie war für ihn eben nur irgendeine x-beliebige alte Frau gewesen. In diesem Augenblick aber erscheint sie ihm nicht mehr wie irgendein x-beliebiges altes Weib, sondern wie eine äußerst liebenswürdige und nette Frau, und er begrüßt sie mit besonderer Herzlichkeit. Gleich darauf kommt auch ihr Mann, ein ganz gewöhnlicher Arbeiter, aber man spürt sofort sein weites Herz. An diesem Abend ist es auch weit offen für Luigi. Er nimmt Platz, man bietet ihm Kaffee an und plaudert ein Weilchen. Bald darauf klopft es an der Tür. Wer ist draußen? Zwei Brüder des Mädchens. Er steht auf, am liebsten würde er sie umarmen, er fühlt in seinem Herzen eine große Zuneigung auch zu diesen beiden jungen Burschen.

Und Erzbischof Perini stellt sich die Frage: Was geht in diesem jungen Mann eigentlich vor sich? Sprießen diese

Gefühle einfach so wie die Pilze aus der Erde? Einer, zwei, drei, die Mutter, der Vater... jedesmal eine neue Liebe, die ganz unerwartet aufbricht? Nein, antwortet er, nein, es ist nur eine einzige Liebe: Luigi liebt dieses Mädchen, und weil er sie liebt, überträgt er diese Zuneigung auch auf alle Personen, die ihr nahestehen. Es handelt sich um eine einzige Liebe und nicht um viele verschiedene. Und er würde wohl weder diese alte Frau noch den Vater, diesen einfachen Arbeiter, und auch nicht seine beiden zukünftigen Schwäger so lieben, wie er es tut, wenn er nicht eine echte Liebe zu diesem Mädchen in seinem Herzen trüge.

Bei uns ist es genauso: Wenn wir Jesus wirklich lieben, dann finden wir auch die Kraft, alle anderen zu lieben, die ja Brüder und Schwestern Jesu Christi sind. Selbst dann, wenn sie uns nicht sympathisch sind. Manchmal fällt es mir wahrhaftig schwer, einen bestimmten Menschen zu lieben, denn er ist mir ganz und gar unsympathisch. Aber dann sage ich mir, er ist doch ein Bruder Jesu Christi. Und weil ich Jesus liebe, versuche ich auch ihn zu lieben.

Eine solche Einstellung macht es uns erst möglich, unsere Mitbrüder und unsere Vorgesetzten zu lieben. Es gibt mir viel Kraft, wenn ich den Herrn wirklich liebe. Ich liebe meinen Nächsten wie mich selbst. Ich habe vorhin schon gesagt, daß diese Art, den Nächsten zu lieben, eine Garantie dafür ist, daß es sich um wahre Liebe handelt. Ich glaube nämlich, daß man gar nicht sagen kann: Ich liebe Gott, wenn man seinen Nächsten nicht liebt.

Der heilige Johannes betont ausdrücklich: Wenn du deinen Bruder nicht liebst, den du siehst, wie kannst du dann behaupten, Gott zu lieben, den du nicht siehst? Er wollte damit sagen: Der Nächste steht direkt vor dir; manchmal bricht dir fast das Herz, wenn du sein Elend siehst. Diese arme, kranke Frau da, sie ist am Ende, sie kann nicht mehr – wie bringst du es bloß fertig, sie in ihrem Unglück so im Stich zu lassen? Bist du wirklich imstande, ihr einen Liebesdienst zu verweigern? Wenn du nicht einmal die liebst, deren Not und Elend du siehst, die hautnah neben dir leben, deren bitteres Los an dein Mitgefühl appelliert, wie kannst du dann behaupten, Gott zu lieben, der doch so weit weg ist?

Andererseits ist das natürlich viel bequemer. Ich liebe Gott – das sagt sich sehr leicht, denn Gott ist ja weit weg, ich sehe ihn nicht, er sitzt mir auch nicht ständig im Nacken, er belästigt mich nicht ununterbrochen. Nein, *hier* mußt du Farbe bekennen, *hier* macht man die wahre Probe aufs Exempel, ob man Gott liebt. Diese Person, die dir so auf die Nerven geht, die dir so unsympathisch ist – da mach die Probe! Wenn du diesen Menschen liebst, dann glaube ich dir auch, daß du Gott wirklich liebst.

Wir sollen unseren Nächsten lieben *wie uns selbst*. Im Evangelium gibt es drei solche „wie": *Wie* der Vater den Sohn liebt, so sollen wir einander lieben. *Wie* ich euch geliebt habe, so sollt auch ihr einander lieben. Liebe deinen Nächsten *wie* dich selbst! Wir wissen aus der Moraltheologie, daß dies unmöglich ist, daß man die anderen eben nicht mit derselben Intensität lieben kann, wie wir uns selber lieben. Aber eine ähnliche Liebe ist möglich, ja sogar notwendig, das Bemühen nämlich, die anderen so zu behandeln, wie wir selbst behandelt werden möchten.

Und wie möchten wir behandelt werden? Beim heiligen Franz von Sales findet sich diesbezüglich in seinem Werk *Philothea* ein wunderschönes kurzes Kapitel, das ich hier in geraffter Form wiedergeben möchte.

In dieser Welt muß man immer vernünftig handeln. Oft ist das aber nicht der Fall, ganz im Gegenteil, und auch geistig hochstehende, ja selbst religiöse Menschen bilden da keine Ausnahme. Wollt ihr wissen, wie es so zugeht? Nun, wenn es um einen Fehler geht, den wir selbst begangen haben, dann fordern wir von den anderen Nachsicht und sagen: Verzeihung, aber ihr müßt verstehen... Wenn aber ein anderer Schuld auf sich geladen hat, dann muß natürlich die Gerechtigkeit ihren Lauf nehmen. Wenn einer etwas verkaufen will, ist er bemüht, soviel Geld wie möglich für seine Ware herauszuholen; will er aber selbst etwas kaufen, dann versucht er, so billig wie möglich davonzukommen. Jemand, der mir sympathisch ist, kann tun, was er will, es wird in meinen Augen immer in Ordnung sein. Ist mir aber jemand unsympathisch, dann kann der Betreffende selbst Wunder wirken, und ich werde immer noch ein Haar in der Suppe finden. Mache ich mich über jemanden lustig und der Betroffene nimmt es übel auf, dann heißt es: Aber es war doch nur ein Scherz! Wenn man das gleiche aber mit mir macht, werde ich sofort wütend, da verstehe ich dann keinen Spaß mehr. Dann sieht die Sache nämlich ganz anders aus.

Die anderen also so behandeln, wie wir selbst behandelt werden wollen. Wir wollen zum Beispiel niemals unrecht haben, wir können das einfach nicht ertragen. Und es ist ja wirklich schwer zuzugeben, im Unrecht zu sein. Ich habe in einem Buch gelesen, daß Al Capone, der berühmt-berüchtigte Gangsterboß, eine skrupellose Kühnheit besaß. Er war ein wilder Draufgänger. Einmal, als er gerade im Auto unterwegs war, wurde er auf der Straße von Polizisten angehalten: Ihre Papiere, bitte! Einen Moment, sagte er. Dann zog er die Pistole und knallte die beiden Polizisten kaltblütig nieder. Hierauf startete er seelenruhig seinen Wagen und fuhr weiter, als ob nichts gewesen wäre. Schließlich hat man ihn aber doch gestellt und das Haus, in das er geflüchtet war, umzingelt. Aber er hat sich bis zum letzten verteidigt. 150 Polizisten waren es, und bis zur letzten Patrone hat er sich gewehrt. Jetzt erst konnte man ihn festnehmen. Im Gefängnis hat er dann seine Memoiren geschrieben, in denen es unter anderem heißt: Unter diesem zerschlissenen Hemd schlägt ein müdes, aber edles Herz. Er fühlte sich müde und abgekämpft, aber er war auch der Überzeugung, ein hochherziger und edler Charakter zu sein.

Ja, so sind wir: Es fällt uns schwer zuzugeben, daß wir unrecht haben. Und darum sollten wir uns bemühen, auch den anderen nicht leichtfertig eine Schuld in die Schuhe zu schieben. Auch wenn man jemandem Vorwürfe zu machen hat, wenn man ihm etwas Unangenehmes sagen muß, sollte man es mit großer Behutsamkeit tun.

Es ist schwierig, die Leute sind ja immer von ihrer Unschuld überzeugt, selbst wenn das Gegenteil wahr ist. Und wir Priester, die wir die Aufgabe haben, die Menschen auf ihre Fehler aufmerksam zu machen und ihnen dabei zu helfen, sie in Zukunft zu vermeiden, wir wissen sehr genau, wie mühsam es ist, diese Leute richtig anzupacken. Aber auch das gehört zur Liebe.

Unseren Nächsten lieben. Es sind gewöhnlich nicht hochdramatische Ereignisse, die uns zur Nächstenliebe herausfordern. Ich habe mich zum Beispiel noch nie kopfüber in die Fluten eines reißenden Flusses stürzen müssen, um einen Ertrinkenden herauszuholen. Diese Gelegenheit hat sich nie ergeben. Ich habe auch noch nie bei einem Großbrand jemanden vor dem Flammentod zu retten brauchen. Wohl aber bin ich unzähligen Menschen begegnet, die mir schlicht und einfach auf die Nerven gegangen sind. Und da sagt der Herr: Du brauchst nur sie zu lieben, das genügt.

Was für Menschen sind wir eigentlich? Wir haben ständig Hunger und Durst nach einem Kompliment, nach ein bißchen Anerkennung. Als junger Priester bat man mich hin und wieder, einen Artikel für die Zeitung zu schreiben. Ich tat es auch. Der Chefredakteur griff sofort, nachdem ich meinen Beitrag abgeliefert hatte, zum Telefon: Gratuliere, wirklich ausgezeichnet, was Sie da geschrieben haben! Das schmeichelte mir sehr. Doch in einem anderen Fall war es nicht so. Entweder hatte der Chefredakteur diesmal keine Zeit gefunden, oder der Artikel hatte ihm nicht so gut gefallen, jedenfalls hat er es unterlassen, mich anzurufen. Das tat mir sehr weh, wie ihr mir glauben könnt. Denn ich hatte ja erwartet, daß er sagen würde: Da haben Sie wieder einmal einen wunderbaren Artikel geschrieben, vielen herzlichen Dank.

Ja, so sind wir nun einmal: Wir erwarten immer ein Lob. Und weil wir wissen, daß wir so sind, müssen wir dem auch Rechnung tragen. Jemand hat uns geholfen, hat etwas Beachtliches geleistet, dann muß man auch ein anerkennendes Wort für ihn übrig haben. Manchmal gewinnt man die Menschen eher durch ein ehrliches Lob als durch Tadel, auch wenn dieser noch so gerechtfertigt wäre. Ihr braucht keine Angst zu haben, daß das den Leuten vielleicht zu Kopf steigen könnte, denn oft sind wir so voll Resignation, ist unsere Enttäuschung so groß, daß ein gutes Wort uns keineswegs hochmütig macht; es gibt uns nur ein wenig Ermutigung, den eingeschlagenen Weg fortzusetzen und nicht zu verzagen.

Das ist übrigens auch eine gute Erziehungsmethode. Ich habe über den Direktor eines Internates der Schulbrüder einmal folgendes gelesen: Eines Morgens läutete wie immer die Schulglocke, und alle begaben sich in ihre Klasse. Da bemerkte er auf dem Gang einen Schüler, der gerade von der Toilette kam. Er hatte es sehr eilig, weil er sich verspätet hatte. Als er auch noch den Direktor erblickte, hatte er nur mehr den einen Gedanken: Nichts wie weg hier! Doch vor der Tür zum Klassenzimmer machte er plötzlich halt. Dort befand sich nämlich eine Kleiderablage, und eine Mütze war offensichtlich zu Boden gefallen. Der Bub, der es doch so eilig hatte, bückte sich, nahm die Mütze und hängte sie wieder an ihren Platz. Dann erst ging er in die Klasse. Nach ihm betrat der Direktor das Klassenzimmer und ging zum Katheder. Die Schüler waren sehr gespannt: Was wird es wohl heute wieder geben? Der Direktor sagte: Vorhin hat einer von euch da draußen eine Mütze vom Boden aufgehoben und sie wieder auf den Kleiderständer gehängt. Wer war das? Die ganze Klasse rätselte: Was wird jetzt wohl passieren? Da stand der Bub auf und sagte: Ich bin es gewesen, Herr Direktor. So, du bist es gewesen. Aber warum hast du denn diese Mütze wieder an ihren Platz gehängt? War es etwa deine? Nein, es war nicht meine. Warum dann? Herr Direktor, es war zwar nicht meine Mütze, aber ich habe mir gedacht: Wenn es meine wäre, würde ich mich freuen, wenn ein anderer sie aufheben und wieder an ihren Platz hängen würde. Und daher habe ich es getan. Darauf der Direktor: Bravo, du bist wirklich ein anständiger Junge! Ich hatte ja schon gesehen, daß du es gewesen bist, aber ich bin eigens in die Klasse gekommen, um dir zu sagen, daß du ein ganz braver Kerl bist.

Und wenn in der Folge wieder einmal eine Mütze am Boden lag, dann stürzte sich sogleich die ganze Meute darauf, um sie aufzuheben. Mit Lob erreicht man also viel mehr als mit Tadel. Das muß man zur Kenntnis nehmen. Die Liebe zeigt sich vor allem in den kleinen Dingen.

Ich verzeihe allen, die mich beleidigt haben – so geht es in unserem Gebet weiter. Ja, meine lieben Mitbrüder, das predigen wir den anderen, aber wir müssen es zuallererst selbst tun. Denn das ist die Grundvoraussetzung der Heiligkeit! Versuchen wir also aus ganzem Herzen zu verzeihen. Und denken wir vor allem an eines: Wir Priester haben es meistens nicht so sehr mit schlimmen Feinden oder großen Gegnern zu tun, sondern eher mit ganz gewöhnlichen Menschen, die uns, weil sie so lästig sind, ständig auf die Nerven gehen.

Der heilige Franz von Sales hat einmal gesagt: Ich bin auf meinen Wegen niemals einem Löwen oder einem Tiger begegnet, auch nicht einem Panther oder Bären. Aber wißt ihr, was ich immer wieder gefunden habe? Mücken, Flöhe, Fliegen, Gelsen – diese kleinen, lästigen Biester haben mir überall zu schaffen gemacht.

Doch gerade an diesen kleinen Leuten, die so lästig und so schwer zu ertragen sind, muß sich unsere Liebe bewähren, sagt der Herr. Manchmal ist es schon die Art, wie der Tischnachbar schlürfend seine Suppe ißt, wie er mit dem Löffel im Teller herumstochert, die uns ärgert und ganz nervös macht. Hab Geduld, versuch es zu ertragen! Gerade bei dieser Gelegenheit kannst du die Liebe üben.

Doch aufgepaßt: Wir sollen zwar versuchen, solche lästigen Personen geduldig zu ertragen, aber gleichzeitig sollen auch wir selbst uns bemühen, den anderen nicht auf die Nerven zu fallen. Auch das ist Liebe. Vielleicht stört den einen oder anderen schon allein meine Art, wie ich mir die Nase putze – auch das müssen wir uns fragen. Wir müssen da sehr feinfühlig sein. Das ist eine Art von Liebe, die ganz unauffällig ist, die kaum jemand bemerkt, aber es ist dennoch eine Liebe von höchster Vollendung, weil sie ein so großes Einfühlungsvermögen besitzt.

Denken wir ein wenig über diese so kleinen Wahrheiten nach. Und als Frucht dieses Nachdenkens möchte ich euch nochmals jenes Gebet ans Herz legen, mit dem wir täglich den *Akt der Liebe* erwecken. Verrichtet es mit Andacht und – ich möchte fast sagen – auch mit ein wenig Angst. Fragt euch immer wieder: Ist das, was ich da gerade sage, wirklich ein Gebet, oder ist es eine Lüge? „Mein Gott, ich liebe dich über alles, aus ganzem Herzen, und ich verzeihe allen, die mich beleidigt haben..." Seht, oft steht es mit unserem Gebet gar nicht zum besten. Wir leiern es manchmal so gewohnheitsmäßig herunter, daß wir den Mangel an Aufrichtigkeit gar nicht bemerken, daß es uns gar nicht mehr auffällt, wie wenig wir eigentlich hinter dem stehen, was wir sagen. Seien wir darauf bedacht, daß unser Gebet ein Akt gelebter Liebe ist, besonders soweit es die Nachsicht, das Erbarmen, die Geduld, die aufrichtige Liebe auch zu jenen Leuten betrifft, die uns ständig auf den Wecker gehen, sowie die Rücksicht darauf, den anderen nicht zur Last zu fallen.

Die Liebe – so sagte ich – ist überhaupt die Grundlage von allem. Alle anderen Tugenden sind in der Liebe enthalten, auch die Keuschheit. Uns Priestern wird es nur dann gelingen, ein keusches Leben zu führen, wenn unsere Liebe zum Herrn groß genug ist. Der priesterliche Zölibat muß also geprägt sein von der Liebe zu Gott, andernfalls taugt er nichts.

Bitten wir den Herrn, daß er uns hilft, die Liebe in jenem hohen Ausmaß zu üben, wie er es von uns verlangt hat. Es muß jedoch die wahre Liebe sein, nicht irgendeine x-beliebige Art von Liebe: jene große Liebe, die über alles geht und die allein des Herrn würdig ist.

Die Liebe ist wie eine Flamme, die sich von allem nährt, was gut und edel in uns ist. Sie ist wie ein Sieg, wie ein totaler Triumph, der den ganzen Menschen erfaßt, ihn gleichsam beflügelt und als willkommene Opfergabe Gott darbringt.

III
Die Hoffnung

Auf unserem Weg zur Heiligkeit und zum Heil, den zu gehen wir von Gott berufen worden sind, müssen wir vor allem die Gottes- und Nächstenliebe verwirklichen. Sie ist zugleich Gabe Gottes und Aufgabe des Menschen.

Vom heiligen Augustinus stammt das Wort: Imus ad Deum non ambulando, sed amando, d. h. wir erreichen Gott nicht dadurch, daß wir zu ihm gehen, sondern nur indem wir ihn lieben.

Doch ein zweites Element, das auf diesem Weg zum Heil und zur Heiligkeit ein entsprechendes Klima schafft, eine in meinen Augen unentbehrliche Atmosphäre, ist die Zuversicht, die *Hoffnung*. So wie ich euch vorhin das Gebet zur Erweckung der Liebe erläutert habe, möchte ich daher jetzt auch jenes andere Gebet mit euch betrachten, mit dem wir den *Akt der Hoffnung* erwecken.

Dieses Gebet beginnt mit den Worten: *Mein Gott, ich hoffe...* Das heißt: Mein Gott, ich bin voll sicherer Erwartung.

Als David gegen Goliat ins Feld zog, wußte er sehr wohl, daß fünf Kieselsteine, auch wenn sie noch so scharf geschliffen waren, nichts ausrichten konnten gegen einen Riesen in eiserner Rüstung, und dennoch war er voll sicherer Erwartung und Zuversicht. Und er sagte zu dem gepanzerten Koloß, der da vor ihm stand: Ich komme im Namen Gottes! In wenigen Minuten werde ich dich erschlagen und dir den Kopf abhauen. Und alle Welt soll erkennen, daß Israel einen Gott hat, der über sein Volk wacht.

Vor David gab es Abraham: Er wußte nicht, er konnte nicht begreifen, warum Gott ihm befohlen hatte, seinen Sohn zu töten. Und er verstand und wußte auch nicht, woher nach dieser schrecklichen Tat jene außergewöhnlich zahlreiche Nachkommenschaft hätte kommen sollen, die Gott ihm verheißen hatte. Und trotzdem war er voll sicherer Erwartung, voll Hoffnung.

Wenn wir die Bibel, vor allem die Psalmen, lesen und meditieren, lernen wir, auf den Flügeln der Hoffnung zu wandeln. Gerade vorhin bei der Terz haben wir einen Psalm gebetet, der voll Hoffnung ist: „Der Herr ist mein Licht und mein Heil: Vor wem sollte ich mich fürchten? Der Herr ist die Kraft meines Lebens: Vor wem sollte mir bangen? Mag ein Heer mich belagern: Mein Herz wird nicht verzagen. Mag Krieg gegen mich toben: Ich bleibe dennoch voll Zuversicht" (Ps 27,1.3). Die Psalmen sind eine ständige Einladung zur Hoffnung und Zuversicht. Es ist ein charakteristisches Merkmal des Heilsweges, daß wir gewissermaßen schwanger sein müssen mit Hoffnung. Das ist eine Verpflichtung und nicht etwa bloß unserem Belieben anheimgestellt. Daher ist es ein Fehler, ohne feste Zuversicht, ohne Erwartung, ohne Hoffnung zu leben.

Judas hat eine ungeheuerliche Schuld auf sich geladen, als er Jesus für dreißig Silberstücke verriet; aber noch schrecklicher war, daß er gesagt hat: Meine Sünde ist zu groß, ich bin verloren. Nein, so groß die Sünde auch sein mag, immer wird sie vom grenzenlosen Erbarmen Gottes zugedeckt werden. Die Sünde ist immer begrenzt, sie betrifft einen ganz bestimmten Bereich. Das Erbarmen Gottes aber ist unendlich, es deckt jede Sünde zu.

Und es ist auch nie zu spät, denn Gott ist wie ein Vater, er ist der Vater des verlorenen Sohnes. Ihr wißt ja, mit welcher Sehnsucht er ständig Ausschau hält und auf die Rückkehr seines Sohnes wartet. Und kaum hat er ihn von ferne erblickt, eilt er ihm schon entgegen, er läßt ihn gar nicht zu Wort kommen, er will keine Entschuldigung hören. Kurz, er behandelt ihn mit außerordentlicher Güte.

Es ist gar nicht möglich zu sagen: Ich habe zuviel Hoffnung, oder ich erwarte mir zuviel. Wir haben das Recht, zu hoffen und alles von Gott zu erwarten. Das sagt uns die gesamte Heilige Schrift, die ganze Heilsgeschichte.

In der „Dogmatischen Konstitution über die göttliche Offenbarung" des II. Vatikanischen Konzils wird nachdrücklich darauf hingewiesen: Gott spricht zu uns nicht nur durch seine Worte, auch seine Werke sind eine Offenbarung, eine Botschaft Gottes an uns. Auch aus den Werken müssen wir lernen. Es gibt eine ganze Menge von Ereignissen, die uns zur Hoffnung berechtigen und unsere Hoffnung rechtfertigen.

David steht hoch in der Gunst Gottes, er macht eine blendende Karriere. Du wirst noch viel höher emporsteigen, noch viel größeres Glück erlangen, wenn du immer an meiner Seite bleibst, sagt Gott der Herr zu ihm. Doch nein, er lädt schwere Schuld auf sich. Und der Prophet Natan sagt zu ihm: Du hast die Feinde des Herrn dadurch zum Lästern veranlaßt. Da zeigt David Reue, worauf der Prophet zu ihm sagt: Der Herr hat dir deine Sünde vergeben. Es ist alles wieder in Ordnung (vgl. 2 Sam 12,13–14).

Auch der heilige Petrus hat sich schuldig gemacht, und er hat sogar selbst darauf bestanden, daß dies nicht vertuscht wird. Es ist doch überraschend, wenn wir folgendes feststellen: Der Verfasser des Evangeliums wägt im allgemeinen jedes Wort genau ab, er sagt nur das, was unbedingt notwendig ist, sein Bericht beschränkt sich auf das Wesentliche – und auf einmal nimmt er sich dann doch die Zeit, um von Dingen zu erzählen, die für Petrus wenig schmeichelhaft sind. Jesus sagt zu ihm: „Weg mit dir, Satan... Du willst mich zu Fall bringen" (Mt 16,23). Von der dreimaligen Verleugnung wird im Evangelium zuerst berichtet, und erst später erfahren wir auch von der dreimaligen Antwort, die ihn wieder rehabilitiert: „Weide meine Lämmer, weide meine Schafe!" Der Auferstandene erwählt ihn zum Hirten seiner Kirche, aber auch von der Verleugnung sollten die Menschen erfahren.

Bei Matthäus und Lukas findet sich jeweils eine Liste der Vorfahren Jesu. Damit wollen die beiden Evangelisten uns zeigen, wie Jesus Fleisch und Blut von Sündern geerbt hat, wie sehr er unsere armselige Menschennatur angenommen hat. Über seine Vorfahren berichten sie nämlich nicht nur Gutes, sondern auch so manches Schlechte und Traurige. Auch vier Frauen werden da erwähnt, aber drei von ihnen sind alles andere als ein Ruhmesblatt.

Rahab, die Mutter des Boas und damit eine der Vorfahren Jesu, lebte als Hure in einer zweifelhaften Absteige. Tamar, die Schwiegertochter des Juda, wurde von ihrem Schwiegervater schwanger und gebar einen Sohn namens Perez. Auch er, der aus einer unehelichen und unerlaubten Verbindung stammt, gehört zu den Ahnen Jesu. Und Batseba hat nicht nur Salomo im Ehebruch von David empfangen, sie hatte bereits einen anderen Sohn, der ebenfalls im Ehebruch gezeugt worden war: eine bedauernswerte Frau also, die so schwere Fehltritte begangen hat. Aber der Herr wollte, daß diese Frauen in seine Ahnenreihe eingingen, um damit gleichsam zu sagen: Ich nehme nicht nur die menschliche Natur an, ich will vielmehr ganz konkret auch die menschlichen Schwächen in Kauf nehmen. Allerdings nicht, was seine eigene Person betraf, denn das war unmöglich.

Wenn er uns also heute zur Heiligkeit aufruft und einlädt, dann muß diese Einladung folgendes bedeuten: So wie ich einst Fleisch und Blut als uraltes Erbe angenommen und durch mein Leben erlöst habe – eine Vergangenheit, die alles andere als gut war –, so lade ich euch jetzt ein, heilig zu werden, ungeachtet all dessen, was vorher war, trotz eurer Sünden, trotz eurer Schwächen.

Das ist nicht eine Einladung, die nur für einige wenige gilt, die immer schon gut gewesen sind; nein, diese Einladung zur Heiligkeit ergeht an alle, ungeachtet dessen, was früher einmal war. Wir sollen Realisten sein.

Es ist also eine Aufforderung zur Zuversicht, einer Zuversicht, die offen ist für alles, was das konkrete Leben für uns bereithalten mag. Diese Einladung besagt nicht nur: Laß dich nicht entmutigen durch das, was vorgefallen ist, auch wenn es noch so schmerzlich war, sondern auch: Du mußt das, was geschehen ist, zu deinem Besten nutzen.

Es gibt ein Büchlein von Tissot, das von den Grundsätzen des heiligen Franz von Sales inspiriert ist, mit dem Titel „Die Kunst, aus den eigenen Fehlern zu lernen"; es ist sehr interessant und zeigt, wie man sogar noch aus den Todsünden einen gewissen Nutzen ziehen kann.

Ihr wißt, daß man die Todsünde in zwei verschiedenen Phasen betrachten kann: Zunächst einmal zu dem Zeitpunkt, da sie gerade begangen wird, und da – ich beschwöre euch – müßt ihr allergrößte Angst vor ihr haben. Aber wenn die Todsünde einmal geschehen ist, wenn ihr sie schon begangen habt, dann braucht ihr keine Angst mehr vor ihr zu haben, dann kann sie für euch sogar zu einer Quelle des Guten werden, weil entweder ihre Vergebung noch bevorsteht oder sie gerade vergeben wird, ganz besonders aber dann, wenn sie schon vergeben worden ist.

Ich hatte einmal sehr starke Zahnschmerzen, dabei mußte ich dringend nach Belluno fahren. Mir schien, als würde der kranke Zahn zu mir sagen: Zieh mich um Gottes willen heraus! Geh zum Zahnarzt, laß mich nicht in diesem schrecklichen Zustand! Die Todsünde tut genau dasselbe: Schluß jetzt, heute wird zur Beichte gegangen und alles wieder in Ordnung gebracht! Wenn sie also einmal geschehen ist, wird sie sofort auch ein Anstoß zum Guten: Geh zur Beichte, mach diesem Zustand ein Ende! Und wenn man dann soweit ist, daß man wirklich beichtet, dann verhält es sich so: Je schwerer und schändlicher die Sünde ist, die wir begangen haben, desto mehr wird sie in der Folge zu einer nutzbringenden Tat, die uns demütig macht: Herr, hier stehe ich vor dir, ich will alles schlicht und ehrlich bekennen. In diesem Augenblick setzt man einen Akt der Demut, einen Tugendakt. Und wenn du auch noch im Zustand der Sünde bist und noch keinen Akt der vollkommenen Reue erweckt hast, so ist diese Verdemütigung zwar nicht etwas, was dir als Verdienst angerechnet werden wird, aber es handelt sich doch immerhin um eine gute Tat. Und diese gute Tat vollbringst du nur, weil du gesündigt hast: Du wirst demütig.

Manchmal muß man fast sagen, daß es ein Glück ist, gewisse Sünden begangen zu haben, denn andernfalls wärest du nie so barmherzig geworden, und du hättest vielleicht nie ein Verständnis dafür aufgebracht, in welchen Situationen sich ein Mensch befinden kann, wenn er bestimmten Versuchungen ausgesetzt ist. So aber hast du aus deiner eigenen Sünde gelernt, und du wunderst dich über nichts und über niemanden mehr.

Wenn du dann gebeichtet hast und erleichtert nach Hause gehst, dann bist du verständnisvoller und sagst: Herr, wie gut bist du doch gewesen, ich werde deine Güte und dein Erbarmen gegen mich nie mehr vergessen. Und dies ist wiederum ein Anstoß, es in Zukunft besser zu machen. Wir werden wahrscheinlich noch öfter fallen, aber sicherlich wird auch die bittere Erfahrung für uns heilsam gewesen sein.

Das ist das Klima der Barmherzigkeit, der Güte und der Zuversicht. Auf dem Heilsweg zur Heiligkeit müssen wir uns auch jene Tugend zu eigen machen, die so außerordentlich mächtig ist: die Hoffnung, die christliche Zuversicht.

Es wäre aber falsch, Vertrauen und Hoffnung zu haben – und dabei alles auf die lange Bank zu schieben. Man soll nie etwas hinausschieben! Es gibt manche, die verhalten sich ständig wie gewisse Leute in den Wartesälen der Bahnhöfe: Jetzt noch nicht, ich fahre erst bei der nächsten Gelegenheit. Momentan mag ich nicht, ich nehme lieber den nächsten Zug.

Nein, so nicht! Du hast während der Meditation eine Inspiration empfangen, eine Anregung bekommen: Triff sofort eine Entscheidung! Sag nicht: Ich warte lieber auf eine günstigere Gelegenheit, oder ich warte auf die Exerzitien. Nein. Sofort!

In der berühmten Ballade „Der Aufbruch des Kreuzfahrers" von Visconti-Venosta heißt es: „Es vergeht ein Tag, es vergeht der nächste, doch niemals kehrt er zurück, der tapfere Anselm." Im umgekehrten Sinn trifft dies auch für uns zu: Es vergeht ein Tag, es vergeht der nächste, doch nie kommt der Tag, da wir endlich aufbrechen. Aber er müßte kommen, dieser Tag, jetzt müßte er anbrechen. Du hast schon ein, zwei, drei Anstöße verspürt. Los jetzt, brich auf, fang an, nur Mut! Es ist riskant, einfach nicht zu reagieren, wenn der Herr uns ruft, wenn wir uns eingeladen wissen von seiner Güte und seiner Gnade. Es ist gefährlich, weiterhin zu warten und die Entscheidung zu vertagen.

Stellt euch einmal vor (ich wünsche es mir nicht), eine feindliche Macht würde unser Land überfallen. Alles flüchtet in Flugzeugen, mit dem Zug, im Auto. Auch ich besteige eilends einen Zug und sage zu einem Bekannten: Schnell, steig ein, komm mit, es ist noch ein Platz frei! Doch statt einzusteigen, antwortet er nur: Ist es wirklich sicher, daß man mich umbringen wird, wenn ich hier bleibe? Könnte es nicht auch sein, daß man mich verschont? Sicher könnte es sein, daß man dich verschont, aber das wäre eine Ausnahme, deine Chancen stehen eins zu tausend. Es könnte auch noch ein weiterer Zug kommen, es könnte vielleicht auch da noch Platz für dich sein, einverstanden; aber jetzt ist nun einmal hier ein Platz frei, komm, steig ein!

Man sagt so oft: Ich kann mich ja auch noch später bekehren. Sicher, man kann sich immer bekehren. Aber wenn es dir auch jetzt Mühe bereitet, später wird es dich noch viel mehr Anstrengung kosten, denn die Sünden werden sich bis dahin wiederholt haben, sie werden sich wie zu einer Kette aneinandergereiht haben, und dein Wille wird geschwächt sein. In dem Moment, wo du den Anstoß spürst, mußt du sofort ans Werk gehen. Wer sich auf den Weg des „Später" begibt, gerät sehr bald auf den Weg des „Nie", sagt ein spanisches Sprichwort. Und so ist es tatsächlich. Ja, wir dürfen voll Zuversicht sein, aber wenn man diese Zuversicht hat, muß man auch sofort von der Güte des Herrn Gebrauch machen.

In unserem Gebet heißt es weiter: Mein Gott, ich hoffe *auf deine Güte*. Sie ist die Grundlage. Der Herr ist gut. Wie groß die Güte Gottes ist, sagt uns das Evangelium, wo sich der Herr einen Freund der Zöllner und Sünder nennen läßt. Beim heiligen Lukas könnt ihr es nachlesen.

Und wie sehr er ein Freund ist, sagt er selbst, wenn er seine Art von Freundschaft darlegt. Ich bin so, sagt er: Wenn ich hundert Schafe habe und ein einziges davon geht krumme Wege, dann lasse ich die neunundneunzig in ihrem sicheren Gehege und laufe nur diesem einen nach. Und ich habe keine Ruhe, bis ich es gefunden habe und es sich von mir einfangen läßt. Dann nehme ich es auf meine Schultern, trage es nach Hause, und es gibt ein großes Fest. Im Himmel ist mehr Freude über einen einzigen Sünder, der Buße getan hat, als über neunundneunzig Gerechte, die durch nichts beunruhigt sind. Das ist meine Methode.

Auf diese Weise sind die Samariterin, Magdalena, Zachäus und der rechte Schächer von ihm gesucht, gefunden und gerettet worden. Er war so gut zu den armen und einfachen Leuten, zu den Sündern, daß diese sich aufgewertet fühlten. Daher drängten sie immer in seine Nähe und hingen förmlich an seinen Lippen. Auf die Kritik und die Vorwürfe der Pharisäer, die zu seinen Jüngern gesagt hatten: Das, was der da macht, geht zu weit!, hat Jesus geantwortet: Das geht gar nicht zu weit. Tut mir doch den Gefallen und schaut einmal in der Heiligen Schrift nach. Dort heißt es an einer Stelle: „Barmherzigkeit will ich und nicht Opfer." Bitte, erklärt mir doch diese Worte! Ist es nicht genau das, was ich tun muß? Ich bin wie ein Arzt: Soll ich etwa die Gesunden aufsuchen? Nein, die Kranken. Der Menschensohn ist gekommen, um zu suchen und zu retten, was verloren war. Das ist meine Aufgabe, mein Beruf. Ich habe keinen anderen.

Ihr seht also, daß er uns volle Sicherheit gegeben hat durch seine tiefe Freundschaft auch zu den Sündern, auch zu jenen Christen, die sich im Zustand der Sünde befinden. Mein Gott, ich hoffe auf deine Güte!

Der Prophet Jesaja berichtet, wie Jerusalem einmal eine sehr schlimme Zeit durchmachen mußte. Die Leute jammerten und klagten: Gott hat uns vergessen. Geh zu ihnen, sag ihnen, daß es nicht so ist, befahl Gott dem Propheten. „Kann denn eine Frau ihr Kindlein vergessen, eine Mutter ihren leiblichen Sohn? Und selbst wenn sie ihn vergessen würde: Ich vergesse dich nicht" (Jes 49,15). Und weiter spricht Gott durch den Mund des Propheten zu Jerusalem: „Sieh her: Ich habe dich eingezeichnet in meine Hände, deine Mauern habe ich immer vor Augen" (Jes 49,16). Daher sage auch ich euch: Sollte Gott dort oben im Himmel zufällig einen Tisch stehen haben, dann liegt auf diesem Tisch ganz bestimmt ein Foto von dir, so daß er dich ständig vor Augen hat. Der Herr vergißt uns also nicht.

Ich hoffe *auf deine Güte*. Gott hat uns durch den Propheten Jesaja auch noch versichert: „Wären eure Sünden auch rot wie Scharlach, sie sollen weiß werden wie Schnee. Wären sie rot wie Purpur, sie sollen weiß werden wie Wolle" (Jes 1,18). Er macht also alles weiß, er bringt alles wieder in Ordnung.

Hören wir noch einmal auf das, was Jesus Christus uns sagt: „Wenn nun schon ihr, die ihr böse seid, euren Kindern gebt, was gut ist, wieviel mehr wird euer Vater im Himmel denen Gutes geben, die ihn bitten" (Mt 7,11). Ihr seid zwar böse, sagt der Herr – aber bringt ihr es wirklich fertig, euren

Kindern irgend etwas zu verweigern? Aber mein Vater ist nicht böse, er ist vollkommen gut: Glaubt ihr denn, daß er euch im Stich läßt? Ihr braucht nur zu bitten, ihr müßt nur Vertrauen und Hoffnung haben.

Mein Gott, ich hoffe auf deine Güte und *auf deine Verheißungen:* Wir haben sie gerade gehört, diese seine Verheißungen.

Und auf die Verdienste Jesu Christi: Dieses Kapital an Verdiensten läßt aus zweierlei Gründen Hoffnung entstehen: Erstens, weil es diese Verdienste tatsächlich gibt. Zweitens, weil es jetzt auch meine Verdienste sind. Er und ich, wir alle bilden eine Familie, wir sind Brüder. Er ist „der Erstgeborene von vielen Brüdern" (Röm 8,29). Also sind es auch unsere Verdienste. Wir haben wahrscheinlich viel zuwenig Vertrauen. Für mich ist einer der schönsten Augenblicke bei der heiligen Messe der, wenn ich sage: *Lasset uns beten!* und das Gebet dann mit den Worten beschließe: *Durch unsern Herrn Jesus Christus, deinen Sohn...* Wir wenden uns im Gebet an den Vater im Himmel: Herr, vielleicht sind wir nicht sehr würdig, wir stellen nicht viel dar in deinen Augen, aber schau, da ist ja noch unser „großer Bruder", er stellt doch wirklich etwas dar. Also setzen wir im Vertrauen auf die unendliche Güte Gottes unsere Hoffnung auf die Verheißungen und die Verdienste Jesu Christi.

Und was erhoffen wir uns, was erwarten wir? Wir hoffen auf *das ewige Leben* im Himmel! Ich will jetzt nicht ausführlich vom Himmel sprechen, aber es ist doch notwendig, wenigstens kurz darauf hinzuweisen. Der Weg führt ins Paradies, der Heilsweg hat den Himmel zum Ziel. Nur drei schlichte Gedanken möchte ich zu diesem Thema äußern: Der Himmel bedeutet Licht, er bedeutet Liebe und Freude.

Der Himmel bedeutet *Licht.* Dante spricht vom *Licht des menschlichen Verstandes.* In dieser Welt sehen wir bloß mit den Augen. Dort droben aber werden wir direkt mit dem Geist erkennen. Wir werden in voller Klarheit jene Dinge, jene Geheimnisse durchschauen, die wir hier nur flüchtig erkennen. Hier sehen wir nur von weitem, wie durch Nebelschleier hindurch. Dort aber werden wir vollkommen erkennen. Es wird eine Einsicht des Verstandes von solcher Intensität sein,

nicht auch ich selbst etwas getan habe – immer in der Kraft seiner Gnade –, werde ich nicht in den Himmel kommen.

Die guten Werke! Der heilige Paulus war sich der Notwendigkeit der Gnade und der guten Werke voll bewußt: „Mehr als sie alle (die Apostel) habe ich mich abgemüht – nicht ich, sondern die Gnade Gottes zusammen mit mir" (1 Kor 15,10). Er spürte irgendwie, daß ohne die Gnade Gottes nichts zu machen ist. Aber später schrieb er an Timotheus: „Ich habe den guten Kampf gekämpft, den Lauf vollendet, die Treue gehalten. Schon jetzt liegt für mich der Kranz der Gerechtigkeit bereit, den mir der Herr, der gerechte Richter, an jenem Tag geben wird" (2 Tim 4,7–8). Das ist genau der Lohn.

Die *Gnade Gottes:* Ich hätte überhaupt nichts unternommen, wenn Gott mir nicht geholfen hätte; aber auch ich habe etwas getan. Die Gnade Gottes ist gewissermaßen der Lohn dafür. Sie ist aber auch ein Akt der Gerechtigkeit. Deshalb heißt es ja: der *gerechte Richter.* So müssen auch wir uns in unserer Hoffnung auf diese zwei Elemente stützen: Herr, wenn du mir nicht hilfst, was vermag ich dann? Und auf der anderen Seite muß auch ich etwas tun.

Verweilt noch ein wenig bei diesen ganz einfachen Überlegungen, die sich aus dem Gebet ergeben, mit dem wir den *Akt der Hoffnung* erwecken. Vor allem aber achtet auf den Schluß dieses Gebetes: *Gib, o Herr, daß ich nicht ratlos bleibe in Ewigkeit!*

Ich möchte Hoffnung haben, ich möchte voll Zuversicht sein. Ich will nicht ratlos bleiben in Ewigkeit.

Nehmt eure Zuflucht zur Gottesmutter, sie ist ja *unsere Hoffnung* (spes nostra). Bei Dante heißt es: „... bist die lebend'ge Quelle du des Hoffens" (Das Paradies 33,13).

Ich werde immer diese Hoffnung haben und werde mich von dieser Woge vertrauensvoller Erwartung tragen lassen können, wenn ich mich zur Quelle hinbegebe. Diese Quelle ist Maria: „... bist die lebend'ge Quelle du des Hoffens."

IV
Die Todsünde

Er ging seines Weges, wurde aber *von Räubern überfallen*.
Diese Gauner und Halunken „plünderten ihn aus und schlugen ihn nieder; dann gingen sie weg und ließen ihn halbtot
liegen" (Lk 10,30).

Auch wir werden in unserem Leben manchmal von
Räubern überfallen. Es ist vor allem die *Todsünde*, die
denselben Charakter aufweist wie jene Räuber des Gleichnisses: Auch sie läßt uns halbtot liegen.

Die Todsünde ist eine große Gaunerei, weil sie eine
Auflehnung, eine Rebellion gegen Gott darstellt. Erinnert euch
an den Pharao, als Mose vor ihn hintrat und sagte: Jahwe, der
Gott Israels, sagt, daß du sein Volk aus Ägypten ziehen lassen
sollst. Da legte sich seine Stirn in Falten, die Augenbrauen
zogen sich drohend zusammen, und dann kam seine trockene
und schneidende Antwort: Wer ist denn Jahwe, daß ich auf ihn
hören soll? Wer ist dieser Gott? Ich, der Pharao, bin nicht
verpflichtet, auf ihn zu hören.

Liebe Mitbrüder, wenn wir eine Todsünde begehen oder
begangen haben, verhalten wir uns ähnlich wie der Pharao.
Wie lästig ist doch dieser Gott! Er läßt mir keine Ruhe, man
muß genau das tun, was er will. Es ist die Stimme Gottes in
deinem Innern, die zu dir sagt: Vorsicht! Du weißt es ja aus
eigener Erfahrung, denn du bist schon einmal in dieses Haus
hineingegangen und nicht gerade als besserer Mensch wieder
herausgekommen. Du solltest dich auf keinen Fall mit dieser
Person einlassen. O Gott, wie kleinlich! Und er läßt auch keine
Entschuldigungen gelten. Du bist voll Abneigung gegen deine
Vorgesetzten; das ist doch ungerecht – sagt die Stimme Gottes
in mir. Er ist schließlich dein Bischof, du kannst nicht einfach

so mit ihm umspringen. Wie lästig und kleinkariert ist doch dieser Gott!

Die Todsünde ist eine *Auflehnung gegen Gott*, sagte ich. Im Psalm 53 heißt es: „Die Toren sagen in ihrem Herzen: Es gibt keinen Gott."

Wir müssen zu unserer großen Beschämung gestehen: Wenn wir einmal mit offenen Augen eine Todsünde begangen haben, dann haben wir uns doch im Grunde unseres Herzens gewünscht, daß es keinen Gott gäbe, der uns dabei stört. Dabei müßten wir doch als gläubige Menschen eine ganz andere Einstellung haben. Es hat sich ungefähr so abgespielt: Auf der einen Seite stand Er, das höchste Wesen, ewig und unendlich, der Schöpfergott, der alles geschaffen hat. Wenn er mit dem kleinen Finger die Berge berührt, sagt der Psalm (144,5), beginnen sie zu rauchen. Er kommt auf den Wolken des Himmels, und die ganze Welt zittert vor ihm. Und auf der anderen Seite stand ich, eine armselige Kreatur, ein Wurm, eine Null, die absolut nichts aufzuweisen hat. Und was passiert? Plötzlich erhebt sich dieser Wurm und speit Gift und Galle gegen Gott: *Ich will nicht dienen!* Ein Wunder, daß Gott sich da noch beherrschen kann, ein Wunder an Geduld und Erbarmen! Soweit zur Todsünde als Auflehnung gegen Gott.

Aber daneben bedeutet die Todsünde auch noch *Verachtung.* Der Prophet Hosea sagt über das pflichtvergessene jüdische Volk: Ihr seid wie ein Händler mit einer falschen Waage in der Hand. Auch wir sind im Zustand der Todsünde wie ein Händler mit falschen Gewichten: Auf die eine Waagschale lege ich Gott. Doch Gott kann man nicht auf die Waagschale legen, denn niemand hält einem Vergleich mit ihm stand. Dennoch tun wir das für gewöhnlich. Und auf die andere Waagschale lege ich ein verbotenes Liebesabenteuer, eine unerlaubte Beziehung, ein Gefühl des Hasses. Wenn Gott sich nun so auf die Waage gestellt sieht, kann er nur mehr ausrufen: Aber was macht denn dieser Mensch da, wohin stellt er mich denn! Wenn ich dann meine Hand ausstrecke und eine Wahl treffe, aber meine Wahl nicht auf Gott, sondern auf irgendeine armselige Kreatur fällt, dann wird Gott der Herr sehr böse: „Mit wem wollt ihr mich vergleichen, neben wen mich stellen?" (Jes 46,5).

Bei Jeremia heißt es: „Entsetzt euch darüber, ihr Himmel, erschaudert gewaltig – Spruch des Herrn. Denn mein Volk hat doppeltes Unrecht verübt: Mich hat es verlassen, den Quell des lebendigen Wassers, um sich Zisternen zu graben, Zisternen mit Rissen, die das Wasser nicht halten" (Jer 2,12–13). Ja, so ist die Sünde: eher eine Dummheit als eine Beleidigung Gottes.

Und Ezechiel, der im Namen Gottes gegen gewisse falsche Prophetinnen vom Leder zieht, sagt: Hört doch, was der Herr über euch sagt: „Ihr habt mich entweiht in meinem Volk." Und wofür? Wenn ihr mich wenigstens um einer großen Sache willen entweiht hättet. Aber nein, „für ein paar Hände voll Gerste und für ein paar Bissen Brot". Für so wenig übt ihr Verrat an eurem Gott, bereitet ihr mir eine Blamage vor dem ganzen Volk. Gott der Herr beklagt sich bitter, auch er empfindet es als Blamage, als eine Beleidigung seiner Majestät (vgl. Ez 13,18–19).

Darüber hinaus bedeutet die Todsünde aber auch *Undankbarkeit*. Ihr kennt ja das berühmte Lied vom Weinberg bei Jesaja. Es lautet ungefähr so: Ich hatte einen Weinberg auf einer fruchtbaren Höhe. Ich habe ihn umzäunt und alle Steine daraus entfernt. Dann habe ich ihn mit den edelsten Reben bepflanzt. Mitten darin baute ich einen Turm und hieb eine Kelter darin aus. Dann hoffte ich, daß der Weinberg süße Trauben brächte; doch er brachte nur saure Beeren. Nun, sagt der Herr, sprecht das Urteil, ihr Männer von Juda, im Streit zwischen mir und dem Weinberg! Sagt: Liegt die Schuld wirklich bei mir? Ich habe doch getan, was ich konnte (vgl. Jes 5,1–7). Aber in Wirklichkeit geht es gar nicht um einen Weinberg. Nein, es geht um das Volk Israel. Ich hoffte, daß es ein gerechtes Urteil fällen würde, doch statt dessen hat es seine Bösartigkeit nur noch gesteigert.

Natürlich ist diese Stelle zunächst einmal im Literalsinn zu verstehen. Aber ich glaube, daß es doch auch gestattet ist, eine Übertragung vorzunehmen. Der Herr erwartet vor allem von uns Priestern süße Trauben, denn wir haben ja eine besondere Pflege erfahren. Manchmal, wenn ich an dieses Lied vom Weinberg denke, mache ich mir Gewissensbisse und sage: Herr, wir laufen Gefahr, mißratene Heilige zu werden; dabei waren alle Voraussetzungen gegeben, um echte Heilige werden zu können. Ja, wir sind bankrotte Heilige! Das ist eine Schande, eine riesige Schande. Der Grund dafür ist aber die Sünde.

Sie plünderten ihn aus: Die Todsünde plündert uns aus, sie raubt der Seele die Gnade. Im Traktat „Über die Gnade" habt ihr von den Wirkungen der Gnade in der Seele des Menschen gehört. Man wird emporgehoben, wenn man sich im Stande der Gnade befindet, man steigt auf eine hohe Ebene auf. Ich glaube, daß die Engel erstaunt vom Himmel auf uns herunterschauen und sagen: Seht, ein Bruder Jesu Christi, ein auserwähltes Kind Gottes! Das ist eine großartige Sache, die sich im Augenblick niemand auch nur annähernd vorzustellen vermag: „Was wir sein werden, ist noch nicht offenbar geworden. Wir wissen, daß wir ihm ähnlich sein werden, wenn er offenbar wird; denn wir werden ihn sehen, wie er ist" (1 Joh 3,2).

Aber wenn man eine Todsünde begeht, ist alles zu Ende, dann ist alles kaputt. Wo vorher Licht war, ist nun Finsternis. Jesaja singt ein beißendes Spottlied auf Nebukadnezar, den König von Babel: „Ach, du bist vom Himmel gefallen, du strahlender Sohn der Morgenröte. Zu Boden bist du geschmettert" (Jes 14,12). Der Morgenstern war bloß eine Zierde des Himmels und kündete die Morgenröte an. Aber weiter nichts.

In übertragenem Sinn heißt das: Dieser oder jener Priester schien ein Prunkstück der Diözese zu sein, das Glanzstück der Pfarrei: „Ach, du bist vom Himmel gefallen, du strahlender Sohn der Morgenröte." Die Sünde raubt uns sowohl die physische als auch die moralische Schönheit. Ja, auch die physische: Nehmt doch ein Kind her, schaut in seine heiteren, klaren, ruhigen Augen; betrachtet seine Lippen, sein Lächeln; seine Worte bezaubern uns förmlich. Und nun vergleicht dieses unschuldige Kind mit der Visage eines verdorbenen, gotteslästerlichen Menschen: Ihr seht sofort, daß alle Schönheit aus diesem Antlitz gewichen ist, nicht zuletzt wegen der Sünde.

Zwei Komplizen, die miteinander eine Sünde begangen haben, wagen es kaum, wenn sie auch nur ein wenig Feingefühl besitzen, sich gegenseitig in die Augen zu schauen, und schon gar nicht wollen sie den Blicken eines anderen begegnen. Man hat offenbar das Gefühl, irgendwie häßlich und entstellt zu sein, und wird daher unsicher.

Vor allem aber ist die moralische Schönheit zerstört. *Bist du sicher, daß sie würdig sind?* So lautet die Frage des Bischofs an den Regens des Seminars bei der Diakonatsweihe. Soweit es die bruchstückhafte menschliche Erkenntnis zuläßt, bin ich sicher und gebe die Garantie, daß sie würdig sind. Der Bischof verlangte das Würdigsein, das Ansehen, den guten Ruf. Auf nichts anderes ist die Kirche mehr bedacht als auf dies.

Schon mit elf Jahren braucht man, um ins kleine Seminar aufgenommen zu werden, ein Leumundszeugnis des Ortspfarrers. Und jedes Jahr nach den Ferien wird neuerlich ein solches Zeugnis verlangt. Auch vor den niederen Weihen wird immer wieder gewissenhaft geprüft. Vor der Weihe zum Subdiakon wird die Liste der Kandidaten öffentlich verlautbart. *Bist du sicher, daß sie würdig sind?,* so lautet die Frage des Bischofs bei den höheren Weihen. Und schließlich bei der Priesterweihe: *Für Gott und um der Sache Gottes willen möge er vortreten ... aber er soll sich immer seiner Schwachheit bewußt sein.* So hoch also hat man uns eingeschätzt!

Der heilige Augustinus sagte einmal: Ich bin stolz, denn ich habe zuviel Hunger und Durst danach, von den Menschen geachtet zu werden. Aber ich bin Bischof, und als solcher brauche ich die Achtung der Menschen, ich kann auf sie nicht verzichten. Wenn jedoch eine Sünde von uns bekannt wird, dann sind wir Priester arm dran, denn als erstes ist die Achtung der Menschen dahin!

Der Prophet Jeremia sagt von der Stadt Jerusalem: „Schwer gesündigt hatte Jerusalem, deshalb ist sie zum Abscheu geworden. All ihre Verehrer verachten sie, weil sie ihre Blöße gesehen" (Klgl 1,8). Worte, die auch auf uns angewandt werden könnten. Schon allein um die Achtung, die Hochschätzung und das Ansehen bei den Leuten zu wahren, darf man sich keine Sünde leisten. Wir befinden uns in einer Situation, daß wir schon aus Menschenfurcht diese Schande vermeiden müssen.

Die heilige Theresia vom Kinde Jesu gesteht, wenn sie von ihrer Jugend erzählt, mit großer Offenheit: Ich war dumm und blöd. Kaum war ich der Kindheit entwachsen, begann ich

Romane zu lesen. Ich habe sogar selbst einen Roman geschrieben, er ist allerdings nie gedruckt worden; es war eine sehr seichte Liebesgeschichte. Ich habe mit meinen Vettern manche Dummheiten gemacht, nichts Schwerwiegendes, aber am liebsten wäre ich tot gewesen, nicht so sehr aus Angst, Gott beleidigt zu haben, sondern aus Scham vor den Menschen. Manchmal hilft auch das: ein wenig Angst vor dem eigenen Versagen, davor, die Achtung der anderen zu verlieren.

Die Sünde *beraubt uns* aber auch *der Verdienste.* Bei Ezechiel lesen wir: „Wenn jedoch ein Gerechter sein rechtschaffenes Leben aufgibt, wenn er Unrecht tut ... sollte er dann etwa am Leben bleiben? Keine seiner gerechten Taten wird ihm angerechnet" (Ez 18,24). Ein solcher Mensch wird also nicht mehr leben. Die Sünde bedeutet die Zerstörung dessen, was wir den Stand der Gnade und die Verdienste nennen. Zum Glück gibt es aber die Barmherzigkeit Gottes, die uns nach unserer Bekehrung alles zurückerstatten wird, mit Ausnahme der Verdienste für jene guten Werke, die wir möglicherweise getan haben, während wir uns im Zustand der Sünde befanden; diese „Verdienste" können ja nicht als solche angesehen werden. Das ist die einzige Ausnahme, alles andere wird wiederhergestellt. Wenn jemand eine gute Beichte ablegt, dann ist er nach dieser Beichte so, wie er vor der Sünde war, ja sogar noch ein etwas besserer Mensch, denn er wird zumindest eine Erfahrung gemacht haben, die ihm in Zukunft eine Hilfe sein wird. Das geschieht, wenn man zur Beichte geht, aufgrund der Barmherzigkeit Gottes. Sollte man aber unglückseligerweise nicht imstande sein, zur Beichte zu gehen, und es auch nicht tun wollen, dann wird daran deutlich sichtbar, was für eine *tabula rasa* die Sünde in uns hinterlassen hat. Sie ist wirklich eine Katastrophe! Ganz besonders für uns Priester, denn sie verhindert, daß unsere Gemeinden größere Gnaden von Gott empfangen.

Da fällt mir gerade eine Stelle aus dem zweiten Buch der Makkabäer ein: „Die Bewohner der Heiligen Stadt lebten in tiefem Frieden und hielten die Gesetze aufs treueste; denn der Hohepriester Onias war ein frommer Mann" (2 Makk 3,1). Da gab es also einen Hohenpriester, Onias, und der war so fromm und rechtschaffen, daß Gott aufgrund seiner Verdienste seine Gnade über die ganze Stadt ausgoß. Manche Priester ziehen wirklich den Segen Gottes auf sich und ihre Gemeinden herab. Niemand weiß es vielleicht, niemand sieht es, aber sie sind so fromm und rechtschaffen, daß sie viel erreichen, auch wenn sie keine guten Prediger sind.

Sie ließen ihn halbtot liegen! Der Dichter Manzoni verstand etwas von der Sünde, denn er hatte ja selbst viele Jahre im Zustand der Sünde gelebt, obwohl er doch bei den Somaskern eine ausgezeichnete Erziehung genossen hatte. Kenner behaupten, daß er in seinem Werk „Der Ungenannte" ein wenig auch sich selbst beschreibt. Denn niemand könnte einen seelischen Zustand so genau beschreiben, wenn er ihn nicht irgendwann in seinem Leben selbst erlebt hätte.

Er sagt über diesen inneren Krisenzustand: „Ich habe die Hölle im Herzen." Die Sünde raubt uns die innere Ruhe, der Mensch ist nicht mehr Mensch! Man ist nur mehr ein halber Mensch, wenn man sich im Stande der Todsünde befindet. Man ist nicht mehr so frei. Es mag zwar nach außen immer noch so scheinen, aber innerlich ist man nicht mehr wirklich frei. Man hat vielleicht gemeint, die Sünde sei doch nur eine kleine Abweichung, ein leichtes Nachgeben: Ja, so scheint es am Anfang, aber dann wird sie zu einem Zwang, sie löst eine Kettenreaktion aus.

Man sagt gerne: Nur noch einmal, ein letztes Mal, dann höre ich auf damit. Und ob! Ja, ich höre auf damit, solange die Leidenschaft nicht von neuem erwacht, solange die Versuchung nicht hartnäckig wiederkehrt. Es ist schmerzvoll und eine Qual, sich so an diese Kette gelegt zu fühlen, die uns immer weniger Spielraum läßt. Man ist nicht mehr Mensch wie zuvor.

Dann die Gewissensbisse, man ist innerlich unglücklich. Ich habe schon Manzoni erwähnt, aber ich kann mich erinnern, daß auch Tolstoi in einer seiner Novellen etwas darüber geschrieben hat: Ein Pferd wird im Winter vor einen Schlitten gespannt und muß ihn eine weite Strecke den Fluß entlang ziehen. Da fängt das Pferd plötzlich an, Flausen zu bekommen, es wird bockig und will einfach nicht mehr. Der Kutscher treibt es an, aber das Pferd bleibt stur, es macht höchstens einige Schritte. Meinetwegen, denkt sich der Kutscher, soll es ruhig langsam gehen, aber auch das ist nicht zu machen. Denn die Deichsel des Schlittens stößt ständig gegen die Beine des Pferdes. Da beginnen die Insassen des Schlittens wütend zu werden: Was ist denn mit diesem Gaul los, warum geht er denn nicht? So hat das Pferd schließlich alle gegen sich.

Auch wir können im Zustand der Sünde nein sagen, aber wir werden dann alles gegen uns haben, angefangen von uns selbst, unseren Empfindungen und innersten Regungen.

Man fühlt sich nicht wohl in der Sünde, besonders als Priester. Die Sünde wiegt bei uns schwerer, und daher erhebt sich auch die Stimme des Protestes umso lauter. Die Laien können außerdem die Sünde viel leichter vergessen, denn uns erinnern ständig die Umstände daran, die Gebete, die heiligen Handlungen. Im Brevier beten wir: „Ich tat einen Schwur, und ich will ihn halten: Ich will deinen gerechten Entscheidungen folgen" (Ps 119,106). Ich will ein gutes und heiligmäßiges Leben führen. Doch nein, ganz im Gegenteil. „Das Antlitz des Herrn richtet sich gegen die Bösen" (Ps 34,17). Um Gottes willen! „Der Friede des Herrn sei allezeit mit euch" – diesen Friedensgruß entbiete ich bei der heiligen Messe den Gläubigen. Aber ich selbst habe diesen Frieden nicht!

Und dann geht ein solcher Priester in den Beichtstuhl und muß sich denken: Der arme Kerl da hat Schlimmes auf dem Kerbholz, und er weiß nicht ein und aus, wie er die Sache wieder in Ordnung bringen könnte. Ich hingegen ... Oder es kommt eine wirklich fromme Seele und sagt: Hören Sie, mein Vetter oder meine Cousine, sie sind ständig schwersten Versuchungen ausgesetzt, sie leben in einem schlechten Milieu, doch sehen Sie, wieviel Mühe sie sich geben, wie tapfer sie sich schlagen! Und ich, Herr, was mache ich? Es ist eine ständige Qual, im Zustand der Sünde zu verharren.

Ich will aber nicht weiter darauf eingehen; ihr wißt das alles ja viel besser als ich. Es sind nur einige Anstöße zur Meditation, die ich euch hier vortrage.

Bitten wir den Herrn, daß er uns hilft, uns nicht nur der Sünde zu enthalten, das wäre viel zuwenig, sondern sie auch zu hassen, sich wirklich von ihr loszusagen. Das ist nämlich etwas ganz anderes. Sich enthalten bedeutet: Ich meide sie und konzentriere mich eben auf andere Bereiche. Sich lossagen aber heißt: die Sünde verabscheuen, Angst haben vor ihr, sie hassen aus der Überzeugung heraus, daß die Sünde ein wirkliches Unglück für uns darstellt.

Ich habe einmal einen Mann besucht, einen Säufer, der an Leberzirrhose litt. Der Arzt hatte ihm gesagt: Selbst ein kleines Glas kann dein Ende bedeuten, du darfst einfach nicht mehr trinken! Aber er hatte die Flasche im Zimmer stehen, und bei ihrem Anblick schien er zu sagen: Wie schade, daß es mir nicht guttut! Nur aus Angst trank er nicht, aber er schaute die Flasche immer mit solcher Sehnsucht und einem so heftigen Verlangen an...

Wenn einer nur sagt: Ich halte mich davon fern, weil es gefährlich für mich ist, so ist das nicht genug. Er muß es auch aus innerster Überzeugung tun, aus einer Überzeugung, die aus dem Nachdenken, aus der Meditation erwachsen ist. Nur so gelangt man schließlich dahin, sich von der Sünde loszusagen.

Die Sünde ist also der Feind Nummer eins. Aber sie steht nicht allein da, es gibt auch noch einen anderen Feind. „Doch durch den Neid des Teufels kam der Tod in die Welt" (Weish 2,24). Der Tod, auch der geistliche Tod, nämlich die Sünde, ist ein Werk des Teufels, seines Neides, seines Hasses.

Mir scheint, man spricht heute kaum mehr vom *Teufel*. Man tut ihn ab als eine mittelalterliche, völlig überholte Angelegenheit. Manchmal lacht man sogar darüber. Gott der Herr hatte keinerlei Grund, über den Teufel zu lachen, er betrachtete ihn nämlich als Hindernis für seine Sendung.

Jesus Christus war – gestattet den Ausdruck – der Anti-Teufel: In dem Maße, wie seine messianische Sendung Erfolg hätte, würde der Teufel aus der Welt verjagt werden. Und ist er einmal draußen, habe ich allein das Kommando. Ist der Teufel besiegt, dann kann ich das tun, was ich tun muß. An einigen Stellen des Evangeliums wird das ganz deutlich.

Erlaubt, daß ich wenigstens eine Stelle herausgreife. Unter den Leuten, die gleichzeitig mit dem triumphalen Einzug Jesu in Jerusalem am Palmsonntag in die Stadt gekommen waren, um am Tempelkult während des Festes teilzunehmen, befanden sich auch einige Griechen.

„Sie traten an Philippus heran... und sagten zu ihm: Wir möchten Jesus sehen. Philippus ging und sagte es Andreas;

dann gingen beide und sagten es Jesus. Jesus aber antwortete ihnen: Die Stunde ist gekommen, daß der Menschensohn verherrlicht wird. Amen, Amen, ich sage euch: Wenn das Weizenkorn nicht in die Erde fällt und stirbt, bleibt es allein; wenn es aber stirbt, bringt es reiche Frucht" (Joh 12,20–24). Er wird verherrlicht werden, aber auf eine andere Art, als ihr glaubt. Er wird verherrlicht werden durch sein Leiden und seinen Tod, und auf diese Weise wird er seine Sendung erfüllen. Und Jesus vertraut uns auch noch etwas anderes an: „Jetzt ist meine Seele erschüttert." Er sagt es in aller Öffentlichkeit und schämt sich dessen nicht: Ich fühle mich nicht wohl in meiner Haut, ich bin zutiefst erschüttert. „Was soll ich sagen?" Er möchte wohl ein Gebet sprechen, aber er ist unsicher, er macht ein Fragezeichen.

Er möchte beten: „Vater, rette mich aus dieser Stunde!" Vater, erspare mir diese blutige Stunde des Todes, des bevorstehenden Leidens. Aber dann verbessert er sich sogleich, so wie er sich später im Garten Getsemani verbessern wird, und er sagt: Nein, nicht so, ich muß anders beten: „Vater, verherrliche deinen Namen!" Und kaum hat er sein Gebet geändert, ertönt eine Stimme vom Himmel: „Ich habe ihn schon verherrlicht und werde ihn wieder verherrlichen." Darauf sagt Jesus: „Nicht mir galt diese Stimme, sondern euch!" Seine Sendung beginnt die ersten Wirkungen zu zeigen. Und er fährt fort: „Jetzt wird Gericht gehalten über diese Welt"; jetzt wird nicht nur der Vater verherrlicht, und ich werde anerkannt, jetzt wird auch diese Welt verdammt werden. „Jetzt wird der Herrscher dieser Welt hinausgeworfen werden"; derjenige, der der Fürst und Herrscher dieser Welt sein wollte, der Teufel, wird verjagt werden. „Und ich, wenn ich über die Erde erhöht bin, werden alle zu mir ziehen." Zuerst wollte er der Herr sein, aber schließlich werde ich es sein, wenn auch am Kreuz (vgl. Joh 12,27–32).

Ihr seht also, der Teufel war ein Hindernis für die Erfüllung seiner Aufgabe. Er ist ihm ständig in die Quere gekommen. Glauben wir nur ja nicht, daß es uns anders ergehen wird.

Die Apostel sagen übereinstimmend, daß der Teufel sich auch unserem Apostolat in den Weg stellt. Zum Beispiel der heilige Paulus: „Zieht die Rüstung Gottes an, damit ihr den listigen Anschlägen des Teufels widerstehen könnt. Denn wir haben nicht gegen Menschen aus Fleisch und Blut zu kämpfen, sondern gegen die Fürsten und Gewalten, gegen die Beherrscher dieser finsteren Welt, gegen die bösen Geister des himmlischen Bereichs" (Eph 6,11–12). Seid mutig, ergreift die Waffen, stellt euch zum Kampf! Doch was ist das für ein Kampf? Ist es ein Kampf gegen armselige und schwache Menschen aus Fleisch und Blut? Ach was, keine Spur, es ist ein Kampf gegen die Herren dieser Welt, gegen die Beherrscher dieser finsteren Welt, gegen die bösen Geister des himmlischen Bereichs.

Als der heilige Petrus einst zu den Pfarrern oder besser: zu den Bischöfen seiner Zeit predigte, richtete er an sie eine ganze Reihe von eindringlichen Ermahnungen: „Eure Ältesten ermahne ich, da ich ein Ältester bin wie sie und ein Zeuge der Leiden Christi und auch an der Herrlichkeit teilhaben soll, die sich offenbaren wird: Sorgt als Hirten für die euch anvertraute Herde Gottes... Beugt euch also in Demut unter die mächtige Hand Gottes... Seid nüchtern und wachsam! Euer Widersacher, der Teufel, geht wie ein brüllender Löwe umher und sucht, wen er verschlingen kann. Leistet ihm Widerstand in der Kraft des Glaubens! Wißt, daß eure Brüder in der ganzen Welt die gleichen Leiden ertragen müssen" (1 Petr 5,1–9). Wappnet euch, leistet Widerstand, habt keine Angst, seid stark im Glauben und habt Mut, denn ihr seid nicht allein, ihr habt vielmehr Brüder auf der ganzen Welt. Alle eure Brüder im Priester- und Bischofsamt erleiden das gleiche Schicksal, es ist derselbe Teufel, der ihnen nachstellt. „Der Gott aller Gnade aber, der euch in Christus zu seiner ewigen Herrlichkeit berufen hat, wird euch, die ihr kurze Zeit leiden müßt, wiederaufrichten, stärken, kräftigen und auf festen Grund stellen" (1 Petr 5,10). Nur Mut, es wird nicht mehr lange dauern, dann wird der Herr selbst kommen und eingreifen. Aber der Teufel ist da. Leistet ihm Widerstand!

An das alles müssen wir denken, wenn wir heute unsere Welt anschauen: Dieser Materialismus, der so übermächtig geworden ist und dem wir nicht mehr Einhalt zu gebieten vermögen! Ich glaube, diese ganze Maschinerie wird vom

Teufel in Gang gehalten. Ihr werdet vielleicht fragen: Aber warum veranstalten wir dann nicht feierliche Exorzismen? Doch das geschieht ja ständig: Das Stundengebet der Priester und Mönche, der Schwestern und Nonnen zu jeder Tages- und Nachtstunde in allen Winkeln dieser Erde ist ein ständiger Exorzismus. Versuchen wir daher, das Breviergebet immer andächtig zu verrichten.

Aber auch in unserem privaten Leben ist es so, daß man oft nicht weiß, wie bestimmte Versuchungen zu erklären sind: Es muß sich da um eine teuflische Macht handeln. Und schließlich müssen wir besonders in den letzten Augenblicken unseres Lebens auf den Teufel achten, denn die Gestalt des Teufels ist eng mit der Hölle verknüpft.

In meiner Jugend habe ich einmal Exerzitien mitgemacht, und ich weiß noch, daß ich eine große Angst vor der Hölle hatte und mir sagte: Um Gottes willen, du mußt schauen, daß du ein anständiger Mensch wirst! Aber ich wußte nicht, wann es soweit war, daß ich mir hätte sagen können: Du bist jetzt so gut, daß dich die Vorstellung von der Hölle nicht mehr zu ängstigen braucht. Dieser Augenblick ist bis heute noch nicht gekommen. Ich habe auch jetzt noch große Angst, obwohl ich Bischof bin. Ich bete aufrichtig zu Gott und bitte ihn: Herr, schick mir meinetwegen alles, was du willst, aber laß mich nur nicht in die Hölle kommen. Ich habe Angst davor!

Ich sehe hier unter euch einige meiner früheren Mitschüler. Wir haben damals gelernt, daß die Hölle *ewig* ist. Ich war von den Vernunftargumenten, die da angeführt wurden, nie restlos überzeugt. Der heilige Thomas bemüht sich sehr, die Ewigkeit der Hölle mit dem Argument zu beweisen, daß die Sünde irgendwie unendlich sei (habet quamdam infinitatem). Ich bin von diesem Argument nie überzeugt gewesen, es leuchtet mir einfach nicht ein. Die Sünde wird immer *endlich* sein.

Ich persönlich wäre also versucht, die Hölle nicht für ewig zu halten, wenn da nicht das Evangelium wäre. Dort heißt es ganz eindeutig, daß sie ewig im strengen Sinne ist. Ein Geheimnis, wenn ihr wollt, aber es kann keinen Zweifel daran geben.

Der Glaube sagt es uns ganz klar. Ich verstehe es zwar nicht, doch ich bekenne es. Es wäre mir sicherlich lieber, wenn es nicht so wäre, aber es steht nun einmal eindeutig im Evangelium: Was immer man auch dagegen einwenden mag, sie ist trotzdem ewig!

Und man kann sehr gewichtige Einwände hören: Aber wie paßt denn das zusammen mit einem Gott, der doch unendlich gut ist? Ich weiß es nicht, ich weiß nur eines: Legt einmal ein kleines Stück hartes Wachs in die heiße Julisonne und daneben ein wenig weichen, halbflüssigen Schlamm! Dann wartet und schaut nach einer Stunde nach: Das harte Wachs ist flüssig geworden und der weiche Schlamm hart und trocken. Wer hat das bewirkt? Die Sonne, ein und dieselbe Sonne. Wie denn? Zwei gegensätzliche Wirkungen? Ja, dieselbe Sonne hat den Schlamm getrocknet und das Wachs flüssig gemacht. Wieso? Ich weiß es nicht.

Dasselbe tut auch Gott, aber es ist nicht seine Schuld. Doch wie erklärt sich das? Es ist nicht seine Schuld, denn bevor jemand in die Hölle kommt, hat Gott mindestens hundertmal, ja tausendmal versucht, ihn davor zurückzuhalten. Halt ein! Er hat sich vor ihm auf die Knie geworfen: Nein, geh nicht weiter diesen Weg, ich will nicht, daß du in die Hölle kommst! Doch wenn er unbedingt will ...

In seinem Buch *Theotimus* bringt der heilige Franz von Sales ein Beispiel, das sich zwar eigentlich auf etwas anderes bezieht, aber es kann auch für die Hölle gelten: Eine kleine Gruppe von Wanderern ist unterwegs. Nach einiger Zeit werden sie müde. Da sehen sie einen großen Baum, der viel Schatten spendet, und sie legen sich unter dem Baum nieder und schlafen ein. Inzwischen aber wandert die Sonne am Himmel weiter, und mit ihr geht auch der Schatten zurück, so daß die Sonnenstrahlen schließlich auf die Gesichter der Schlafenden fallen und sie aufwecken. Die einen sagen: Oh, mir scheint, der Tag ist schon ziemlich weit fortgeschritten. Und sie stehen auf, danken der Sonne, daß sie noch rechtzeitig von ihr geweckt worden sind, und setzen ihren Weg fort. Andere hingegen schätzen mehr den Schlaf: Verflixte Sonne! Sie holen sich eine Decke heraus, wickeln sich darin ein, drehen sich um und schlafen weiter. Bis schließlich die Nacht hereinbricht und sie sich in der Dunkelheit des nahen Waldes nicht mehr zurechtfinden. Diejenigen, die sich verirrt haben, geben nicht der Sonne die Schuld, denn die Sonne hatte ja auch sie geweckt. Wenn also jemand in die Hölle kommt, soll er nicht behaupten, daß Gott daran schuld sei. Gott der Herr hatte auch ihn geweckt, er hatte es versucht. Sie selbst waren es, die gesagt haben: Ach nein, ich schlafe lieber weiter. Sie werden ins Unglück stürzen, ja, aber sie sollen nicht Gott dafür verantwortlich machen, denn er hatte sie ja geweckt wie alle andern. Es ist dies ein Geheimnis, das uns wirklich Angst einjagen kann.

Mir fehlt einfach die Zeit, um noch näher auf dieses brisante Thema einzugehen, denn ich muß ja mein Programm, das ich mir vorgenommen habe, durchziehen. Aber ein kurzer Hinweis ist doch noch notwendig.

Die wahre Machtergreifung der Hölle und die wahre Herrschaft des Satans werden im großen Maßstab erst nach dem Jüngsten Tag beginnen. Aus allen Teilen der Welt werden wir dann an einem unbekannten Ort zusammengerufen werden. Als erstes wird die Scheidung erfolgen, wie der Hirt die Böcke von den Schafen scheidet. Aber – so werden wir flehen – meine Mutter ist dort, und ich bin hier! Doch da gibt es nicht mehr Mutter und Vater, hier gehört man entweder zu den Auserwählten oder zu den Verdammten. Es wird also eine Auswahl getroffen: Ihr da gehört zu denen auf der rechten Seite, gut so! Mond, leuchte wie die Sonne, und du Sonne, versiebenfache dein Licht! Und ihr Sterne, neigt euch herunter, spendet euer Licht denen, die in den Himmel gehen sollen! Leuchtet ihnen auf dem Weg dorthin!

Hingegen trifft diejenigen auf der linken Seite ein hartes Wort: Weg von mir, ihr Verfluchten, in das ewige Feuer! Ein sehr hartes Wort! Wehe, wenn man sich in diesem Augenblick selbst unter den Verdammten befindet, vor allem als Priester! Die größte Gnade, die uns Gott erweisen kann, ist die, in diesem Augenblick nicht unter denen auf der linken Seite zu sein.

Unter dem Blick des erzürnten Richters, unter dem Gewicht seiner Worte werden diese Unglücksraben dann mit zu Boden gehefteten Augen wie ein verdammter Haufen dahinschleichen, sie werden beieinander Deckung suchen, um sich nicht dem Blick Gottes aussetzen zu müssen. Und sie werden klagen: Ihr Berge, fallt über uns, bedeckt uns, ihr Felsen! Dann wird sich der Höllenschlund auftun, und alle werden hinunterstürzen; der Abgrund wird sich schließen, ein großer Felsblock wird darauf fallen, und eine Hand wird darauf die Worte schreiben: Ihr, die ihr hier eintretet, laßt alle Hoffnung fahren!

Das alles sagt sich leicht in zwei Minuten, aber wenn man etwas näher darüber nachdenkt, müßte man eigentlich das ganze Leben lang zittern.

Erbitten wir vom Herrn die Gnade, diesem unermeßlichen, nicht wiedergutzumachenden Unglück zu entgehen. Monate, vielleicht Jahre des Leidens, der Qualen, der Krankheit sind sicherlich ein bitteres Los, aber sie sind nichts im Vergleich zur Hölle.

In einem kirchlichen Hymnus heißt es: Recordare, Jesu pie, quod sum causa tuae viae, ne me perdas illa die! Guter Jesus, wollst erwägen, daß du kamest meinetwegen. Tritt mir nicht zu streng entgegen!

V
Die Lauheit

Der Teufel ist ein psychologischer Experte. Wenn er jemanden zur Todsünde verführen will, hütet er sich – vor allem wenn es sich um Priester handelt – sehr wohl, sofort mit der Tür ins Haus zu fallen. Denn er weiß genau, daß wir Priester Angst haben vor der Sünde. Daher macht er es sehr schlau und schickt der Stafette der Todsünden die *Lauheit* voraus.

Ich möchte zuerst sagen, *was die Lauheit nicht ist,* um Mißverständnisse zu vermeiden. Es mag einige zart besaitete Seelen geben, die sagen: Dann bin ich ja lau, dann steht es jetzt schlecht um mich. Während es sich in Wahrheit gar nicht um Lauheit handelt.

Was also ist Lauheit nicht?

Lauheit ist nicht dasselbe wie *innere Leere.* Manchmal sind wir tatsächlich wie ausgetrocknet. Da sagt einer: Ich finde absolut keinen Geschmack mehr an der Meditation, es ist so, als würde ich an einem Stein saugen, so, als ob man einen Mohren weiß waschen wollte. Ich habe einfach nicht mehr den Schwung und den Eifer von früher.

Aber das geht allen so. Wie hat man uns doch in unserer Jugend die süßen Wonnen des Gebetslebens in den leuchtendsten Farben geschildert: Sich ganz in Gott verlieren, völlig in ihm aufgehen! Ich habe das eigentlich nie bestätigt gefunden, denn für mich bedeutet Beten immer ein Opfer: zu einem Gott beten, den ich nicht sehen kann, während sämtliche Sinne alles registrieren, was rings um mich vorgeht. Ich weiß nicht, wie es bei euch ist. Hin und wieder ja, da kann man wirklich Freude daran haben, aber gewöhnlich kostet uns das Beten große Mühe, und wir werden leicht müde. Ich möchte manchmal viel lieber etwas anderes tun als beten. Und ich schöpfe aus dem

Gebet auch nicht immer großen Trost, zumindest keinen spürbaren. Das ist ein ziemlich häufiges Phänomen.

Andere sagen wiederum: Ich habe nicht mehr den Schwung und Eifer von früher. Die große heilige Theresia bemerkt dazu: Gebt acht, denn gerade in dieser Hinsicht verleitet uns der Teufel oft zu einer falschen Demut, die uns unsere Fehler viel größer erscheinen läßt, als sie tatsächlich sind; sie läßt uns fürchten, unsere Pflichten ärger verletzt zu haben, als es in Wirklichkeit der Fall war; sie läßt uns glauben, in der Beichte etwas verschwiegen zu haben und bei der heiligen Kommunion zu wenig andächtig gewesen zu sein.

Seien wir also vorsichtig: Es ist nicht gut, wegen dieser Fehler betrübt zu sein und den Mut zu verlieren. Der heilige Franz von Sales sagte einmal: Man muß mit den anderen nachsichtig sein, aber auch mit sich selbst. Wenn du einen Esel hast und das arme Tier fällt dir in eine Grube, was tust du dann? Es ist sinnlos, den Stock zu nehmen und ihm den Hintern zu versohlen: Er hat schon ein Mißgeschick erlitten, willst du ihm noch ein weiteres Unglück bereiten? Zieh ihn lieber am Strick! Du mußt zu ihm sagen: Du bist in die Grube gefallen? Wollen mal sehen, wie wir dich da wieder herausbringen. Los, steh auf, komm heraus!

Wenn ihr also einen Fehler gemacht habt, dann bessert ihn aus, ohne auf euch selbst böse zu sein. Aber es ist noch lange nicht Lauheit, sich unvollkommen zu fühlen und da und dort Zerstreuungen, Mängel und Fehler zu haben. Das alles sind Dinge, die ganz natürlich sind. Die inneren Trockenperioden sind manchmal ein wahres Kreuz, das Gott auch bei denen zuläßt, die eine große Verantwortung zu tragen haben.

Manchmal kann diese innere Leere auch eine Prüfung Gottes sein. Schaut her, wie fromm und anständig dieser Mensch ist: aber nur, weil es ihm gutgegangen ist. Solange der Eifer anhält, sind alle anständig, fromm und gottesfürchtig. Aber warten wir ein Weilchen, nehmen wir ihm das Stück Zucker weg, um zu sehen, ob er auch dann noch so fleißig und genau ist, was seine Verpflichtungen und Frömmigkeitsübungen betrifft. Daran erkennt man, ob einer wirklich etwas wert ist. Die innere Leere ist also manchmal entweder ein Kreuz oder eine Prüfung, deren wir von Gott unterzogen werden.

Auch die sogenannten *motus primo primi,* von denen wir in der Philosophie gehört haben, dürfen nicht mit der Lauheit verwechselt werden. Was ist damit gemeint? Es sind dies gewisse Reaktionen oder Eindrücke, die ganz spontan entstehen, ohne daß man sich dessen zunächst bewußt ist, die dann aber – fast plötzlich – der Wille entweder annimmt oder zurückweist, jedenfalls aber unter seine Kontrolle bringt. Es ist ein bestimmtes anfängliches Wohlgefallen, oder es sind Ansätze zu einem solchen Wohlgefallen, das dann aber zurückgewiesen wird. Manchmal kann man sich ganz entzückt irgendwelchen nicht gerade edlen Phantasievorstellungen hingeben.

Ich begegne zum Beispiel irgendeinem Menschen, er macht einen bestimmten Eindruck auf mich, ich bin gleichsam wie bezaubert von ihm. Aber kaum wird mir das bewußt, mache ich Schluß damit. Motus primo primi: Sie sind an sich nicht einmal eine leichte Schuld, denn sie geschehen, noch bevor wir uns ihrer bewußt sind. Sie sind zwar in uns, aber ohne unser Zutun. Und kaum haben wir sie bemerkt, haben wir auch schon gesagt: Weg mit euch! Ja, wir haben uns sogar ein Verdienst erworben, denn schon begannen wir, ein Wohlgefallen daran zu finden, und wir haben dem ein Ende gemacht.

Das sind Dinge, die allen passieren. Man kann sich mit keiner Frau unterhalten, ohne daran zu denken, daß sie eine Frau ist, ohne ein bestimmtes natürliches Verlangen zu empfinden und den Wunsch, noch länger zu bleiben, um das Gespräch mit ihr fortzusetzen. Kommt ein Mann daher und will mit mir tratschen, dann habe ich meist überhaupt keine Lust dazu; handelt es sich dagegen um eine Frau, dann verspüre ich ein gewisses Etwas: Daran ist nichts Schlechtes, es darf nur keine schlechte Absicht dahinterstehen. Man soll also ja nicht in Skrupel verfallen und womöglich noch in Panik geraten wegen etwas, das doch gar keine Schuld ist.

Gleichfalls sind die *Versuchungen* nicht dasselbe wie Lauheit, auch wenn sie noch so stark, hartnäckig und unverschämt sind und auf sinnliche und sexuelle Attacken hinauslaufen. Manche Priester, aber auch Nonnen und andere fromme Leute – meist sind es ältere Jahrgänge – schämen sich deswegen und sagen: Ich begehe diese Sünden immer und immer wieder. Über diesen Punkt muß man sich im klaren sein: Es handelt sich keinesfalls um eine Sünde, schon gar nicht um eine Todsünde, wenn die folgenden drei Voraussetzungen gegeben sind: Der Wille verhält sich im allgemeinen ablehnend zur Todsünde, er will sie eigentlich nicht; während der Versuchung hat er dagegen angekämpft, er hat also reagiert; und er hat nichts Positives dazugetan, um die Versuchung zu fördern und zu unterstützen.

Manche sagen: Aber ich habe trotzdem Angst, denn ich weiß, wie wankelmütig der Wille ist. Ja, das stimmt, der Wille ist wankelmütig, leider ist es so; aber er ist auch wieder keine Wetterfahne. Wenn mein Wille bisher entschlossen gewesen ist, nein und nochmals nein zu sagen, dann kann er nicht plötzlich von diesem Nein zu einem Ja überwechseln, ohne daß ich etwas davon bemerke. Wenn die ganze Sache dann vorüber ist, beginnt man zu zweifeln: Ich weiß nicht mehr, habe ich nun zugestimmt oder nicht? Sicherlich hättest du es bemerkt, wenn du zugestimmt hättest. Wenn mein Wille umgeschwenkt hat, dann muß ich davon auch etwas mitbe-kommen haben. Aber habe ich dann eine Todsünde begangen? Sei unbesorgt: Manchmal ist der Teufel nicht imstande, jemanden zur Todsünde zu verleiten, und dann versucht er dieses Ziel eben dadurch zu erreichen, daß er in den Köpfen der Menschen eine heillose Verwirrung anrichtet. Wer aber den Mut verliert, hat nicht mehr die Kraft, die Energie und auch nicht mehr die notwendige Unbefangenheit, um seine Aufgaben erfüllen zu können.

Auch die *läßliche Sünde* ist nicht das gleiche wie Lauheit, wenn gegen sie entschieden angekämpft wird und wenn derjenige, der sie begeht, sofort reagiert, wenigstens in der Regel.

Ich habe schon gesagt, daß man auch trotz einiger hie und da begangener läßlicher Sünden heiliggesprochen werden kann, immer unter der Voraussetzung, daß man mit ganzer Kraft bemüht ist, sich zu bessern und den angerichteten Schaden durch die Buße wiedergutzumachen. Daher kann man läßliche Sünden haben und sich dennoch nicht im Zustand der Lauheit befinden, vor allem dann, wenn man sich schleunigst von ihnen lossagt.

Ich habe einmal einen Domherrn gekannt, der sehr viel auf

seine äußere Erscheinung gab; er war auch von imponierender Gestalt und stolzierte auch dementsprechend einher. Eines Tages – ich ging gerade auf der Straße hinter ihm her – rutschte er auf einer weggeworfenen Bananenschale aus und fiel der Länge nach hin: eine etwas peinliche Angelegenheit für jemanden seines Schlages. Und was tat er? Kaum hatte er mit dem Boden Bekanntschaft gemacht, war er auch schon wieder auf den Beinen, wie ein Gummiball. Ein kurzer Blick in die Runde, um festzustellen, ob sein Mißgeschick bemerkt worden war – aber er sah weder mich noch andere –, und schon ging er würdig und gemessenen Schrittes weiter seines Weges, als ob nichts geschehen wäre. Wie clever, dachte ich mir. Wenn ich in der Lage wäre, so schnell wieder aufzuspringen, mich so unmittelbar von meinen Sünden wieder zu erholen – bei Gott, ich würde etwas darum geben. Man müßte immer so tun, als ob nichts geschehen wäre: Ein Blick in die Runde, und alles ist wie zuvor.

Ich habe das alles erwähnt, weil ich glaube, daß es nötig ist, sich darüber im klaren zu sein, was Lauheit eigentlich ist. Wenn ihr euch darüber schon klar seid, dann umso besser.

Was ist also nun die Lauheit, und *was sind ihre Kennzeichen?* Ich weiß nicht, ob es mir gelingt, mich klar genug auszudrücken. Für mich liegt Lauheit dann vor, wenn jemand mit der läßlichen Sünde gleichsam einen Vertrag abgeschlossen hat. Er lebt mit ihr gewissermaßen auf freundschaftlichem Fuß, er bringt ihr eine gewisse Liebe entgegen. Mit anderen Worten: Die läßliche Sünde hat sich in der Seele eines solchen Menschen auf Dauer seßhaft gemacht, ohne daß dieser darauf reagiert; er läßt es einfach zu, daß sie sich dort wie zu Hause fühlt, er entschuldigt und rechtfertigt sie ständig und bewußt – das ist Lauheit.

Und wie lauten diese Entschuldigungen? Aber das ist doch gar nicht so schlimm, es ist doch nichts Böses. Deshalb kann ich trotzdem zur Kommunion gehen und die heilige Messe feiern. Seht, da sind wir genau bei der Lauheit.

Woran erkennt man nun in der Praxis, daß tatsächlich Lauheit vorliegt? Als Theologiestudent machte ich einmal Exerzitien, und dabei benützte der Exerzitienleiter drei Ausdrücke des heiligen Laurentius Justiniani, um die Kennzeichen der Lauheit anzugeben: *Sanctitatem fugere* (die Heiligkeit meiden), *pugnam abhorrere* (den Kampf scheuen), *orationem negligere* (das Gebet vernachlässigen). Ich will versuchen, das näher zu erklären.

Die Heiligkeit meiden

Ich habe schon erwähnt, daß sich Kardinal Suenens auf dem Konzil über die Heiligsprechungsprozesse beklagt hat. Unter anderem hat er gesagt: Sie kosten zuviel, vor allem die Phase der Anhörung und Vernehmung der Zeugen. Das alles kostet ein Heidengeld. Der Laue, von dem hier die Rede ist, wird sagen: Der Kardinal hat völlig recht, ich bin vollkommen einverstanden mit dem, was er sagt, und ich schwöre, daß meine Diözese nicht einen Groschen für meine Heiligsprechung übrig haben wird. Das wird allerdings auch gar nicht notwendig sein, denn ich komme dafür sowieso nicht in Frage. Ich will gar nicht heilig werden. Der Laue hat also schon entschieden, daß für ihn ein Mittelweg genügt. Viktor Kravtschenko hat ein berühmtes Buch geschrieben mit dem Titel „Ich habe die Freiheit gewählt". Der Laue sagt: Ich habe die Mittelmäßigkeit gewählt, und das genügt mir.

Massillon bemerkt in einer seiner Predigten sehr scharfsinnig: Dieser Typ opfert auf zwei Altären. Zunächst gibt es Weihrauch für Gott: Ich bete dich an, mein Gott... Aber gleich darauf heißt es: Jetzt aber genug, denn ich brauche auch noch etwas Weihrauch für mich selbst, auch ich habe schließlich meine Bedürfnisse. Kurz und gut, er spaltet sich selbst: ein Teil für Gott und der andere für den eigenen Vorteil. Bis hierher gehe ich, weil ich weiß, daß es noch keine Todsünde ist, aber weiter wage ich mich nicht...

Solche Menschen gehen ständig mit dem Meterband, mit der Apothekerwaage, mit dem Tropfenzähler in der Hand herum. In der Apotheke könnt ihr es genau sehen: Dort verwendet man keine Schnellwaage, sondern eine Apothekerwaage, die auf Milligramm genau geht. Diese Menschen tun zwar ihre Schuldigkeit gegenüber Gott, aber sie tun es mit einem Geiz, der ganz das Gegenteil von jener Großzügigkeit ist, die man von Gott erwartet.

Den Kampf scheuen

Wissen Sie — sagt der Laue –, vom Kämpfen halte ich nichts, da mache ich nicht mit. Ich will mich ja keiner Gefahr aussetzen, vor allem wenn es sich um schwere und harte Kämpfe handelt. Die Lauen wollen keine allzu großen Opfer auf sich nehmen. Aber der heilige Franz von Assisi... Ach, der war ja ein Außenseiter, ein Spinner! Man muß schließlich mit den Füßen auf dem Boden bleiben. Das sind doch alles Übertreibungen! Aber es heißt auch, daß Gott alle als Heilige sehen will, auch die Laien, auch die Eheleute, ja selbst die Rechtsanwälte. Es gibt einen lustigen Vers aus dem Mittelalter, der lautet: Sanctus advocatus et non latro, res miranda populo! Ein Advokat, der ein Heiliger ist und kein Räuber, ist ein Wunder in den Augen des Volkes! Es ist jedoch ganz und gar kein Wunder, denn Gott will, daß *alle* heilig werden.

Doch der Laue läßt sich davon nicht überzeugen. Da will einer mehr tun? Gut, aber ohne mich. Nur immer schön langsam und nur tun, was unbedingt notwendig ist.

Das Gebet vernachlässigen

Das ist ein weiteres Kennzeichen der Lauheit. Plötzlich ist jemand ganz anders als früher. Es gibt natürlich auch solche, die immer schon lau gewesen sind, aber manchmal verfällt auch einer der Lauheit, der in seiner Jugend immer sehr eifrig gewesen ist.

Er beginnt zu unterscheiden: Wenn es nicht direkt eine Todsünde ist, können wir die Dinge ja so weiterlaufen lassen. Er unterscheidet zwischen Geboten, die *sub gravi* (unter schwerer Sünde) verpflichten, und solchen, die nicht sub gravi verpflichten; und um diese kümmert er sich nicht. Gewissensbisse hat er nur, wenn er das Breviergebet vernachlässigt oder eine Hore ausläßt. Wenn er dagegen auf den Rosenkranz „vergißt", sagt er bloß: Ach, eigentlich glaube ich nicht, daß das eine Sünde ist. Auch im Kodex heißt es nur: *suadetur*, d. h. das Rosenkranzgebet wird *empfohlen*. Er hat den Kodex ganz genau studiert: suadetur, es ist bloß ein Rat, eine Empfehlung, aber keine Vorschrift. Und mehr als das, was vorgeschrieben ist, tut er nicht. Die Frömmigkeit ist ihm vollkommen abhanden gekommen, er spricht nicht einmal mehr ab und zu ein Stoßgebet. Früher einmal war er so sehr mit Gott verbunden, doch jetzt ist nichts mehr davon zu sehen. Er verrichtet zwar nach wie vor die vorgeschriebenen Gebete und übt wie gewohnt die kirchlichen Funktionen aus, aber er tut es in einer Weise, daß es eigentlich wertlos ist; er tut es gedankenlos, es ist eine geradezu erbärmliche Frömmigkeit. Er kann einem leid tun, denn selbst wenn die anderen nichts davon bemerken, so fühlt doch er selbst sich dabei nicht wohl. Er weiß, daß es keine echte Frömmigkeit ist. Das ist ein sehr gefährlicher Zustand.

Es ist ein gefährlicher Zustand wegen der Folgen, die sich daraus ergeben können. Ich weiß nicht, ob ich hier falsch liege oder übertreibe. In der Heiligen Schrift gibt es eine Stelle, die uns zu denken geben muß: „Nach dem Maß, mit dem ihr meßt und zuteilt, wird euch zugeteilt werden" (Mt 7,2). Das sind Worte Jesu, scheint mir. Wenn ihr hochherzig und großzügig seid, werde auch ich zu euch hochherzig und großzügig sein. Wenn ich also sehe, daß einer wenig großzügig ist, dann habe ich Angst, daß auch Gott ihm nur wenig Gnade gibt. Wenn uns aber die überreiche Gnade Gottes, die uns fest und stark macht, fehlt, sind wir ständig in Gefahr. Der Herr gibt uns seine Gnade immer in ausreichendem Maß, aber...

Wir haben schon gesagt: Der Laue findet sich bewußt mit der Sünde ab, er sagt ja zur Sünde. Sein Wille wird dabei immer schwächer. Es gibt Mütter, die ihrem Kind so lange nachgeben und alles durchgehen lassen, bis ihnen der Bengel schließlich auf dem Kopf herumtrampelt. So ist auch der Wille, wenn er immer nur ja und nochmals ja sagt, am Ende nicht mehr in der Lage, nein zu sagen; er wird schwach. Das muß uns Angst einjagen, denn – wir haben es schon gesagt – der Wille muß König bleiben: Wenn er abdankt, wenn er seinen Kommandoposten verläßt, tritt eine sehr gefährliche Leere ein.

Das Konzil von Trient betont: Die Rechtfertigung geschieht nur „in freier Zustimmung und freier Mitwirkung" unsererseits. Wenn also unsere Bereitschaft nachläßt, kann auch Gott wenig ausrichten. So oft steht Gott mit seiner Gnade bereit, aber meist kommt er mit seiner besonderen Hilfe bei uns nicht an, und dann sind wir bereits in Gefahr.

Und noch etwas anderes: Es handelt sich ja um menschliche Tätigkeiten. Nun, die menschlichen Handlungen sind von einer unendlichen Vielfalt. Das mag allerdings nicht so scheinen, wenn man sich die Moralbücher anschaut, denn die Moraltheologie hat ja die Aufgabe, klare Richtlinien anzugeben. Daher klassifiziert sie und trifft Einteilungen: Wenn du das und das tust, ist es eine Todsünde usw. Jedoch so einfach ist es nicht.

Jeder hat seine bestimmte Veranlagung, jeder sein besonderes Temperament, seine Entschuldigungen, seine schwierigen Situationen. Es gibt da eine unendliche Kasuistik. Es ist schwer zu sagen: Hier liegt eine Todsünde vor, dort nur eine läßliche Sünde. Bei den menschlichen Handlungen gibt es immer wieder eine gewisse neutrale Zone, wo es sehr schwierig ist, festzustellen, wann die läßliche Sünde endet und die Todsünde beginnt: Das ist von Mensch zu Mensch verschieden, und auch bei ein und derselben Person ändert es sich von einem Tag auf den anderen. Manchmal machen wir es uns zu einfach: Todsünde hier, läßliche Sünde dort. Vorsicht! Man muß immer auf die Umstände Rücksicht nehmen.

Es kann sehr gut sein, daß einer glaubt, sich noch im Bereich der läßlichen Sünde zu bewegen, während er in Wirklichkeit diesen Bereich längst schon verlassen hat. Wer sagt: Ich hoffe, daß es sich dabei nur um eine läßliche Sünde handelt, läuft sehr oft Gefahr, in die schwere Sünde zu schlittern; umso mehr, als es sich dabei um einen Prozeß handelt, der gewöhnlich ganz langsam und fast unmerklich voranschreitet, und man sich leicht einbilden kann, sich noch in den ersten Phasen zu befinden.

Wollt ihr wissen, wie das vor sich geht? Nehmen wir beispielsweise die Freundschaft mit einer Frau: Zuerst kann es wirklich eine Freundschaft auf rein geistiger und geistlicher Ebene sein, warum nicht? Auch mit einer Frau kann man eine solche Freundschaft pflegen. Eine Frau, eine heiligmäßige Frau, eine Ordensschwester vielleicht, mit einer so ganz anders gearteten Geistigkeit und Spiritualität – man bewundert sie, man fühlt sich ihr gegenüber irgendwie unterlegen. Doch nach und nach verliert sich diese geistliche Freundschaft immer mehr und mehr und wird zur platonischen Liebe. Ich mag sie, aber es ist nichts Sinnliches dabei, sie ist für mich nicht deshalb interessant, weil sie eine Frau ist, sondern weil sie eben eine kultivierte Person ist, mit der ich gerne über philosophische Fragen diskutiere. Es ist eben platonische Liebe daraus geworden. Dann geht man noch einen Schritt weiter. Jetzt scheint mir, als würde ich etwas fühlen, aber man schenkt dem nicht allzuviel Aufmerksamkeit: Das ist schon sinnenhafte Liebe. Nichts Schwerwiegendes, ich fühle nur etwas, was ich vorher nicht gefühlt habe. Allmählich wird dann diese sinnenhafte Liebe zur sinnlichen Liebe. Die sinnliche Liebe wiederum wird zur Leidenschaft, und diese kann einen großen Brand entfachen, der alles versengt und zerstört.

Jetzt ist es klar, daß es eine Sünde ist. Man ist nicht mehr imstande, darauf zu verzichten. Aber solange wir uns in den ersten Phasen befinden, im Übergang von der sinnenhaften zur sinnlichen Liebe oder von der sinnlichen Liebe zur Leidenschaft, ist dies schwer zu beurteilen. Man glaubt, von der sinnenhaften Liebe ausgegangen zu sein; es war eine wertvolle geistliche Freundschaft, und man hatte sie noch ganz unter Kontrolle. Es ist also schwierig, festzustellen, wann es eigentlich zur Todsünde gekommen ist. Man bildet sich zwar ein, noch stark genug zu sein, während man in Wirklichkeit schon längst zu Fall gekommen ist. Diese Illusion ist gefährlich. Und es passiert uns immer wieder. Es ist ein pychologisches Problem: Der Teufel ist ein guter Psychologe, und er beschwindelt und betrügt uns gerade im psychologischen Bereich. Deshalb ist er so gefährlich.

Dasselbe kann uns natürlich auch auf anderen Gebieten zustoßen. Einer glaubt, sehr eifrig zu sein, in Wirklichkeit aber ist er ein Fanatiker. Wenn er auf die Kanzel steigt, will er sich rächen; manchmal ist es tatsächlich nichts als Rache, denn so mancher in der Kirche fühlt sich dabei persönlich angesprochen; und er könnte schließlich ja auch etwas darauf antworten. Doch er meint immer noch, es sei Eifer, heiliger Eifer! Nein, mein Lieber, es ist Mangel an Liebe und außerdem noch eine Gemeinheit, denn die Gläubigen in der Kirche können sich ja nicht wehren. Du bedienst dich der Kanzel, damit niemand von den Gläubigen die Hand erheben und sich zu Wort melden kann. Er glaubt, daß es Eifer ist, aber da täuscht er sich gewaltig...

Oder nehmen wir den Fall der Feindschaft, des Hasses. Einer hat sich geärgert, weil man ihm Schlimmes angetan hat. Allmählich wird der Ärger zum Groll, später der Groll zum Haß. Während er den anderen Verzeihung predigt, haßt er selbst einen anderen Mitmenschen und bemerkt es nicht einmal oder will es sich nicht eingestehen.

Manchmal sagt eine Frau in der Beichte: Wissen Sie, ich war ein bißchen gereizt. Ein bißchen gereizt? Alle wissen, daß sie hysterisch ist, und sie sagt, sie sei ein bißchen gereizt. Sie nimmt ihre Sünde gar nicht wahr. Es ist also oft schwierig zu unterscheiden.

Darin liegt die Gefahr der Lauheit: Man glaubt, sich noch in einer mehr oder weniger neutralen, grauen Zone zu befinden, während man in Wirklichkeit schon längst bei der Todsünde gelandet ist. Ein gefährlicher Zustand also!

Mir ist aufgefallen, daß manche Moraltheologen, wenn sie von der Lauheit sprechen, das Zeugnis der Offenbarung des Johannes anführen: die berühmten *sieben Sendschreiben*. Ihr wißt, daß Johannes gern die Siebenzahl benützt: sieben Sendschreiben, sieben Siegel, sieben Leuchter, sieben Köpfe usw. Aber betrachten wir einmal nur die sieben Sendschreiben. Die neuere Interpretation besagt, daß die Adressaten nicht sieben Bischöfe sind, sondern sieben Diözesen. Alle sind sie nach einem einheitlichen Schema abgefaßt: Zuerst gibt es ein Lob, und dann folgen die Vorwürfe.

Donnerwetter, es sind dies harte und ernste Vorwürfe! An den Engel der Gemeinde in Ephesus: Gut, gut – in bestimmten Dingen. Aber dann: „Ich werfe dir aber vor, daß du deine erste Liebe verlassen hast. Bedenke, aus welcher Höhe du gefallen bist. Kehr zurück zu deinen ersten Werken! Wenn du nicht umkehrst, werde ich kommen und deinen Leuchter von seiner Stelle wegrücken" (Offb 2,4–5).

Es folgen die Engel der Gemeinden in Smyrna, in Pergamon, in Thyatira: Es gibt nur wenig an ihnen auszusetzen, sie sind ziemlich in Ordnung. Dann aber kommt die Gemeinde in Sardes an die Reihe: Oh, da kommt es dick! „Ich kenne deine

Werke. Dem Namen nach lebst du, aber du bist tot ... Ich habe gefunden, daß deine Taten in den Augen meines Gottes nicht vollwertig sind" (Offb 3,1–2).

Die Gemeinde in Philadelphia kommt wieder ziemlich gut weg. Aber dann kommt der letzte Engel, jener der Gemeinde in Laodizea: „Weil du aber lau bist, weder heiß noch kalt, will ich dich aus meinem Mund ausspeien. Du behauptest: Ich bin reich und wohlhabend, und nichts fehlt mir. Du weißt aber nicht, daß gerade du elend und erbärmlich bist, blind und nackt" (Offb 3,16–17). Das alles hinterläßt einen tiefen Eindruck. Es will besagen, daß Gott mit einigen besonders streng ist. Ich wiederhole: Es handelt sich bei den Angesprochenen wahrscheinlich um Diözesen und nicht um einzelne Bischöfe. Und es macht einen noch viel größeren Eindruck, weil ausgerechnet der Apostel der Liebe es ist, der dies schreibt.

Nehmt nur seinen ersten Brief: „Wenn wir sagen, daß wir keine Sünde haben, führen wir uns selbst in die Irre, und die Wahrheit ist nicht in uns. Wenn wir unsere Sünden bekennen, ist er treu und gerecht; er vergibt uns die Sünden und reinigt uns von allem Unrecht" (1 Joh 1,8–9). Und weiter heißt es: „Meine Kinder, ich schreibe euch dies, damit ihr nicht sündigt. Wenn aber einer sündigt, haben wir einen Beistand beim Vater: Jesus Christus, den Gerechten. Er ist die Sühne für unsere Sünden, aber nicht nur für unsere Sünden, sondern auch für die der ganzen Welt" (1 Joh 2,1–2).

Derselbe, der so tröstende Wahrheiten zu schreiben weiß, hat vorher geschrieben: Ich will dich aus meinem Mund ausspeien. Das macht auch deshalb solchen Eindruck, weil es sich um Bischöfe oder Diözesen handelt, denen er zuvor durchaus Lob zuteil werden ließ: Ihr habt euch gut verhalten, du hast sogar Verfolgungen erlitten usw.... aber ich habe etwas gegen dich ... Das gibt mir zu denken.

Im Zustand der Lauheit kann sich jemand auch befinden, der auf bestimmten Gebieten ganz Hervorragendes leistet, vor allem was die äußere Aktivität betrifft. Was für ein prächtiger Organisator, was für ein tüchtiger Prediger! Man erzählt sich Wunderdinge über ihn. Aber er ist deshalb noch keineswegs in Sicherheit, denn es kann sein, daß Gott ihn für bestimmte Dinge lobt, während er in anderen versagt.

Wir sollten uns vor dieser Lauheit hüten. Blicken wir tief in uns selbst hinein und treffen wir die notwendigen Maßnahmen!

Zum Schluß möchte ich euch noch einige Heilmittel gegen diese geistliche Krankheit verraten, denn sonst hätten meine Ausführungen keinen praktischen Wert. Diese Heilmittel sind den drei Kennzeichen der Lauheit genau entgegengesetzt: *Sanctitatem diligere* (die Heiligkeit lieben), *pugnam peroptare* (sich zum Kampf stellen), *orationem colere* (das Gebet pflegen).

Die Heiligkeit lieben und danach streben

Man müßte mehr Hunger nach Heiligkeit haben, mehr Sehnsucht nach den Gipfeln. Wir müßten dieses Verlangen in uns pflegen und auch entschlossen sein: Jetzt fange ich an, Herr, was auch immer in der Vergangenheit gewesen sein mag. Die heilige Theresia vom Kinde Jesu hat das einmal wunderbar ausgedrückt: Ich bin glücklich darüber, Schwächen und Unvollkommenheiten gehabt zu haben, denn sobald ich die Tatsache akzeptiert habe, ein unvollkommener Mensch zu sein, schenkt mir der Herr sofort wieder seine Gnade. Und ein andermal sagt sie: Ich bin lieber schwach als stark, denn die Starken läßt Gott allein ihre Wege gehen, während er die Kleinen und Schwachen in seine Arme nimmt. Was daher auch immer in der Vergangenheit geschehen sein mag, man muß sich nur fest entschlossen auf den Weg der Heiligkeit begeben.

Doch ohne eine freie Willensentscheidung ist da nichts zu machen. Es ist eine klare Entscheidung notwendig, sonst bringt man nichts zustande. Jugendlichen habe ich einmal folgende Geschichte erzählt: Drei Tiere wollten den Gipfel eines Berges erreichen. Als erste machte sich die Schnecke auf den Weg: Doch sie hat nicht einmal die Hälfte des Weges geschafft. Dann war der Hund an der Reihe: Mit kraftvollen, weiten Sprüngen war er sehr flott unterwegs, was ja kein Wunder war, denn er war schließlich ein Jagdhund. Da sah er plötzlich einen Hasen vor sich, und sofort verfolgte er ihn, einmal nach rechts, dann wieder nach links. Er flitzte von hier nach dort, doch auf halbem Weg war er bereits völlig ausgepumpt und mußte aufgeben. Auch er erreichte also nicht den Gipfel. Der Adler hingegen als dritter faßte mit einem kurzen Blick das Ziel ins Auge, erhob sich in die Lüfte und flog in einem Zug bis zum Gipfel. Er war entschlossen und ließ sich durch nichts von seinem Vorhaben abbringen. Genau diese Entschlußkraft müßte man haben, mit Hilfe der Gnade Gottes.

Sich mutig zum Kampf stellen

Man muß nicht unbedingt sagen: Da sind die Waffen, ich werde nun kämpfen und ganz allein im Kampf fallen. Ein solcher Heroismus ist keineswegs erforderlich. Wohl aber die Treue zu dem Platz, auf den man gestellt worden ist, zu den Pflichten des Alltags, die wird von uns verlangt.

Veuillot hat einmal gesagt: „Meine Feder ist mein Kreuz." Ich werde nicht mit Nägeln ans Kreuz geschlagen. Mein Kreuz ist diese Feder, mit der ich täglich den Artikel für die Zeitung schreiben muß, Tag für Tag; dieser schreckliche Alltag! Heilig wird man dadurch, daß man jenes Kreuz annimmt, das mit dem Platz verbunden ist, den man einnimmt.

Sicherlich haben manche von euch das *Geistliche Tagebuch* von Papst Johannes XXIII. gelesen. Erinnert euch an seine Jahre in Bulgarien. Er hat es mir einmal persönlich anvertraut: Es war Pius XI., der mich dorthin geschickt hat, ganz gegen den Willen von Gasparri. Der da? Wer ist das überhaupt? Für den Kardinal war ich ein unbeschriebenes Blatt. Er hat mich nur mit einem eiskalten Blick gemustert. Dann bin ich gegangen.

Soweit Roncalli selbst. Alles weitere habe ich in Büchern und Zeitungen gelesen. In Bulgarien wollte er ein Seminar gründen oder etwas ähnliches: Man hat ihm viele Versprechungen gemacht, aber dann hat er nie mehr etwas gehört. Er hat eine Idee gehabt, was man tun könnte, aber niemand hat sie aufgegriffen und unterstützt. Schließlich gab es die Scherereien mit König Boris: Dieser hatte versprochen, sich bei seiner Eheschließung an die römischen Richtlinien zu halten, alles war schriftlich festgehalten und mit seiner Unterschrift besiegelt worden. Roncalli war Apostolischer Delegat. Die Eheschließung fand in Assisi statt. Nach der Rückkehr aber wurde sie in der orthodoxen Kathedrale von Sofia wiederholt. In Rom sagten daraufhin einige: Das war ein schwerer Schnitzer von Roncalli ... Er hat sehr darunter gelitten, denn offiziell hat man ihm nichts mitgeteilt, er war völlig verunsichert ... Was werden sie in Rom von mir denken? ... Er bekam viel unausgesprochene Kritik zu spüren. Gerade in jenen für ihn so schwierigen Tagen schreibt er in seinem Tagebuch: Ich bin hier ganz allein. Doch es ist mir ein großer Trost, wenn ich beim heiligen Franz von Sales lese: Ich bin wie ein Vogel inmitten eines dornigen Waldes, aber dennoch will ich singen und pfeifen wie früher. Als ob nichts geschehen wäre.

Das ist leicht gesagt, aber sicher nur sehr schwer zu verwirklichen.

Nun, in ähnliche Situationen geraten wir früher oder später alle einmal. Dann muß man fähig sein, es so zu machen wie Papst Johannes, trotz allem, was auch immer Gott geschehen läßt. Es ist nicht so, daß Gott selbst uns bestimmte Dinge schickt; er möchte sie uns eigentlich lieber ersparen, denn sie laufen ja an sich seinem Willen zuwider. Doch es gibt so etwas wie den zulassenden Willen Gottes. Er läßt etwas zu, und wir müssen versuchen, gute Miene zum bösen Spiel zu machen.

Das also heißt, die Heiligkeit lieben und sich mutig zum Kampf stellen. Dazu sind keine großartigen Programme, keine großen Reformen notwendig: Trachten wir danach, heilig zu werden in den Lebensumständen, die Gott uns schickt, in den großen und in den kleinen Dingen.

Das Gebet pflegen

Auch das möchte ich euch zum Schluß noch eindringlich ans Herz legen: Haltet treu an den Frömmigkeitsübungen fest, wie schwer es auch manchmal sein mag. Das hat man uns im Seminar und bei Exerzitien immer wieder eingeschärft. Das Gebet ist eine Garantie. Solange man treu am Gebet, an der Meditation festhält, kann man *einigermaßen* sicher sein. Daran sollt ihr immer denken!

VI
Der Tod

Ein weiterer Räuber, der uns auf dem Weg überfällt, ist der *Tod*. Gott war so gütig, uns seine heilsame Lehre über den Tod zu hinterlassen. Ich will sie hier mit großer Ehrfurcht darlegen. Und wenn wir die Lehre Jesu gehört haben, wollen wir noch jenes heilsame Gebet „um eine gute Sterbestunde" meditierend betrachten.

Die Lehre Jesu über den Tod ersehen wir in erster Linie aus seinem *Verhalten* angesichts des Todes und weiters aus den *Worten* des Evangeliums.

Zu den Emmausjüngern hat der Herr gesagt: „Wie schwer fällt es euch, alles zu glauben, was die Propheten gesagt haben. Mußte nicht der Messias all das erleiden, um so in seine Herrlichkeit zu gelangen?" (Lk 24,25–26).

Der letzte Abschnitt des Lebens Jesu hat gewissermaßen zwei Seiten: Auf der ersten Seite stehen die Schmerzen, die Leiden der Passion und der Tod geschrieben, auf der zweiten Seite finden wir die Auferstehung, die Himmelfahrt und die Verherrlichung. Es wird klar gesagt, daß die zweite Seite eine Konsequenz und Frucht der ersten Seite ist, gleichsam der Lohn dafür. Es gäbe diese zweite Seite gar nicht, wenn es nicht die erste gegeben hätte: Sie sind zutiefst miteinander verbunden. Jesus Christus mußte alle diese Leiden ertragen, um in die Herrlichkeit eingehen zu können.

Auf dem Konzil hat man diese Tatsache das *Mysterium Paschale*, das Ostergeheimnis, genannt. Noch besser drückt es der heilige Paulus im Philipperbrief aus: „Er war Gott gleich, hielt aber nicht daran fest, wie Gott zu sein, sondern er entäußerte sich und wurde wie ein Sklave... und war gehorsam bis zum Tod, bis zum Tod am Kreuz" (Phil 2,6–8).

Das ist die erste Seite. Doch aufgepaßt, gleich folgt die zweite: „Darum hat Gott ihn über alle erhöht und ihm den Namen verliehen, der größer ist als alle Namen, damit alle im Himmel, auf der Erde und unter der Erde ihre Knie beugen vor dem Namen Jesu" (Phil 2,9–10). *Darum* ... hat der Vater gesagt: Du bist so tapfer gewesen und hast den Tod auf dich genommen, einen entsetzlichen Tod! Dafür will ich dich belohnen: Und er hat ihn *erhöht*.

Im 8. Kapitel der Apostelgeschichte wird von einem Äthiopier berichtet, der auf dem Weg von Jerusalem nach Gaza war; er saß auf seinem Wagen und las den Propheten Jesaja. Der Diakon Philippus wurde vom Heiligen Geist beauftragt, dem Wagen zu folgen. Philippus lief hin und sagte: „Verstehst du auch, was du liest? Jener antwortete: Wie könnte ich es, wenn mich niemand anleitet?" Philippus folgte seiner Einladung und bestieg den Wagen. Der Abschnitt der Schrift, den der Äthiopier gerade las, lautete: „Wie ein Schaf wurde er zum Schlachten geführt ..." Von wem sagt der Prophet das? Von sich selbst oder von einem anderen? Darauf verkündete ihm Philippus, ausgehend von diesem Schriftwort, das Evangelium von Jesus. Es ist Jesus, der sterben muß, und der Lohn für seinen Tod wird die Rechtfertigung, die Rettung und das Heil der Menschen sein. Das ist das Ostergeheimnis (vgl. Apg 8,26–40).

In der *Konstitution über die heilige Liturgie* zeigt sich, daß das Konzil, wenn es von der Eucharistie spricht, den Aussagen des Trienter Konzils noch etwas hinzugefügt hat, ohne freilich etwas völlig Neues damit zu sagen. Im Tridentinum sprach man von der heiligen Messe vor allem als Opfer. Jetzt wird die Messe richtigerweise nicht mehr nur als Opfer gesehen, sondern auch als Gedächtnisfeier des Herrn.

Beim Opfer wird nur der Tod Christi wiederholt, sein Tod auf Kalvaria: Er stirbt in der Messe von neuem, aber auf eine ganz andere, geheimnisvolle Weise.

Beim Gedächtnis hingegen erinnert man sich nicht nur an den Tod des Herrn, es bezieht vielmehr das gesamte Ostergeheimnis mit ein: den Tod, die Auferstehung und die Himmelfahrt. Im Kanon der heiligen Messe wird es ja ganz deutlich ausgesprochen: „Darum, gütiger Vater, feiern wir, deine

Diener und dein heiliges Volk, das Gedächtnis deines Sohnes, unseres Herrn Jesus Christus. Wir verkünden sein heilbringendes Leiden, seine Auferstehung von den Toten und seine glorreiche Himmelfahrt." Die Kirche will also, daß wir uns dieses Ostergeheimnis immer vor Augen halten, denn Jesus hat gesagt: Tut dies zu meinem Gedächtnis! Das Ostergeheimnis muß sich in unserem Leben verwirklichen. Für uns gilt ja genau das gleiche. Auch in unserem Leben gibt es die zwei Seiten: Wir müssen „mit ihm leiden, um mit ihm auch verherrlicht zu werden", sagt der heilige Paulus (Röm 8,17). Dasselbe betont auch der heilige Petrus: Er „wird euch, die ihr kurze Zeit leiden müßt, wiederaufrichten, stärken, kräftigen und auf festen Grund stellen" (1 Petr 5,10). Zuerst will er, daß wir ein wenig leiden, doch dann wird er uns stärken und belohnen.

Aber sehen wir weiter: Wie hat sich Jesus selbst im Angesicht des Todes verhalten? Auch er hatte Angst, aber er hat ihm trotzdem mutig ins Auge geblickt. Mehrmals erinnern uns die Synoptiker daran, daß Jesus zu den Seinen gesagt hat: „Wir gehen jetzt nach Jerusalem hinauf; dort wird der Menschensohn den Hohenpriestern und Schriftgelehrten ausgeliefert; sie werden ihn zum Tod verurteilen und den Heiden übergeben, damit er verspottet, gegeißelt und gekreuzigt wird; aber am dritten Tag wird er auferstehen" (Mt 20,18–19).

Doch die Jünger wollten diesen Tod nicht wahrhaben. Und auch er selbst schauderte davor zurück. Doch auf einmal faßt er Mut und macht sich auf den Weg nach Jerusalem, um sich dem Leiden und dem Tod zu unterwerfen. Er hat seine Abscheu vor dem Tod auch in aller Öffentlichkeit kundgetan, vor allem im Garten Getsemani.

Dort überfällt ihn geradezu panische Angst. Er sagt zu seinen Jüngern: „Meine Seele ist zu Tode betrübt . . ." Und er „warf sich auf die Erde nieder und betete, daß die Stunde, wenn möglich, an ihm vorübergehe. Er sprach: Abba, Vater, alles ist dir möglich. Nimm diesen Kelch von mir!" Du vermagst alles, mein Vater, vielleicht ist es möglich . . . Doch dann, gleichsam als ob er es schon wieder bereuen würde, fährt er fort: „Aber nicht, was ich will, sondern was du willst, soll geschehen." Nicht mein Wille geschehe, sondern der deine. Und nach weiteren Angstausbrüchen erhebt er sich mutig, weckt die Apostel und sagt zu ihnen: „Steht auf, wir wollen gehen! Seht, der Verräter, der mich ausliefert, ist da" (vgl. Mk 14,32–42). Zum Schluß hat Jesus ganz ruhig dem Tod entgegengesehen, denn seinen Kampf, den Blutschweiß, seine Angst hatte er schon hinter sich.

Dieses Beispiel Jesu macht uns aus vielerlei Gründen Mut. Ich habe Angst vor dem Sterben. Wenn ich an meinen eigenen Tod denke, kann ich nicht ruhig bleiben: Ich bin beunruhigt, verunsichert, niedergeschlagen. Aber dann sage ich mir: Nicht doch, selbst Jesus hat all das mitgemacht und aus seiner Angst kein Hehl gemacht. Daher ist es nichts Schlechtes, wenn auch ich Angst davor habe. Und dann frage ich mich: Warum wollte Jesus eigentlich diese Angst am eigenen Leib verspüren? Um mir Mut zu machen, um mich in den letzten Augenblicken meines Lebens zu stärken, um mir einen gefaßten und ruhigen Tod zu verdienen. Jesus wußte, daß es sich um eine schwierige Phase handelt, und hat uns daher gesagt: Ich gehe euch voraus, fürchtet euch nicht! Ich zeige euch, wie man es macht. Habt keine Angst, auch wenn euch der kalte Schauer über den Rücken läuft, auch wenn ihr Abscheu und Angst empfindet: Auch ich habe das alles mitgemacht.

Und wie hat sich Jesus verhalten, wenn er andere sterben sah? Er empfand immer ein unendliches Mitleid mit dem Schmerz und dem Leid der anderen. „Als er in die Nähe des Stadttors kam, trug man gerade einen Toten heraus. Es war der einzige Sohn seiner Mutter, einer Witwe. Und viele Leute aus der Stadt begleiteten sie. Als der Herr die Frau sah, *hatte er Mitleid* mit ihr und sagte zu ihr: Weine nicht! Dann ging er zu der Bahre hin und faßte sie an. Die Träger blieben stehen, und er sagte: Ich befehle dir, junger Mann: Steh auf! Da richtete sich der Tote auf und begann zu sprechen, und Jesus gab ihn seiner Mutter zurück" (Lk 7,11–17). Welch eine Freude, sagen zu können: Frau, sieh her, da hast du ihn wieder. Er hat es einzig und allein aus Mitleid getan!

Er hatte Angst vor dem eigenen Tod, aber er empfand auch Schmerz über den Tod der anderen.

Bei Lazarus wird das ganz deutlich: „Herr, wärst du hier gewesen, dann wäre mein Bruder nicht gestorben." Und

Johannes fügt hinzu: „Als Jesus sah, wie sie weinte und wie auch die Juden weinten, die mit ihr gekommen waren, war er im Innersten erregt und erschüttert. Er sagte: Wo habt ihr ihn bestattet? Sie antworteten ihm: Herr, komm und sieh! Da weinte Jesus" (Joh 11,32–35). Jesus hat seinen Freund Lazarus auferweckt, aber zuvor war er gerührt und hat geweint. Er hat sich nicht geschämt, in aller Öffentlichkeit zu weinen, was bei den Anwesenden Staunen hervorrief. Er hat seinen Kummer über den Tod des Freundes öffentlich bekundet. Das zeugt von seiner Menschlichkeit, seiner Herzlichkeit, seinem großen Erbarmen.

Wenn ich also um meine Mutter, um meinen Vater oder um einen Freund weine, so ist das in den Augen Gottes nichts Schlechtes. Jesus sagt vielmehr: Auch ich habe geweint, ich weiß genau, wie einem in solchen Augenblicken zumute ist. Er zeigt also großes Verständnis in diesem unabwendbaren Ereignis des Todes.

All das lehrt er uns durch sein eigenes Verhalten. Und wie steht es mit seinen Worten, mit seiner Verkündigung?

Der heilige Lukas berichtet: „Einer aus der Volksmenge bat Jesus: Meister, sag meinem Bruder, er soll das Erbe mit mir teilen. Er erwiderte ihm: Mensch, wer hat mich zum Richter oder Schlichter bei euch gemacht?" Mir ist nicht bekannt, daß ich diese Aufgabe hätte. Und er wandte sich an alle, die dort herumstanden: „Gebt acht, hütet euch vor jeder Art von Habgier!" Und dann erzählte er ihnen ein Gleichnis: „Auf den Feldern eines reichen Mannes stand eine gute Ernte. Da überlegte er hin und her: Was soll ich tun? Ich weiß nicht, wo ich meine Ernte unterbringen soll. Schließlich sagte er: So will ich es machen: Ich werde meine Scheunen abreißen und größere bauen; dort werde ich mein ganzes Getreide und meine Vorräte unterbringen. Dann kann ich zu mir selber sagen: Nun hast du einen großen Vorrat, der für viele Jahre reicht. Ruh dich aus, iß und trink, und freu dich des Lebens! Da sprach Gott zu ihm: Du Narr! Noch in dieser Nacht wird man dein Leben von dir zurückfordern. Wem wird dann all das gehören, was du angehäuft hast?" (Lk 12,13–20).

Nur wenige Worte – aber damit ist alles gesagt. An wen geht denn alles das, was du angesammelt hast? Und Jesus fährt fort: „Verkauft eure Habe und gebt den Erlös den Armen! Macht euch Geldbeutel, die nicht zerreißen. Verschafft euch einen Schatz, der nicht abnimmt, droben im Himmel, wo kein Dieb ihn findet und keine Motte ihn frißt. Denn wo euer Schatz ist, da ist auch euer Herz" (Lk 12,33–34). Das gilt für alle, aber besonders für uns Priester: Wir brauchen eine gewisse Distanz zu den Dingen dieser Welt, eine gewisse Großzügigkeit. Es ist unmöglich, ein gut gehütetes Bankkonto zu besitzen, ohne daß es uns das Herz verschließt. Selbstverständlich ist es erlaubt, ein Bankkonto oder Sparbücher zu besitzen, aber mit einem Herzen, das sich auch davon lösen kann und sich nicht ängstlich daran klammert. Sonst läuft man Gefahr, daß auf diesem Konto nicht nur das Geld liegt, sondern auch mein Herz.

Eine weitere Lehre Jesu betrifft die Ungewißheit über den Zeitpunkt des Todes sowie die Pflicht, wachsam und darauf vorbereitet zu sein. „Seid also wachsam! Denn ihr wißt nicht, wann der Hausherr kommt, ob am Abend oder um Mitternacht, ob beim Hahnenschrei oder erst am Morgen. Er soll euch, wenn er plötzlich kommt, nicht schlafend antreffen" (Mk 13,35–36). Man kennt also nicht den Zeitpunkt, daher ist es wichtig und notwendig, wachsam zu sein. Auch bei Matthäus heißt es: „Seid also wachsam! Denn ihr wißt nicht, an welchem Tag euer Herr kommt. Bedenkt: Wenn der Herr des Hauses wüßte, zu welcher Stunde in der Nacht der Dieb kommt, würde er wach bleiben und nicht zulassen, daß man in sein Haus einbricht. Darum haltet auch ihr euch bereit…" (Mt 24,42–44).

Wie ein Dieb! Ein Bild, das oft verwendet wird. Ein Dieb schickt ja kein Telegramm mit der Ankündigung: Heute nacht komme ich. Er kommt vielmehr dann, wenn man es am wenigsten vermutet. Aber es ist dies nicht nur ein Gleichnis, denn Jesus sagt: Ich selbst bin dieser Dieb. In der Offenbarung des Johannes heißt es: Ich werde „kommen wie ein Dieb" und: „Siehe, ich komme wie ein Dieb" (Offb 3,3; 16,15). Man sieht, er wußte genau, daß dieses Bild Eindruck macht. Ich, der Herr, bin ein Dieb, und zwar nicht in dem Sinn, daß ich etwas stehle, sondern weil ich die Methode der Diebe übernehme, die sich nicht vorher anzukündigen pflegen.

Es gibt zwei Möglichkeiten, sagt Jesus: Manche sind dann, wenn er kommt, auf ihrem Posten, andere nicht. „Legt euren Gürtel nicht ab, und laßt eure Lampen brennen! Seid wie Menschen, die auf die Rückkehr ihres Herrn warten... und die ihm öffnen... Selig die Knechte, die der Herr wach findet, wenn er kommt. Amen, ich sage euch: Er wird sich gürten, sie am Tisch Platz nehmen lassen und sie der Reihe nach bedienen" (Lk 12,35–37). Sie sind wahrhaftig Glückspilze! Denn der Herr wird zu ihnen sagen: Oh, ihr seid auf mein Kommen vorbereitet! Und dann wird er sich eine Schürze umbinden: Diesmal sollt nicht ihr mich bedienen, sondern ich werde euch bedienen. Setzt euch nur... Und er wird sie der Reihe nach bedienen, die Glücklichen!

Aber einige gehören nicht zu diesen Glücklichen, denn sie sind nicht auf ihrem Posten geblieben. Der heilige Lukas schildert es uns: Einer von den Knechten ist untreu und denkt sich: Mein Herr kommt noch lange nicht zurück, daher mache ich mir ein bequemes Leben. Und er beginnt zu schlemmen und sich zu betrinken und seine Mitknechte zu schlagen. Ist er sicher, daß der Herr sich verspätet? Nein, denn der Herr dieses Knechtes wird an einem Tag kommen, an dem er es nicht erwartet, und zu einer Stunde, die er nicht kennt. Und dann wird der Herr ihn von den anderen trennen und ihm seinen Platz unter den Ungläubigen zuweisen. Und die Schlußfolgerung? „Wem viel gegeben wurde, von dem wird viel zurückgefordert werden." Jesus verlangt die Treue. Er hat dir vielleicht wertvolle Talente anvertraut. Laß dein Priestertum nicht verkümmern, wuchere mit ihm, setze es ein, wuchere mit der Gnade, sonst muß ich mir ernstlich überlegen, ob ich nicht plötzlich kommen soll (vgl. Lk 12,45–48).

Auch in der Offenbarung des Johannes heißt es: „Selig, wer wach bleibt und sein Gewand anbehält, damit er nicht nackt gehen muß" (Offb 16,15). Gebt acht, sagt der Herr, spitzt eure Ohren, behaltet eure Kleider an, denn es kann so unvorhergesehen über euch hereinbrechen, daß ihr nicht einmal Zeit haben werdet, euch anzuziehen, und nackt auf die Straße gehen müßt. Er will uns damit sagen, wie wenig Zeit man hat, wie schnell man zu den Unglückseligen gehören kann.

Auch das Gleichnis von den zehn Jungfrauen handelt davon: Diejenigen, die bereit waren, gingen mit dem Bräutigam in den Hochzeitssaal, und die Tür wurde verschlossen. „Später kamen auch die anderen Jungfrauen und riefen: Herr, Herr, mach uns auf! Er aber antwortete ihnen: Amen, ich sage euch: Ich kenne euch nicht. Seid also wachsam! Denn ihr wißt weder den Tag noch die Stunde" (Mt 25,1–13).

Der Tod wird in der Heiligen Schrift oft in sehr grellen Farben geschildert. Der Prophet Gad kam zu David und sagte zu ihm: Hast du eine Volkszählung durchgeführt? Das durftest du doch nicht tun! Der Herr ist sehr erzürnt und muß dich dafür bestrafen. Aber er läßt dich zwischen drei Strafen wählen: Sieben Jahre Hungersnot, drei Monate, in denen dich deine Feinde verfolgen, oder drei Tage lang die Pest. Was soll ich mir aussuchen?, dachte sich David. Er war ratlos. Schließlich wählte er die kürzeste Strafe, wenigstens was die Zeit betrifft: drei Tage lang die Pest. Besser drei Tage diese Seuche, und dann ist Schluß! Das Resultat waren schließlich siebzigtausend Tote! (Vgl. 2 Sam 24,10–15).

Nun werdet ihr vielleicht sagen: Aber das war doch im Alten Testament... Doch auch im Neuen Testament geht es manchmal recht schaurig zu. Denkt nur daran, was der heilige Johannes in seiner Offenbarung schreibt, wenn das Lamm sich anschickt, die sieben Siegel zu öffnen, welche die geheimnisvolle Buchrolle verschließen. Nach der Öffnung des ersten Siegels erscheint ein weißes Pferd; nach der Öffnung des zweiten Siegels ein anderes Pferd, das feuerrot war, und nach der Öffnung des dritten Siegels ein schwarzes Pferd. Auf jedem Pferd sitzt ein Reiter: Der erste ist mit Pfeil und Bogen ausgerüstet, der zweite mit einem Schwert, der dritte mit einer Waage. „Als das Lamm das vierte Siegel öffnete... sah ich ein fahles Pferd; und der, der auf ihm saß, heißt *der Tod;* und die Unterwelt zog hinter ihm her. Und ihnen wurde die Macht gegeben über ein Viertel der Erde, Macht, zu töten durch Schwert, Hunger und Tod und durch die Tiere der Erde." Pferd und Reiter stoben davon und stürzten sich auf die Erde, um die Strafe Gottes zu vollstrecken: Und diesmal war es der Tod (vgl. Offb 6,1–8).

Sicherlich gehören Kriege, Zerstörungen, Unglücksfälle zu

den sogenannten Zweitursachen, aber zuweilen sind es eben diese Zweitursachen, die Gott wegen unserer Sünden wirksam werden läßt. Darüber sollten wir manchmal nachdenken.

Nach diesen Betrachtungen über das Beispiel und die Lehre Jesu wollen wir uns nun mit dem Gebet „um eine gute Sterbestunde" befassen. Sich diese Stunde vor Augen zu halten kann nur von Nutzen sein.

Wir gehen von einer ganz einfachen und allgemeinen Hypothese aus: Wir werden einmal zu Hause in unserem Bett an irgendeiner Krankheit sterben und genügend Zeit haben, uns auf den Tod vorzubereiten.

Das Ende kann auch mit einem ganz banalen Schnupfen beginnen. Auf dem Konzil wird immer wieder gesagt, man müsse auf die *Zeichen der Zeit* achten und sie zu verstehen suchen. Die Konzilsväter haben einiges zu diesem Thema gesagt, um diesen Gedanken zu präzisieren und näher zu erläutern. Es ist aber noch längst nicht alles darüber gesagt worden. Ich möchte in unserem Zusammenhang nur sagen: Wenn wir krank sind, dann sollen wir offen und ehrlich versuchen, die „Zeichen der Zeit" zu erkennen, denn es ist fast unglaublich, wie gern wir bereit sind, uns täuschen zu lassen: Nur nicht den Mut sinken lassen, die Frau ist ja noch jung und hat einen robusten Organismus, sie wird sich schon wieder erfangen. Der Körper entwickelt noch ungeahnte Energien, auch das Herz ist in Ordnung. Sie wird sicher wieder gesund werden. Doch nein, nicht immer wird man wieder gesund. Man muß zumindest den Mut aufbringen, einen Verdacht zu hegen.

Ich habe einmal eine Geschichte von Pierre l'Ermite gelesen, die ihr sicher auch kennt. Er erzählt, wie er einmal zu einem Empfang geladen war. Die Servieren kam gerade mit einem Tablett voller Süßigkeiten und belegten Brötchen vorbei. Nehmen Sie bitte, greifen Sie zu! Einer sagte: Vielen Dank, Fräulein, aber ich darf leider nicht. Aber bitte, greifen Sie doch zu! Nein, danke, ich darf wirklich nicht, ich bin nämlich Diabetiker. Mehr als dieses eine Stück darf ich nicht nehmen: Ich muß leben wie eine Uhr und auf soviel Rücksicht nehmen. Ich darf leider nicht, vielen Dank. Ich hoffe, Sie werden das verstehen. Sie da, mein Herr, mischt sich ein anderer ein, ich kann davon essen, soviel ich will, ich habe eine eiserne Gesundheit, und ich fühle mich auch äußerst wohl dabei, ich habe immer großen Appetit und bin ein tüchtiger Esser. Pierre l'Ermite hat diese beiden Herren dort beobachtet und mit dem einen wie mit dem anderen ein paar Worte gewechselt. Der Empfang zog sich ziemlich lange hin. Es wurde immer später, und es war schon dunkle Nacht, als man schließlich aufbrach. Pierre l'Ermite – er war ja Priester – ging sogleich schlafen. Mitten in der Nacht läutete es plötzlich an der Tür. Wer ist draußen? Was ist los? Schnell, schnell, kommen Sie, da ist einem schlecht geworden, es sieht nicht gut aus für ihn! Wer ist es denn? Einer, der gestern abends mit Ihnen bei dem Empfang war. Ich weiß schon, dachte sich der Priester, es muß sich um den ersten der beiden Männer handeln, den Diabetiker. Der Arme, und das trotz aller Vorsichtsmaßnahmen! Schnell, laufen Sie ... Aber es war zu spät. Denn es war nicht der Diabetiker, sondern der andere. Es war nicht der, der wie eine Uhr lebte, sondern der andere, der vor Gesundheit nur so strotzte. Gott macht da keine großen Unterschiede.

Kurz nach meiner Ankunft hier in diesem Exerzitienhaus erhielt ich zwei Telefonanrufe. Nach der heiligen Messe kam der erste Anruf: Mein Sekretär teilte mir mit, Angelo Ciman sei gestorben. Ach, sagte ich, ich habe ihn doch noch am Dreikönigstag gesehen. Ich habe ihn im Spital besucht, und er sagte mir, daß er sich recht wohl fühle. Er stand sogar ein wenig auf. Und nun ist er plötzlich gestorben. Am Abend kam dann der zweite Anruf, er war von meinem Generalvikar: Es tut mir leid, Hugo von Arsiè ist ganz unvorhergesehen gestorben. Es ging ihm sehr schlecht, aber zuletzt fühlte er sich eigentlich ganz wohl. Ein Herzinfarkt: tot!

Ich sage euch: Wir alle ohne Ausnahme klammern uns an das Leben, auch wenn es offensichtlich ist, daß unsere Zeit abgelaufen ist und wir abtreten müssen. Wir können und wollen nicht einsehen, was offen zutage liegt.

In den vergangenen Tagen hat man in Motta das Jahrgedächtnis des Pfarrers begangen, der vor einem Jahr gestorben ist – ihr habt sicher in der Zeitung davon gelesen. Er war ein guter Priester, und alle haben ihn noch in bester Erinnerung.

Daher große Trauer in der Bevölkerung. Er hat viel mitmachen müssen. Man hat ihn zuerst wegen Arthrose behandelt, man wußte nicht genau, was es wirklich war, auch die Röntgenaufnahmen ergaben kein klares Bild. Die Ärzte haben gesagt: Es könnte auch etwas anderes sein... aber leider, es war Krebs. Als man mir das mitgeteilt hat, habe ich gesagt: Warten wir noch zu und gehen wir auf Nummer Sicher. Doch als die Diagnose endgültig feststand, hat man mich wieder gerufen. Der behandelnde Arzt sagte: Was sollen wir tun? Man muß es ihm irgendwie beibringen. Und dann sind wir alle beide zu ihm gegangen, der Arzt und ich.

Im Krankenzimmer befand sich auch noch seine Schwester. Der Arzt begann: Sehen Sie, Monsignore, ich habe schon mit Ihrem Bischof gesprochen, und mit seinem Einverständnis haben wir für Sie bereits ein Zimmer in Padua reservieren lassen, im dortigen Krebszentrum, denn hier sind wir dafür nicht eingerichtet. Dort haben sie auch die Kobaltbombe, das Beste, was uns derzeit zur Verfügung steht. Krebsstation, Kobaltbombe – das bedeutet, daß der Krebs sich schon weiter ausgebreitet hat. Aber wozu das? fragte der Kranke. Ich fühle mich doch ganz wohl. Seht, und das sagte ein wirklich hervorragender Priester, für den ich große Wertschätzung empfinde. Aber was ist denn das für eine Krankheit?, wollte er wissen. Der Arzt sagte: Sehen Sie, es handelt sich um einen Tumor, keinen bösartigen, aber... Man muß nun eben eine Therapie versuchen. Seien Sie vernünftig und willigen Sie ein! Auch jetzt noch war er der Meinung: Es ist zwar nichts Bösartiges, aber immerhin doch ein Tumor. Also gut! Wir brachten ihn nach Padua. Der dortige Arzt sagte zu mir: Zu spät, man hätte ihn schon viel früher herbringen sollen; wir werden aber auf jeden Fall unser Möglichstes tun. Später besuchte ich ihn dann in Torelli: Wie geht es Ihnen, Monsignore? Ausgezeichnet, alle Schmerzen sind wie weggeblasen. Ich kann es schon kaum mehr erwarten, wieder an die Arbeit zu gehen. Schließlich kehrte er nach Motta zurück. Monsignore Visentin lud ihn ein, nach Jesolo in das dortige Ferienheim zu kommen, dort könne er sich am besten erholen. Aber ausgerechnet dort kamen die Schmerzen wieder. So kehrte er nach Hause zurück und mußte bald darauf wieder ins Spital.

Als ich ihn dort besuchte, sah er schlecht aus. Es bilden sich bereits Metastasen, sagten mir die Ärzte. Warum bin ich bloß nach Jesolo gegangen? klagte er. Es ging mir vorher so gut, und dort habe ich mir dann diese Arthritis geholt. Ich sagte zu ihm: Monsignore, hören Sie, ich habe gerade jetzt dreizehn tüchtige Neupriester geweiht. Ich will nicht, daß Sie sich weiter so plagen. Es geht Ihnen nicht gut, daher müssen Sie in Zukunft mehr auf sich Rücksicht nehmen. Sie können sich nicht mehr so um die Pfarrei kümmern, wenn Sie krank sind. Ich bringe Ihnen die Liste dieser dreizehn tüchtigen Neupriester, wählen Sie sich einen davon aus, ich gebe Ihnen auch noch zusätzlich einen weiteren Kaplan, dann haben Sie insgesamt drei. Sie werden sehen, daß die Pfarrgemeinde . . .

Aber ich will nicht, daß Sie wegen mir Scherereien haben, nein, ich brauche keinen weiteren Kaplan, zwei genügen vollkommen. Ich erwiderte: Monsignore, ich mache mir große Sorgen wegen Ihrer Gesundheit, sehen Sie doch, Sie sind schwer krank. Exzellenz, antwortete er, hören Sie bloß nicht auf die Ärzte, ich habe schon mit ihnen geschimpft, weil sie solch ein Theater machen. Aber Monsignore, Sie werden doch nicht glauben, daß ich ohne Grund hierherkomme und Sie mit diesen Dingen belästige. Ich bin sehr besorgt und will nicht, daß Sie sich weiterhin so abmühen. Bei Ihnen ist die Pfarrgemeinde in guten Händen, aber ich gebe Ihnen noch einen Kaplan zur Seite, der Sie entlasten soll. Meinetwegen, gab er schließlich nach, aber höchstens für einen Monat, bis ich mich wieder ganz erholt habe.

Im Dezember habe ich ihn wieder besucht. Kurz darauf ist er dann gestorben. Ich war sehr traurig über diesen schmerzlichen Verlust. Und dabei denke ich selbst immer noch, vielleicht achtzig Jahre alt zu werden. Auch er dachte an alles, nur nicht an den Tod, nur nicht an eine solche Krankheit. Obwohl er doch auf der Krebsstation gewesen war.

Für mich war das alles eine große Lehre. Erst in seinen allerletzten Tagen hat er begriffen, wie es wirklich um ihn stand, und er ist dann so gestorben, daß es für alle eine Erbauung war. Auch vorher schon war seine Einstellung vorbildlich gewesen. Aber er sagte: Sehen Sie, wie schwierig es ist, sich überzeugen zu lassen, auch wenn es einem hundertmal gesagt wird. Man muß also eine Fertigkeit darin entwickeln, die „Zeichen der Zeit" zu erahnen, sie wahrzunehmen, denn es ist ganz etwas anderes, wenn man in dem Bewußtsein leidet, sterben zu müssen. Dann bereite ich mich darauf vor und opfere all mein Leiden dem Herrn auf. Man müßte an die letzte Beichte denken. Ich habe drei Priestern die letzte Beichte abgenommen: Ich würde mich glücklich schätzen, wenn ich eine solche letzte Beichte ablegen könnte, wie sie es getan haben. Sie waren wirklich auf den Tod vorbereitet. Ihre Beichte war vollkommen ehrlich, und sie haben aus tiefstem Herzen bereut. Doch besser ist es, schon vorher alles in Ordnung zu bringen und immer wieder zur Beichte zu gehen, wie schwer es uns auch fallen mag. Dann kommen wir nicht in die peinliche Situation, ausgerechnet in diesen letzten Augenblicken mit allen möglichen verwickelten Geschichten heraus-rücken zu müssen. Es ist besser, wenn man an all das vorher gedacht hat.

Das *Krankenöl:* „Was du durch den Tastsinn, durch den Gehörsinn... usw. gesündigt hast..." Herr, du bist so gut... Augenblicke des Trostes, denn es gibt ja das heilige Öl: Es bezeichnet den Herrn, der uns reinigt und uns beisteht.

Und dann die *Wegzehrung:* „Geh hin, christliche Seele..." Das Sterbezimmer. Manche haben sich in ihrem Leben nichts sehnlicher gewünscht, als Prälat zu werden. Viel besser ist es, ein einfacher, mit dem Volk verbundener Pfarrer zu sein. Dann ist nämlich die Chance, daß einer ein „Herr, gib ihm die ewige Ruhe" für mich betet und vielleicht sogar ein paar Tränen vergießt, viel größer.

Schließlich das *Begräbnis:* Ich hätte keine Freude mit einer schönen Grabrede. Die Leute wissen ja nichts von mir. Was können sie schon sagen? Besser ist es, sich auf Gott zu verlassen: Du weißt ja, Herr... Ach, diese Grabreden! Gott allein weiß, was in den Köpfen derer vorgeht, die sie anhören müssen.

Und denkt auch an das *Testament!* Habt ihr schon euer Testament gemacht? In doppelter Ausfertigung?

Und dann erst die *Nachrede!* Der Posten ist vakant geworden. Drei Monate später wird die Stelle vom Bischof ausgeschrieben. Und sechs Monate danach gibt es bereits einen Nachfolger. Ein großes Fest! Er wird feierlich eingeholt. Und der Nachfolger sagt natürlich in seiner Antrittspredigt: Ich kann nicht umhin, ein Wort über meinen Vorgänger zu sagen, der ... usw. Was auch immer, jedenfalls ist das große Fest ganz auf ihn zugeschnitten.

Der Tote ruht in Frieden, und die Lebenden trösten sich und gehen zur Tagesordnung über. Rechnen wir bloß nicht mit der guten Erinnerung und dem ehrenden Andenken, das man an uns haben wird.

Versuchen wir uns vielmehr auf jenen entscheidenden Schritt vorzubereiten, auf einen guten Tod, damit wir dann möglichst viele Verdienste und viele gute Werke vor Gott vorzuweisen haben.

VII
Die geschaffenen Dinge

Nach den Räubern treten zwei weitere Personen in Erscheinung. Sie werfen nur einen kurzen Blick auf den Verletzten und gehen dann weiter ihres Weges: der *Priester* und der *Levit*.

Sie haben zwar einen Blick riskiert, haben gesehen, was passiert ist, aber keinerlei Hilfe geleistet. Sie wären imstande gewesen, etwas zu tun, aber in Wirklichkeit ist nichts geschehen.

Auch auf unserem Lebensweg begegnen wir oft Personen und Dingen, die imstande wären, uns zu helfen; doch anstatt uns zu helfen, richten sie manchmal großen Schaden an.

Gott hat alle Dinge dieser Welt zu unserem geistlichen Nutzen bestimmt. Sie sollen uns helfen, in den Himmel zu kommen. Die Erbsünde hat diese ihre innere Stoßrichtung fehlgeleitet, oftmals sind sie uns eher ein Hindernis, und auch sie selbst haben darunter zu leiden.

Der heilige Paulus sagt im Brief an die Römer: Denn wir wissen, daß die gesamte Schöpfung bis zum heutigen Tag seufzt und in Geburtswehen liegt ... und sehnsüchtig auf das Offenbarwerden der Söhne Gottes wartet (vgl. Röm 8,19–22). Die wahre Erlösung für alle geschaffenen Dinge wird dann geschehen, wenn es den neuen Himmel und die neue Erde geben wird (Jes 65,17).

Die geschaffenen Dinge schaden uns bisweilen, aber oft können sie uns auch nützen. Die geschaffenen Dinge, von denen es eine Unzahl gibt, teilt man gewöhnlich in drei Kategorien ein: solche, die uns Lust bereiten, solche, die uns Ehre machen, und solche, die Geld bringen.

Ich kann darüber nicht nur abfällig urteilen. Ach ja, das liebe Geld! Aber andererseits brauchen wir es doch für die

Kirche, für das Altersheim und den Kindergarten, für das Priesterseminar, für die Missionen. Geld ist etwas sehr Böses, wenn es uns beherrscht, aber etwas sehr Gutes, wenn es uns dient.

Auf diverse Ehrungen sollte man nicht viel geben, denn sie halten nicht das, was sie versprechen. Andererseits sind wir auf unsere Ehre angewiesen, wir brauchen die Wertschätzung anderer Menschen.

Auch über die Lust kann man meist nichts Gutes sagen, denn oft wird sie mißbraucht und gerät außer Rand und Band. Aber ohne Lust geht es auch nicht. Wenn jemand vorankommen will, braucht er dazu geistliche Freude, sagt der heilige Thomas.

Betrachten wir nun ein wenig diese Dinge und sehen wir, ob man sie in einem guten und legitimen Sinn nützen kann.

Die hohen Würden und Auszeichnungen halten nicht das, was sie versprechen. Ich bin zum Beispiel Bischof geworden, und manchmal scheint es mir, als könne ich darüber wirklich nur „ein garstig Lied" singen. Diejenigen, die unten stehen, sagen oft: Ach, denen da oben geht es gut. Schön wäre es! In den ersten Tagen ja, solange noch die Glückwunschtelegramme eintreffen. Aber dann... später... ein garstig Lied!

Man regt sich nie über den auf, der unten ist, sondern immer nur über den, der oben sitzt. Von weitem gesehen sieht vieles großartig aus. Wenn man aber näher hinschaut, erweisen sich oft auch die großartigsten Dinge dieser Welt als mangelhaft und unvollkommen. Menschen, denen es nach außen hin so gut zu gehen scheint, sind oft in Wirklichkeit sehr unglücklich. Tolstoi erzählt in einer seiner Novellen, ein Esel habe einmal das Fell eines Löwen gefunden und sich dieses übergestreift. Mit stolz geschwellter Brust schritt er einher. Alle Tiere, die ihn von weitem erblickten, dachten sich: Was für ein prächtiger Löwe! Und sie erwiesen ihm ihre Reverenz. Das Pech war nur, daß der Esel vor lauter Genugtuung darüber, von allen so geachtet zu werden, plötzlich in einen lauten Eselsschrei ausbrach. Nun bemerkten die Tiere, daß da kein Löwe vor ihnen stand. Sie gingen daraufhin mit Stöcken auf ihn los und haben ihm gehörig den Marsch geblasen.

Da scheint einer ein bedeutender und gebildeter Mensch zu sein, aber ab und zu stößt er einen Eselsschrei aus. Je erhabener er sich gibt, desto größeren Eindruck macht sein Eselsgeschrei. Der arme Kerl! Wir glaubten doch wahrhaftig, es mit einer großen Persönlichkeit zu tun zu haben. Jedoch... was für eine Enttäuschung! Denkt daran: Wenn jeder das Zeichen seiner innerlichen Angst offen auf der Stirn trüge, dann würden wir viele wohl nicht beneiden, nein, sie würden uns vielmehr leid tun!

Ja, so ist es. Schauen wir bloß nicht neidisch zu anderen auf! Unsere Ehre, unser guter Ruf als Priester, das ja. Doch um irgendwelche Ehrungen kümmert euch lieber nicht! Wenn es schon sein muß, wenn Gott es so will... aber merkt euch: Sie werden nie das halten, was sie zu versprechen schienen.

Und dann erst das liebe Geld! Bei Dante heißt es: ,,... und nach dem Fraß man mehr als vorher noch hungert" (Die Hölle 1,99). Wer gierig ist nach Geld, ist nie zufrieden, erst recht nicht, wenn es sich dabei um einen Priester handelt. Solche Leute führen eigentlich ein trostloses Leben: Sie könnten sich so manche Annehmlichkeiten leisten, ein gutes Beefsteak zum Beispiel. Aber nein! Das weisen sie weit von sich. Auch das ist eine Krankheit.

Ein Lehrer hat den Schülern einer vierten Volksschulklasse einmal folgende Aufgabe gestellt: Was würdest du tun, wenn du eine Million zur Verfügung hättest? Und er hat den Kindern auch noch gesagt: Wer die beste Arbeit schreibt, bekommt eine Belohnung. Eines der Kinder hat geschrieben: Wenn ich eine Million hätte, würde ich das Geld meinen Eltern geben, damit sie ein schönes Haus bauen können. Bei einem anderen hieß es: Ich würde das Geld den Missionaren geben für die armen Negerkinder. Ein dritter schließlich hat geschrieben: Wenn ich eine Million hätte, bin ich sicher, daß ich sofort eine weitere Million haben möchte. Der Lehrer hat den Preis diesem dritten zuerkannt, denn − so sagte er − der hat die eigentliche Krankheit erkannt. Es stimmt wirklich, man ist nie zufrieden.

Man glaubt zwar, über einer Sache zu stehen, aber in Wirklichkeit werden wir von den Dingen beherrscht. Wenn man Geld hat, ist die Gefahr groß, daß man sich in ungezügelter Gier an das Geld klammert.

Für die Lust und die Vergnügungen gilt dasselbe. Man sieht haufenweise Leute aus den Kinos strömen, die Fußballstadien sind jeden Sonntag zum Bersten voll. Man muß jedoch vernünftig sein. Der eine sagt: Schade, daß ich Priester bin, ich würde so gerne auch dorthin gehen, dann wäre ich wirklich zufrieden. O nein, denn diejenigen, die hingehen, sind keineswegs zufrieden. Wenn sie zufrieden und glücklich wären, würden sie zu Hause bleiben. Wenn sie einen Zeitvertreib suchen, dann heißt das, daß ihnen etwas fehlt.

Aber man darf auch nicht zu schlecht von diesen Dingen denken, denn man kann sie ja auch sinnvoll benutzen. Ich kann mich an zwei oder drei Wortmeldungen beim Konzil erinnern, die sich mit den Ordensleuten beschäftigten. Die Orden, so wurde gesagt, haben uns ruiniert. Sie haben ihre Spiritualität den Weltpriestern und sogar den Laien aufgezwungen. Wenn man heutzutage heilig werden will, muß man bei der Betrachtung möglichst die Methode des heiligen Ignatius anwenden, man muß die tägliche Gewissenserforschung halten, man muß ... usw. Davon steht aber nichts in der Heiligen Schrift! Ich glaube, man hat da etwas übertrieben. Aber es ist eine Tatsache, daß wir unsere eigene Spiritualität haben. Die Spiritualität des Weltpriesters besteht meistens nicht darin, alles zu verlassen, sondern vielmehr darin, alles, was in seiner Reichweite liegt, als Mittel zur Vollkommenheit zu benützen. Die Aktivität, die Arbeit nach außen ist nichts für einen Kartäuser: Er soll ganz für das Gebet und die Kontemplation leben. Aber ich als Bischof und ihr als Priester ... wie sollen wir heilig werden, wenn wir nicht unsere Aktivität entfalten? Und die Sorgen? Und die Schulden, die wir zurückzahlen müssen? Sicher, ins Kloster gehen und weder an Schulden noch an sonst etwas denken müssen – man kann dadurch heilig werden. Aber ich muß mit meinen Schulden heilig werden. Und viele Priester ebenfalls: indem sie Kirchen bauen. Das ist wahrlich ein Leidensweg. Kaum hat man eine Sorge vom Hals, kommt schon die nächste auf uns zu. Unsere Spiritualität ist also eine solche *ganz eigener Art*. Wir können nicht einfach sagen: Geben wir allen diesen Dingen einen kräftigen Fußtritt, und dann werden wir heilig. Nein, so geht es nicht. Ihr müßt heilig werden mit all diesen Dingen.

Don Bosco wurde einmal gefragt: Wie machen Sie es eigentlich, alle diese Projekte zu verwirklichen, die doch soviel Geld kosten? Ach, sagte er, Herr Minister, ich halte mich da an die Methode der Lokomotive. Der Lokomotive? Das verstehe ich nicht. So? Haben Sie noch nie eine Lokomotive gehört? Tsch – tsch – tsch – immer wieder tsch... Mit meinen Schulden schlage ich mich eben durch. Das ist meine Spiritualität... Er war ein großer Heiliger, dieser Don Bosco, aber mit der Methode von Armut, Keuschheit und Gehorsam hätte er manche Dinge nie tun können.

Kardinal Cagliero, der sein Schüler war, berichtet: Don Bosco hatte so viel zu tun, daß sogar die Danksagung nach der heiligen Messe meist sehr kurz ausfiel, denn sofort stürzten sich seine Buben auf ihn, um bei ihm zu beichten, oder er mußte dringende Briefe schreiben. Die ganze Nacht war er oft auf den Beinen. Ein einziges Mal, sagt der Kardinal, habe ich gesehen, wie Don Bosco nach der Messe eine lange, eine sehr lange Danksagung gehalten hat. Er stand gar nicht mehr auf von seinem Gebetsschemel. Wir fragten uns: Was ist los? Doch dann haben wir kapiert. Draußen wartete einer, der ihm einen Kredit gegeben hatte, und Don Bosco wollte ihm keinesfalls unter die Augen treten: Nur deshalb betete er so lange.

Es ist eine Heiligkeit *ganz eigener Art*. Wir müssen heilig werden unter den Bedingungen, in die wir von Gott hineingestellt worden sind. Unsere Heiligkeit besteht also darin, daß wir von den geschaffenen Dingen einen guten Gebrauch machen: Die verschiedenen Unannehmlichkeiten, Belästigungen und Scherereien, der Umgang mit Geld, die Schulden – alles muß dazu herhalten; es gibt für uns keinen anderen Weg zur Heiligkeit.

Erlaubt mir nun, daß ich euch für die Praxis einige Prinzipien zum rechten Gebrauch der geschaffenen Dinge erläutere.

Das erste Prinzip stammt vom heiligen Ignatius und lautet: *Weder ein Zuviel noch ein Zuwenig.* Dieses Prinzip hat schon der heilige Paulus zum Ausdruck gebracht, als er sich mit den Korinthern über die Frage der Ehe auseinandersetzen mußte. Er schreibt: Wer heiratet, tut damit nichts Böses. Besser ist es zwar, jungfräulich zu bleiben, aber es ist auch nichts Böses, wenn man heiratet. Denn, sagt er, die Zeit ist kurz. Denken wir daran, daß uns nicht viel Zeit bleibt in dieser Welt. Deshalb sollen sich jene, die sich die Welt zunutze machen, so verhalten, als nutzten sie sie nicht; und wer eine Frau hat, soll sich in Zukunft so verhalten, als hätte er keine. Denn die Gestalt dieser Welt vergeht. Diese Welt ist eine Bühne, ein Theater, und das Schauspiel ist nur von kurzer Dauer. Man muß dieses zweifelhafte Unternehmen möglichst schnell beenden. Freut euch nur, sagt der heilige Paulus, freut euch auch an der Frau, die ihr habt, auch an euren Besitztümern, aber immer so, als hättet ihr keine Frau, als würdet ihr nichts besitzen (vgl. 1 Kor 7,29–35). Ein sehr richtiger Gedanke: leicht gesagt, aber nur schwer zu verwirklichen.

Das zweite Prinzip lautet so: Sich nicht nur gefühlsmäßig von den Dingen dieser Welt lossagen, sondern dieses Gefühl gleichzeitig *auf Gott hin* lenken. Dazu sind zwei gleichzeitige und parallele Bewegungen notwendig. Einerseits distanziere ich mich von der Welt, andererseits wende ich mich Gott zu.

Der heilige Thomas sagt: Der Mensch steht gleichsam in der Mitte zwischen den Dingen dieser Welt und den geistlichen Gütern. Je mehr er sich den ersteren verschreibt, desto mehr entfernt er sich von den letzteren und umgekehrt. Es ist wie bei einer Waage: Je tiefer die eine Waagschale sinkt, desto höher steigt die andere. Je mehr ich mich also mit dem Herzen von den sinnenhaften Gütern lossage, desto mehr müßte ich mich an die geistlichen Güter klammern, nämlich an Gott. Das ist nicht leicht, es erfordert große Anstrengung und viel Aufmerksamkeit. Das geistliche Leben, das innere Leben ist nicht etwas Verschwommenes; es ist vielmehr die Kraft, sich von dem einen zu distanzieren und dem anderen zuzuwenden.

Chautard definiert das innere Leben so: Es ist der Zustand der Aktivität – nicht der Ruhe oder Verschlafenheit – eines Menschen, der ständig reagiert, um seine niederen Neigungen zu beherrschen und um sich ein wenig die Gewohnheit anzueignen, in allen Lebenslagen so zu entscheiden und sich so zu verhalten, wie es den Prinzipien des Evangeliums und dem Beispiel Jesu Christi entspricht.

Doch das genügt noch nicht. Um fähig zu sein, die Güter dieser Welt sinnvoll zu gebrauchen, ohne daß man sich sklavisch an sie klammert, ist es auch notwendig, in uns selbst ein spezielles Klima zu schaffen, eine Zone der inneren Sammlung, des Friedens, des Optimismus und der Ausgeglichenheit; eine Zone, ein Klima, das uns die Dinge so sehen läßt, wie sie wirklich sind, ohne Übertreibungen.

Ich sagte: eine Zone der inneren Sammlung. Innerlich gesammelt ist man dann, wenn sich die Seele um ihre Dinge kümmern kann, ohne daß sie dabei allzusehr gestört wird. Und diese Sammlung erreicht man vor allem durch *Schweigen*, dann durch die *Vereinigung mit Gott* und durch die *Kontrolle des eigenen Herzens*. Ich will diese Ausdrücke etwas näher zu erklären versuchen, denn sie wirken etwas scholastisch.

Schweigen gegenüber den Menschen: Macbeth hat gesagt: „Ich habe den Schlaf umgebracht." Mir scheint, auch wir haben den Schlaf umgebracht mit all diesem Lärm, mit all diesem Getöse. Man hat Mühe, ein wenig Ruhe zu finden. Aber um ein guter Priester sein zu können, muß man zum Schweigen finden. Wenn es nicht unbedingt notwendig ist, nicht zuviel mit den anderen reden. Schweigen gegenüber den Menschen. Auf der Reise nach Lourdes habe ich am Mailänder Bahnhof etwas Seltsames erlebt. Ihr wißt ja, welch ein Lärm dort herrscht bei den vielen ankommenden und abfahrenden Zügen. Mein Zug stand auf Gleis 38, so sagte man mir. Da sah ich einen Dienstmann: Er hatte sich einen Beutel unter den Kopf geschoben und lag ausgestreckt da. Seelenruhig war er eingeschlafen. Ich blieb verwundert stehen. Wie konnte er da nur schlafen? Er hatte sich seine Zone des Schweigens geschaffen. Freundlich hatte er zu allen gesagt: Ich bin jetzt müde, geht nur weiter und macht ein wenig Platz da, denn ich muß jetzt schlafen!

So müssen auch wir manchmal sagen: Ich muß jetzt auch einmal ein wenig an mich denken, ein wenig schweigen. Das Schweigen hat man den „Vater der Verkündigung" genannt. Vor allem wir Priester haben es besonders nötig, um unsere Aufgabe gut erfüllen zu können.

Schweigen gegenüber den Dingen: Ich schweige zwar, wenn ich vor dem Fernsehapparat sitze, aber dann spricht er zu mir. In meiner Phantasie, in meinen Gedanken tauchen Legionen von Menschen auf, die mich später in meiner

Konzentration stören, weil ich bei anderen Gelegenheiten immer daran denken muß: Ich habe dies gesehen, ich habe jenes gesehen. Manches sollte man sicherlich gesehen haben, aber auch da ist eine kluge Auswahl angebracht. Ein wenig Schweigen gegenüber den Dingen muß man sich auferlegen.

Wenn ihr ein kleines Kind von ein oder eineinhalb Jahren in den Armen seiner Mutter seht und ihr nicht wollt, daß es weint, dann dürft ihr bloß nicht ein Glöckchen oder sowas Ähnliches aus der Tasche ziehen, denn dann will es dies um jeden Preis haben. Ausgenommen, ihr wollt es ihm schenken, dann könnt ihr es ihm auch zeigen. Aber wenn ihr es ihm nicht schenken wollt, dann dürft ihr es ihm nicht einmal zeigen, sonst fängt es an zu weinen und zu schreien. So werden auch bei uns, wenn wir uns alles anschauen, verschiedene Wünsche wach, da dürfen wir uns dann nicht beklagen. Ich darf an bestimmte Frauen, an gewisse Dinge gar nicht denken, daher darf ich sie ohne echten Grund nicht einmal anschauen. Wenn wir uns bestimmte Theateraufführungen, bestimmte Filme ansehen, wenn wir an gewissen Veranstaltungen teilnehmen, die nicht gerade gut für uns sind, dann ist es unausbleiblich, daß in uns gewisse Wünsche hochkommen, gewisse Emotionen und Leidenschaften erwachen. Das Schweigen gegenüber den Dingen ist also notwendig.

Die innere Sammlung wird zweitens durch die *Vereinigung mit Gott* erreicht. Der selige Raymund von Capua berichtet von der heiligen Katharina, daß sie so mit Gott verbunden war, daß der Herr ihr manchmal sogar erschien und zu ihr sagte: Katharina, wir wollen jetzt gemeinsam das Brevier beten, abwechselnd den einen Vers du, den anderen ich. Nun, ich glaube nicht an solche Geschichten, ich bin in diesen Dingen eher skeptisch; aber als Beispiel... Das wäre ja wirklich schön, Herr: Den einen Vers betest du, den anderen ich. Wir bilden eine Gebetsgemeinschaft, ich fühle geradezu, daß ich mit dir verbunden bin. Ob ich nun im Auto oder mit dem Motorrad unterwegs bin, ich weiß mich immer in deiner Gesellschaft. Und ab und zu sage ich zu dir: Herr, was willst du, daß ich tun soll? Was würdest du in diesem Moment, in dieser Situation an meiner Stelle tun?

Vereinigung mit Gott, Vereinigung der Gedanken und des

Herzens, auch wenn er nicht kommt, um mit mir zusammen das Brevier zu beten. Austausch der Gedanken und Gefühle. Der Priester muß mehr als jeder andere die Gemeinschaft mit Gott pflegen.

Die Kontrolle des eigenen Herzens: Als ich während meiner Seminarzeit einmal spazierenging, kam ich zufällig an einer Kaserne vorbei. Ich sah das Wachhäuschen und den Posten, der davor Wache stand, und ich fragte mich, was er wohl den ganzen Tag lang macht, außer kerzengerade dazustehen. Heute weiß ich es: Er steht da, um Wache zu halten, und bei gewissen Situationen muß er das Losungswort verlangen. Und wenn man es ihm nicht sagt? Nun, dann läßt er eben niemanden passieren. Er kontrolliert alle, versperrt ihnen sogar den Weg, wenn es sein muß. Das ist richtig so. Auch wir müßten so einen Wachtposten haben, der die Gedanken, die Gefühle und Personen, die auftauchen, abweist bzw. kontrolliert. Den da lasse ich passieren, der ist ungefährlich für mich; den anderen aber muß ich abweisen. Zu uns Priestern kommt das Böse oft auf so raffinierte und einschmeichelnde Weise, daß man immer die Augen weit offenhalten muß.

Psychologisch erklärt sich das so: Mit den guten Werken ist sozusagen immer auch eine gewisse Lust verbunden, ein gewisser Ruhm und Glanz, auf den die menschliche Natur äußerst erpicht ist. Nehmen wir ein Beispiel: Demütig zu sein ist schwierig. Ich muß mir große Mühe geben, diese Haltung der Demut aufzubringen. Wenn ich aber dann einen sagen höre: Schau, wie demütig er ist! Oh, was für ein Gefühl! Trotz der Mühe, die es mich kostet, würde ich mich am liebsten noch einmal demütigen. Wer weiß, was man dann noch alles über mich sagen wird! In Wirklichkeit ist es also nicht so, daß ich die Demut suche; ich suche vielmehr den Ruhm, für demütig gehalten zu werden. Das ist etwas ganz anderes. Es ist etwas anderes, demütig zu sein, die Demut zu lieben – und etwas anderes, danach zu trachten, für demütig gehalten zu werden! Und ohne es zu merken, schlagen wir meistens diese Richtung ein.

Ihr habt gehört, daß der Herr gesagt hat: Ich mag diese finsteren Gesichter nicht. Er meinte damit die Pharisäer. Wer weiß, wieviel Mühe sie sich gegeben haben beim Fasten, die

Ärmsten! Das Fasten hat uns viel Mühe gekostet, werden sie gesagt haben, aber es hat sich gelohnt: Aufgrund unseres asketischen Aussehens halten uns die Leute jetzt für Heilige. Sie nahmen also die Mühe des Fastens gerne auf sich, um das Lob der Menschen in vollen Zügen genießen zu können. Das ist kein verwegenes Urteil meinerseits, denn der Herr selbst war es schließlich, der sie scharf getadelt hat.

Da wir im Grunde alle so sind, ist gewissermaßen ein Wachtposten nötig, eben die Kontrolle des eigenen Herzens. Alles, was vergiftet ist, wo eine böse Absicht dahintersteht, darf nicht eingelassen werden. Diese Kontrolle ist notwendig, denn andernfalls läuft man Gefahr, einen Haufen Verdienste zu verlieren. Die Leute sagen vielleicht: Er ist ein guter, ein heiligmäßiger Mensch. Aber in Wirklichkeit ist nichts davon wahr, denn unsere Handlungen haben zwar nach außen hin einen heiligmäßigen Eindruck gemacht, aber wir haben sie durch unsere nicht gerade edlen Absichten praktisch wertlos gemacht. Dabei hätte es genügt, ein wenig aufzupassen, wachsam zu sein, zu kontrollieren, und alles wäre wieder in Ordnung gekommen.

Was wir noch brauchen, ist der *innere Friede* und die *Seelenruhe.* Den inneren Frieden erreichen wir dann, wenn wir über unsere Vergangenheit, Gegenwart und Zukunft beruhigt sein können. Manchmal beunruhigt uns die *Vergangenheit,* die Sünden, die wir begangen haben... Doch sie sind kein Grund zur Beunruhigung. Du hast sie ja gebeichtet, du hast versucht, den Schaden wiedergutzumachen. Kümmere dich nicht weiter darum! Die heilige Theresia hat, wie mir scheint, zwischen ihrem zwanzigsten und dreißigsten Lebensjahr eine sehr schwierige Periode durchgemacht. Nicht daß sie schwere Sünden begangen hätte, aber sie schreibt: Ich war damals so dumm. Immer wieder sagte ich mir: Ich habe so viel gesündigt, ich kann doch kein vertrautes Verhältnis zu Gott haben. Ich hatte Angst wegen meiner Sünden... Aber das war falsch, das war völlig falsch!

Wenn wir bei uns Ordnung schaffen, dann versetzt uns Gott wieder in den ursprünglichen Gnadenzustand. Er will, daß das frühere Vertrauensverhältnis wiederhergestellt wird; ja er will sogar, daß dieses Verhältnis noch vertieft wird.

Die Vergangenheit braucht uns nicht zu beunruhigen. Pater Ravignan sagte einmal: Siehst du diesen See? Versuch einmal, einen Stein hineinzuwerfen. Und jetzt nimm einen anderen, einen noch größeren Stein! Kommen diese Steine etwa wieder zurück an die Oberfläche? Nein, sie können das gar nicht. Doch nun paß auf: Wenn sie doch wieder zur Oberfläche aufsteigen könnten, welcher von beiden Steinen würde dann wohl eher emporkommen? Der kleinere natürlich, während der große unten bleiben würde. Der See ist die Barmherzigkeit Gottes, und die Steine sind unsere Sünden. Je größer sie sind, desto mehr sorgt Gott dafür, daß sie in der Tiefe bleiben und nicht mehr an die Oberfläche kommen, um uns zu beunruhigen. Wenn einer jetzt guten Willens ist, braucht ihn seine Vergangenheit nicht zu beunruhigen. Ich habe es euch schon gesagt: Der Herr sagt uns nicht nur, daß wir Heilige werden müssen; das ist nicht nur eine schwere Forderung, sondern vielmehr eine konkrete, praktische Möglichkeit. Und da er ein Realist ist, will er, daß wir trotz unserer Vergangenheit heilig werden.

Das ist doch schön: Trotz allem, was gewesen ist, kann ich ein großer Heiliger werden, und ich kann jetzt sofort damit beginnen.

Und dann die *Gegenwart:* Das, was uns an der Gegenwart stört, ist der Mißerfolg. Niemand ist vor Mißerfolgen gefeit. Jeder Heilige hat eine ganze Kollektion von Mißerfolgen auf allen Seiten zu verzeichnen, sowohl aufgrund seines Temperaments als auch aus anderen Gründen. Der Mißerfolg ist unser tägliches Brot; man darf nur nicht den Mut verlieren. Da steht einer da und jammert: Was für ein Fehler, alles nur verlorene Zeit! Er wollte im Handumdrehen heilig werden. Doch das ist unmöglich. Die Heiligkeit kann man ja nicht einfach wie eine Jacke, wie einen Mantel überstreifen. Denn dann wäre ich ja, sobald ich einmal angezogen bin, der größte Heilige. Aber so ist es nicht, es handelt sich nicht um ein Kleidungsstück, das ich anziehe – und dann ist alles in Ordnung.

Ja, die Mißerfolge! Seien wir vorsichtig mit unseren Wünschen! Die heilige Theresia sagte einmal: Unsere Wünsche sind gleichzeitig auch unsere Qualen. Wer weiß, ob man mich in jener Pfarrei zum Pfarrer bestellt. Es ist mein Wunsch.

Sei lieber zurückhaltend mit deinen Wünschen, denn je höher du deine Luftschlösser baust, desto größer wird deine Enttäuschung sein, desto tiefer deine Verbitterung. Laß es also besser sein! Aber vielleicht könnte es doch sein, daß... Halte dich nicht zu lange bei diesen Wünschen auf! Manchmal sind wir gerade wegen unserer sinnlosen Wünsche, wegen unserer unrealistischen Träumereien unglücklich. Man muß auf dieser Welt ein bißchen Geduld haben.

Und schließlich unsere *Zukunft:* Hier in Possagno war, wenn ich mich nicht irre, Monsignore Parolin einmal Pfarrer. Aber bevor er hierher nach Possagno kam, war er, der Neffe des heiligen Pius X., mehr als neun Jahre lang Kaplan in Castelfranco gewesen. Im Jahre 1900 schrieb er an seinen Onkel, der damals noch Patriarch von Venedig war: Hier sind einige Pfarrstellen vakant und zur Neubesetzung ausgeschrieben. Was ratet Ihr mir? – Wir kennen auch das Antwortschreiben von Pius X.: Sei zufrieden mit deiner Stelle als Kaplan und leg deine Zukunft in die Hände Gottes, der schon wissen wird, was für dich gut ist. Mir scheint, das ist ein kluger Rat, nicht nur für Kapläne, sondern für alle.

Wir sind so, daß wir immer höher hinaus wollen. Doch das ist menschlich. Es gibt keinen einzigen hier unter uns, der nicht höher aufsteigen wollte. Ein solcher Aufstieg bereitet uns allen Freude. Es ist ein Jammer, aber eben menschlich, sich darüber zu freuen. Der Fehler besteht nur darin, dieses Gefühl der Freude und Genugtuung allzu sehr zu hegen und zu pflegen.

Wenn ich mich über eine verpaßte Chance ärgere, dann sage ich meistens: Es wird sich schon wieder einmal eine Gelegenheit ergeben. Ich will keineswegs den Dummen spielen und so tun, als ginge mich das alles gar nichts an. Wenn man allerdings seine Ambitionen und sein Bedauern, wenn man nicht zum Zug gekommen ist, allzu deutlich zeigt, läuft man Gefahr, wie ein Dummer dazustehen und ausgelacht zu werden. Manche fordern es geradezu heraus, daß man sich über sie lustig macht, denn sie geben sich zu viele Blößen. Sie wünschen sich nichts sehnlicher als etwas Rotes oder Violettes an ihrem Talar oder sonst irgend etwas, sie sind von diesem Wunsch geradezu besessen. Man macht sich ja selbst unglücklich, wenn dieser Wunsch dann nie in Erfüllung geht.

Der innere Friede besteht auch darin, daß man es versteht, die eigenen Wünsche zu zügeln und sich den Umständen anzupassen. Gewisse Dinge ... Ich bin zum Beispiel Bischof geworden. Gott weiß, wie viele andere würdiger waren als ich. Es waren die Umstände. Ich habe eben gewisse Leute gekannt. Ich selbst habe keinen Finger gerührt, die anderen haben meinen Namen ins Gespräch gebracht. Aber es gab eine ganze Menge von Leuten, die viel tüchtiger, viel besser gewesen wären. Die Umstände haben den Ausschlag gegeben. Die göttliche Vorsehung hat sich offenbar gedacht: Gut, leisten wir uns einmal den Scherz mit diesen Zweitursachen. Und so haben viele andere, die es viel mehr verdient hätten, diese Chance nicht bekommen. Das ist nicht unbedingt ein Glück, es kann auch ein Unglück sein.

Außer durch die innere Sammlung und den Frieden des Herzens entsteht das geeignete Klima für den rechten Gebrauch der geschaffenen Dinge auch durch einen gewissen Optimismus und einen gesunden Realismus. Das habe ich euch von Anfang an ans Herz gelegt. Optimismus – was heißt das? Das heißt: Ich muß heilig werden, ich muß nach Vollkommenheit und Heiligkeit streben ohne die *Sucht, unbedingt der Beste sein zu wollen,* ohne die naive Vorstellung, *wie die Engel* leben zu können, und ohne *geistlichen Hedonismus.* Drei Dinge, die absolut ausgeschlossen werden müssen.

Die Sucht, immer und in allem *der Beste sein zu wollen:* Ich will zumindest genauso tüchtig sein wie er, genauso heilig wie er. Vielleicht wirst du sogar noch heiliger und nicht nur genauso heilig. Die Temperamente sind verschieden. Nicht alle können dasselbe tun. Nicht allen hat der Herr dieselbe Berufung geschenkt.

Ihr kennt sicher alle die Autobiographie der heiligen Theresia vom Kinde Jesu. Sie selbst hat ihr den Titel gegeben „Geschichte einer kleinen weißen Blume im Frühling". Eine andere Geschichte, die „Geschichte einer erloschenen Fackel", stammt von ihrer Schwester Celina, die fünf Jahre nach ihr gestorben ist. Die beiden waren unzertrennlich gewesen. Celina war das zweitjüngste, Theresia das jüngste Kind ihrer Eltern. Sie waren immer beisammen. Und doch waren sie zwei äußerst verschiedene Charaktere. Celina trat erst nach dem Tod des Vaters in den Karmel ein und war dann Novizin unter ihrer jüngeren Schwester, die damals stellvertretende Novizenmeisterin war. Wie gesagt, zwei vollkommen verschiedene Charaktere. Celina hat ihre Lebensgeschichte auf Geheiß der Mutter Oberin aufgeschrieben. Sie war wirklich ein schwieriger Charakter. Aber auch sie hat an sich gearbeitet. Doch nicht einmal im Traum kommt sie an die Spiritualität und die besondere Art der Heiligkeit ihrer Schwester heran. Sie ist ganz anders, zwar auch eine Heilige, aber auf völlig andere Weise. Gott mag keine Eintönigkeit, er wiederholt sich niemals, nicht einmal die Blätter ein und desselben Baumes sind alle gleich.

Man soll jedoch nicht sagen: Nachdem ich das gelesen habe, will ich es auch so machen. Du hältst es vielleicht nicht lange durch, du kannst es gar nicht genauso machen. Du mußt vielmehr auf deine Weise heilig werden, gemäß deiner Natur, deinen Anlagen entsprechend. Manchmal kann es ein Schwindel sein, eine Art von Betrug, wenn ich unbedingt eine bestimmte Art von Heiligkeit nachahmen will! Besser nicht, laß dich lieber von deiner eigenen Intuition leiten, von dem, was ganz spontan aus dir kommt und deinem natürlichen Wesen entspricht.

Ich sagte: Es ist unrealistisch zu glauben, wir könnten *wie die Engel* leben. Wir müssen vielmehr mit unserer erbärmlichen Natur rechnen. Wir brauchen Zeit, um heilig zu werden. Man muß sogar damit rechnen, als Sünder immer wieder rückfällig zu werden. Die Leidenschaften sind nie ganz tot. Die christliche Klugheit sagt uns: Jetzt hast du gebeichtet, du hast bei den Exerzitien die allerbesten Vorsätze gefaßt, aber sei weiterhin auf der Hut! Du wirst nämlich nach Hause kommen und noch immer derselbe sein, du wirst nach wie vor mit den Gelegenheiten zur Sünde konfrontiert werden. Solltest du dann aber, wie es der Teufel so will, unglücklicherweise wieder zu Fall kommen, so stehst du sicher mit mehr Mut und mit mehr Demut wieder auf, wenn du schon vorher damit gerechnet hast: Ich habe es ja vorausgesehen, Herr!

Wir sind keine Engel! Die Engel kennen nämlich keine böse Begierlichkeit, sie sind nicht in zwei Teile gespalten wie wir:

einen höheren Teil, nämlich den Willen, und einen minderwertigen Teil, zu dem alles andere gehört, etwa die bösen Neigungen. Besonders der Wille muß kontrolliert werden, mit ihm müssen wir versuchen, standzuhalten. Wenn der Wille dem Herrn treu bleibt (Herr, ich will ein rechtschaffenes Leben führen, ich möchte ein guter Priester sein), dann können einem noch so viele Unvollkommenheiten unterlaufen, man wird immer wieder die Möglichkeit haben, sich zu bessern.

Der heilige Franz von Sales hat gesagt: Der Wille muß sich angesichts der Äußerungen und der Unvollkommenheiten unserer Empfindungen und Gefühle wie ein Wanderer verhalten, der abends an einem einsamen Gehöft vorbeikommt und einen Hund bellen hört. Doch er kümmert sich nicht weiter um das Gekläff und marschiert weiter. Der Hund ist ja an der Kette, und so kann ich ruhig meines Weges gehen. Auch mein Wille hört manchmal ein solches Bellen: Es ist unsere Natur, es sind unsere Sinne, aber ich achte nicht darauf. Wenn ich sicher bin, das Gute zu wollen, mit Gott verbunden zu sein, dann kann es nur heißen: Immer vorwärts! So, als ob nichts gewesen wäre, auch wenn Versuchungen mir zu schaffen machen und ich das Bellen deutlich vernehme.

Ich habe bei Crispolti gelesen, daß Leo XIII. manchmal sehr ungeduldig war und sehr wütend werden konnte. Einmal hatte er seinem Sekretär einen Brief an Kaiser Wilhelm II. diktiert. Zu Mittag sollte der Botschafter kommen, um das Schreiben zu übernehmen. Als der Brief fertig geschrieben war, setzte der Papst seine Unterschrift darunter. Der Sekretär wollte gerade die noch feuchte Schrift mit der Löschwiege trocknen, als er das Tintenfaß umstieß und der ganze Inhalt sich über den Brief ergoß. Der Papst bekam einen Wutanfall. Doch gerade in diesem Augenblick erschien der Geheimkämmerer an der Tür und kündigte an, daß der Botschafter Seiner kaiserlichen Majestät soeben eingetroffen sei. Der Sekretär verschwand eiligst mit dem verpatzten Brief. Leo XIII. nahm sich zusammen und sagte: Exzellenz, es tut Uns sehr leid, daß Wir Sie bitten müssen, morgen wiederzukommen, denn als Wir vorhin den Brief noch einmal durchgingen, kam Uns in den Sinn, daß es sehr angebracht wäre, noch einen Ausdruck Unserer besonderen Wertschätzung gegenüber Ihrer kaiserlichen Majestät hinzuzufügen. So hat sich der Papst glänzend aus der Affäre gezogen. Er hatte zwar einen Wutanfall bekommen, aber schließlich ist alles wieder in Ordnung gekommen.

Alles läßt sich wiedergutmachen. Man braucht nicht allzu deprimiert zu sein, wenn man einen Fehler gemacht hat, wenn man rückfällig geworden ist. Man macht den Schaden wieder gut, bittet Gott um Verzeihung und macht sich vertrauensvoll von neuem auf den Weg.

Man soll auch nicht einem geistlichen *Hedonismus* verfallen: Wir haben es schon gehört: Es ist unmöglich, bei unseren Frömmigkeitsübungen immer einen geistlichen Höhenflug zu erleben. Als junger Kleriker fragte ich mich: Hören denn diese Zerstreuungen beim Gebet eigentlich nie auf? Es wird einmal die Zeit kommen, wo ich Priester sein werde, und mit ein bißchen Anstrengung ... Doch in der *Nachfolge Christi* heißt es: „Brächten wir jedes Jahr nur einen Fehler aus uns heraus..." Ich kämpfe gegen diesen Fehler, und sicherlich wird einmal die Zeit kommen, wo ich nicht mehr von Zerstreuungen geplagt sein werde. Hoffentlich! Ich bin Priester geworden, bin Bischof geworden, aber von Zerstreuungen werde ich immer noch heimgesucht.

Ich kenne die menschliche Natur nicht, aber soviel weiß ich, daß ich Gott nicht sehe, während ich bete. Ja, ich liebe ihn, mit dem Willen, mit dem Herzen, aber ich kann ihn nicht sehen. Wenn ich gerade mein Brevier bete und es geht jemand vorbei, diese Person sehe ich sehr genau, meine Augen verfolgen sie, und ich vergesse darüber ganz den Gedanken an Gott. Und wenn mir während des Betens einfällt, daß es da ja einen Gläubiger gibt, der mir geschrieben hat, er würde heute abend kommen, um sein Geld abzuholen, und ich das Geld aber gar nicht habe, dann denke ich ununterbrochen: Was soll ich jetzt tun? Ich kann nicht beten, ohne ständig an diese meine Schulden und noch vieles andere denken zu müssen. Ich muß mich damit abfinden, ein fehlerhafter, eben ein unvollkommener Mensch zu sein. Sicher wäre es ein höherer Grad von Heiligkeit, wenn du dich trotz deiner Schulden auf das Gebet konzentrieren könntest. Aber in der Praxis ist das überaus schwierig, wenn nicht sogar unmöglich. Nehmen wir uns so an, wie wir nun einmal sind, und sagen wir: Herr, nimm das, was ich dir geben kann!

Johann Michael Sailer war, bevor er Bischof geworden ist, ein sehr bekannter Professor für Aszetik und Moral. In einem seiner Bücher hat er geschrieben, daß er gewöhnlich auf folgende Weise gebetet habe: Herr, nimm mich, wie ich bin, mit allen meinen Unvollkommenheiten. Doch mach mich so, wie du mich haben willst, ohne Zerstreuungen, ohne Anfälle von Zorn oder Ungeduld. Aber vorläufig bin ich eben so, Herr, und du mußt mir den Gefallen tun und mich so nehmen, wie ich bin.

Das ist Realismus, so sieht es in Wirklichkeit aus. Was wir aber unbedingt dabei brauchen, ist guter Wille. Ein wenig bringe ich selbst fertig, das meiste aber tut Gott mit seiner Gnade. Ein solches Klima einer gesunden Ausgewogenheit, einer gewissen Klugheit und großen Demut, einer tiefen Selbsterkenntnis ist einfach notwendig. Wir sind nun einmal so, wie wir sind, mit unserer menschlichen Natur, mit der Erbsünde, mit all unseren Unvollkommenheiten.

Erbitten wir vom Herrn die Gnade, daß wir von den geschaffenen Dingen einen guten Gebrauch machen, daß wir die schwierige Kunst erlernen, eine priesterliche Spiritualität zu entwickeln, die nicht bloß Flucht vor den Dingen dieser Welt bedeutet, sondern auch die Kunst darstellt, die geschaffenen Dinge, mit denen uns Gott allenthalben umgibt, zu unserem Besten zu gebrauchen.

VIII
Güte und Demut

Die Hauptperson des Gleichnisses ist der *Samariter*. Im lateinischen Text des Evangeliums heißt es: *Descendit secus eum...* Er war also wohl zu Pferd, stieg ab, ging zu dem verletzten Mann hin und verband seine Wunden.

Wir stehen hier vor einem bedeutsamen Faktum der Christologie: Descendit – er ist „herabgestiegen". Wie es vor diesem „Herabsteigen" Gottes ausgesehen hat, erfahren wir beim heiligen Paulus. In seinem Brief an die Römer gibt es eine schwierige, aber sehr sinnträchtige und bedeutsame Stelle: „Ihn (Christus) hat Gott dazu bestimmt, Sühne zu leisten mit seinem Blut, Sühne, wirksam durch Glauben. So erweist Gott seine Gerechtigkeit durch die Vergebung der Sünden, die früher, in der Zeit seiner Geduld, begangen wurden; er erweist seine Gerechtigkeit in der gegenwärtigen Zeit, um zu zeigen, daß er gerecht ist und den gerecht macht, der an Jesus glaubt" (Röm 3,25–26).

Das ist eine ziemlich schwer verständliche Stelle, aber ich will sie euch mit sehr einfachen Worten zu erklären versuchen.

Gott der Vater hat im Himmel zu sich gesagt: Seit vielen Jahrhunderten schon vergebe ich dieser erbärmlichen Menschheit Sünden über Sünden. Ich möchte nicht, daß die Menschen sich denken: Wenn Gott all das erträgt und immer wieder verzeiht, dann kann die Sünde ein so großes Übel wohl nicht sein. Nein, ich muß ihnen deutlich vor Augen stellen, was die Sünde wirklich ist, und ihnen an einem Beispiel zeigen, was es heißt, gerecht zu sein. Und was tut er? Er nimmt seinen Sohn, den er „dazu bestimmt hat, Sühne zu leisten", zeigt ihn den Menschen und sagt: Seht, was die Sünde anrichtet! „So erweist Gott seine Gerechtigkeit", denn nun können alle sehen, daß es nicht nur die Barmherzigkeit Gottes gibt, sondern auch seine Gerechtigkeit. Die Sünde hat ihren Preis!

Aus dieser Stelle geht also klar hervor, von wo die Initiative ausgeht, wer die treibende Kraft der Erlösung ist, wer dafür verantwortlich ist, daß Jesus Christus vom Himmel auf diese Erde herabsteigt: Es ist der Vater. Jesus ist das ausführende Organ des Willens des Vaters.

Und der Preis, das Instrument unserer Erlösung ist Jesu Sühne „mit seinem Blut... wirksam durch Glauben". Jedesmal, wenn ich hier in diese Kirche komme, werfe ich einen Blick auf das wunderschöne Kruzifix da. Seht es euch einmal genauer an: Das ist die Demonstration des vergossenen Blutes.

Die Initiative ist also vom Vater ausgegangen. Doch der Sohn hat sie mit Begeisterung aufgegriffen. Ja, er hat sich so sehr damit identifiziert, daß aus anderen Paulusstellen beinahe hervorzugehen scheint, als ob die Initiative überhaupt beim Sohn läge.

„Darum spricht Christus bei seinem Eintritt in die Welt (zu seinem Vater): Schlacht- und Speiseopfer hast du nicht gefordert": Ich opfere dir täglich im Tempel zwei Kälber, zwei Lämmer und noch vieles andere, aber ich sehe, du findest keinen Gefallen daran. Ist dir das nicht genug? „Da sagte ich: Ja, ich komme... um deinen Willen, Gott, zu tun." Das sind seine ersten Worte beim Eintritt in diese Welt. Er ist gern zu uns gekommen, ganz im Einklang mit dem Willen des Vaters (vgl. Hebr 10,5–7).

Noch deutlicher ist es im Philipperbrief ausgedrückt: „Er (Jesus Christus) war Gott gleich, hielt aber nicht daran fest, wie Gott zu sein, sondern er entäußerte sich und wurde wie ein Sklave und den Menschen gleich." Er war also dort oben im Himmel, war wesensgleich mit Gott, aber er hielt diesen Zustand nicht „wie ein Beutestück" fest, er verteidigte seine Wesensgleichheit mit Gott keineswegs mit Zähnen und Klauen. Oder anders gesagt: Sohn Gottes zu sein war ihm nicht genug. Und so war er bereit, sich gewissermaßen seiner göttlichen Fülle zu entledigen, ein Nichts zu werden wie ein Sklave und das Leben eines gewöhnlichen Menschen zu führen. Ja noch mehr: Er „war gehorsam bis zum Tod, bis zum Tod am Kreuz" (vgl. Phil 2, 5–8). Nun, dasselbe will auch unser Gleichnis zum Ausdruck bringen, wenn es dort heißt: Descendit... Er stieg ab und ging zu ihm hin...

Dann goß er Öl und Wein auf seine Wunden und verband sie: Jesus Christus hat die Menschheit erlöst. Der von den Räubern überfallene und so übel zugerichtete Mann im Gleichnis sind wir Menschen. Jesus hat Öl und Wein auf unsere Wunden gegossen und sie verbunden. So hat er uns erlöst.

Ich weiß nicht, ob ich dem Text Gewalt antue, wenn ich ihn so wie Origenes nicht im wörtlichen Sinn, sondern auf allegorische Weise interpretiere: Im Öl erblicke ich die *Taten* Jesu, sein lebendiges Beispiel, und im Wein seine *Worte*, seine Lehre. Das öffentliche Wirken Jesu bestand ja darin, daß er ein *beispielhaftes* Leben führte und die Menschen *lehrte*, es ihm gleichzutun.

Beginnen wir mit seinem *Beispiel:* Jesus hat vieles getan, damit wir von ihm lernen sollten. Vor allem war er immer gütig und voll Demut. Wir sollten uns daran ein Beispiel nehmen. „Lernt von mir, denn ich bin gütig und von Herzen demütig" (Mt 11,29). Sprechen wir nun über diese beiden Tugenden.

Die Güte

Schon vor seiner Ankunft hat der Prophet Jesaja von ihm gesagt: „Das geknickte Rohr zerbricht er nicht, und den glimmenden Docht löscht er nicht aus" (Jes 42,3). Er wird gütig sein auch zu jenen, die es eigentlich nicht verdienen, und er wird ihnen mit viel Nachsicht begegnen. Sie sind der glimmende Docht, den er nicht auslöscht. „Er schreit nicht und lärmt nicht und läßt seine Stimme nicht auf der Straße erschallen" (Jes 42,2). Selbst im Tonfall seiner Stimme zeigt er noch seine Güte.

Das 53. Kapitel bei Jesaja über den Gottesknecht liefert eine wunderbare Beschreibung. Dort heißt es an einer Stelle: „Wie ein Lamm, das man zum Schlachten führt, und wie ein Schaf angesichts seiner Scherer, so tat auch er seinen Mund nicht auf" (Jes 53,7). Und Johannes der Täufer sagte, als er ihn der Volksmenge vorstellte: „Seht, das Lamm Gottes!" Ein Symbol der Sanftmut und Güte.

Diese Güte zeigt sich besonders in seinen Taten. Die Apostel haben einmal von ihm verlangt: Laß Feuer vom Himmel fallen auf dieses Dorf, das uns nicht aufgenommen und nicht auf uns gehört hat! Doch Jesus wies sie zurecht: Ihr versteht nichts, ihr wißt nicht, von welchem Geist ihr euch leiten laßt. Man muß immer voll Mitleid und Erbarmen sein, meine Freunde! Jakobus und Johannes gab er den Beinamen „Boanerges", das heißt Donnersöhne (Mk 3,17). Blitz und Donner sind nicht meine Art!

Seine Güte wird vor allem während seines Leidens sichtbar. Der heilige Petrus sagt: „Er litt, drohte aber nicht" (1 Petr 2,23). Im Garten Getsemani sagt er zum Verräter: „Judas, mit einem Kuß verrätst du den Menschensohn?" (Lk 22,48). Und vor dem Hohenpriester Hannas: „Wenn es nicht recht war, was ich gesagt habe, dann weise es nach; wenn es aber recht war, warum schlägst du mich?" (Joh 18,23). Und auch vor Pilatus bewahrt er noch immer absolute Ruhe. Er hätte sich verteidigen können, doch er hat geschwiegen und kein Wort zu seiner Verteidigung vorgebracht, weil er es nicht für opportun gehalten hat. Pilatus war darüber höchst erstaunt. Er war ja nicht dumm; er hat sehr wohl verstanden und wird sich gesagt haben: Er könnte sich doch gegen diese Vorwürfe verteidigen. Was hat er nur, warum wehrt er sich nicht? Er ist immer so ruhig und so gütig.

Schließlich am Kreuz: „Vater, vergib ihnen, denn sie wissen nicht, was sie tun" (Lk 23,34). Ich wäre gern dabei gewesen, um den Tonfall seiner Stimme zu hören, als er dies sagte.

Noch zwei Bemerkungen über seine Güte will ich mir gestatten. Erstens: Es war nicht nur eine innere Herzensgüte, sondern seine Güte äußerte sich auch in seinem ganzen Verhalten und in seinen Worten. Er war immer freundlich, höflich und liebenswürdig. Leider weiß ich die Stelle nicht genau, aber bei der Geschichte, wo Jesus zu Petrus in das Boot stieg und sagte: Fahr hinaus auf den See!, steht meines Wissens im griechischen Text ein Ausdruck, den man etwa so übersetzen müßte: Darf ich bitte dein Boot benützen? Er war also von ausgesuchter Höflichkeit. Die Menschen, die mit ihm sprachen, fühlten sich immer irgendwie befreit. Er machte ihnen

Mut. Er wußte, daß wir jemanden brauchen, der uns ermutigt. Oft hat er den Menschen Mut gemacht: „Mein Sohn, deine Sünden sind dir vergeben."

Er hat sich schützend vor die Sünderin gestellt und sie gegenüber Simon, dem Pharisäer, der schlecht über sie dachte, verteidigt: „Als ich in dein Haus kam, hast du mir kein Wasser zum Waschen der Füße gegeben; sie aber hat ihre Tränen über meinen Füßen vergossen" (Lk 7,44). Und man sollte von dieser Frau reden, solange die Welt besteht. Auch die Ehebrecherin hat er in Schutz genommen: Er „schrieb mit dem Finger auf die Erde". Dann richtete er sich auf und sagte zu ihr: „Hat dich keiner verurteilt? Sie antwortete: Keiner, Herr! Da sagte Jesus zu ihr: Auch ich verurteile dich nicht" (vgl. Joh 8,1–11). Es genügt mir, wenn du von jetzt an nicht mehr sündigst. Er wollte nicht wüten und verdammen.

Und wie steht es mit dem Lob? Ja, er konnte auch lobende Worte finden. Zwar predigte er immer die Demut, aber er wußte auch, daß wir in manchen Situationen ein wenig Lob nötig haben. „Einen solchen Glauben habe ich in Israel nicht gefunden." – „Ist denn keiner umgekehrt, um Gott zu ehren, außer diesem Fremden?" Von zehn Aussätzigen, die geheilt wurden, ist nur ein einziger, dazu noch ein Fremder, zurückgekommen, um ihm zu danken. Und dafür hat er ihn gelobt. Er hat gespürt, daß der Mensch Anerkennung braucht. Kurz und gut, der Herr ist auch nach außen hin sehr freundlich und zuvorkommend.

Selbst im Streitgespräch mit seinen Gegnern bleibt er immer höflich. Es gibt mehrere Stellen im Evangelium, die das bezeugen. Ich kann sie hier nicht alle zitieren, denn das würde zu weit führen. Ich beschränke mich auf das Streitgespräch mit den Juden beim Tempelweihfest in Jerusalem kurz vor dem Beginn seines Leidens: Jesus ging im Tempel in der Halle Salomos auf und ab. Da umringten ihn die Juden und fragten ihn: Wie lange noch willst du uns hinhalten? Warum wartest du so lange zu, bis wir die Geduld verlieren? Wenn du der Messias bist, sag es uns offen! Jesus antwortete ihnen: „Ich habe es euch gesagt, aber ihr glaubt nicht." Oft und oft habe ich es wiederholt, aber ihr wolltet mir keinen Glauben schenken. Warum nicht? Dann legt er ihnen ganz ruhig seinen

Gedankengang vor uns schließt mit den Worten: „Ich und der Vater sind eins. Da hoben die Juden wiederum Steine auf, um ihn zu steinigen." In drohender Haltung stehen sie vor ihm, mit den Steinen in der Hand! Er aber hielt ihnen in aller Ruhe entgegen: „Viele gute Werke habe ich ... vor euren Augen getan. Für welches dieser Werke wollt ihr mich steinigen?" Entschuldigt vielmals, aber was wollt ihr mit den Steinen da? Was habe ich euch getan? Ich habe euch doch nur Gutes getan. Warum also ... ?

„Die Juden antworteten ihm: Wir steinigen dich nicht wegen eines guten Werkes, sondern wegen Gotteslästerung; denn du bist nur ein Mensch und machst dich selbst zu Gott." Sie standen noch da, mit den Steinen in der Hand. Doch Jesus hat keine Angst vor ihren Steinen, er bleibt überaus höflich und freundlich und versucht, ihnen neuerlich in aller Ruhe und Eindringlichkeit zu erklären, daß er keine Gotteslästerung ausgestoßen hat: „Wenn ich nicht die Werke meines Vaters vollbringe, dann glaubt mir nicht. Aber wenn ich sie vollbringe, dann glaubt wenigstens den Werken, wenn ihr mir nicht glaubt. Dann werdet ihr erkennen und einsehen, daß in mir der Vater ist und ich im Vater bin." Ganz ruhig trägt er seine Argumentation vor, obwohl man auf der anderen Seite Steine für ihn bereithält. Dann verschwand er, er entzog sich dem Zugriff der wütenden Menge durch ein Wunder, sonst hätte man ihn gesteinigt (vgl. Joh 10,22–39). Aber er hat nicht drauflos gewettert, er ist nicht einmal laut geworden. Ein Beispiel vornehmer Zurückhaltung. Dante nennt ihn einen „König der Höflichkeit", und jemand anderer, ich weiß nicht mehr, wer es war, hat ihn als den „ersten Gentleman der Geschichte" bezeichnet.

Zweitens ist zur Güte Jesu noch zu bemerken: Sie ist keineswegs ein Zeichen von Schwäche, sondern immer verbunden mit der notwendigen Stärke und Festigkeit: ein Lamm, das aber manchmal zum Löwen werden kann.

Der heilige Johannes schreibt in seiner Offenbarung, daß er geweint habe, als das versiegelte Buch geöffnet werden sollte, denn es war niemand da, der dieses geheimnisvolle Buch öffnen und die sieben Siegel lösen konnte. Da sagte einer von den vierundzwanzig Ältesten zu ihm: „Weine nicht! Gesiegt hat der Löwe aus dem Stamm Juda, der Sproß aus der Wurzel Davids" (nämlich das Lamm). Und das Lamm trat heran und öffnete das Siegel, das erste, das vierte, das fünfte... Als es zum sechsten Siegel kam, ereignete sich ein wahrhaft apokalyptisches Schauspiel, eine grandiose und schreckliche Szenerie: „Da entstand ein gewaltiges Beben. Die Sonne wurde schwarz wie ein Trauergewand, und der ganze Mond wurde wie Blut. Die Sterne des Himmels fielen herab auf die Erde." Das geschah oben am Himmel. Unten auf der Erde spielte sich eine andere Szene ab: „Und die Könige der Erde, die Großen und die Heerführer, die Reichen und die Mächtigen, alle Sklaven und alle Freien verbargen sich in den Höhlen und Felsen der Berge. Sie sagten zu den Bergen und Felsen: Fallt auf uns und verbergt uns vor dem Blick dessen, der auf dem Thron sitzt, und vor dem Zorn des Lammes" (vgl. Offb 6,12–16). Auch für das Lamm ist der große Tag des Zorns und der Gerechtigkeit angebrochen.

Auch im Evangelium ist Jesus wie ein Lamm, wenn es um ihn selbst geht. Wenn es sich aber um die Sache des Vaters handelt, um das Heil der Seelen, bekommen seine Augen einen strengen Blick. Bei Markus heißt es: „Voll Zorn blickte er sie der Reihe nach an..." – Er konnte also auch zornig werden. Die Pharisäer mußten den Blick zu Boden senken vor seinem gestrengen Auge, und die Tempelhändler sind vor seiner geißelschwingenden Hand zurückgewichen. Und dann: Wehe euch... ihr übertünchten Gräber, ihr Natternbrut! Und auch Herodes mußte sich von ihm sagen lassen: dieser Fuchs. Selbst für den heiligen Petrus hatte er ein nettes Kompliment bereit: Geh mir aus den Augen, du Satan! Du willst mich zu Fall bringen.

Das also lehrt uns der Herr: Wir sollen gütig sein, sollen ein gutes und mitleidiges Herz haben und bereit sein, auch einmal ein Lob auszusprechen, das Positive an unseren Nächsten zu sehen und sie in Schutz zu nehmen. Ein Priester muß unbedingt gütig sein: Die Leute schätzen es sehr, wenn wir gütig sind, wenn wir höflich und liebenswürdig sind in unserem Benehmen. Das sind zwar alles nur Kleinigkeiten, aber manchmal hängt der Erfolg oder Mißerfolg unserer Tätigkeit gerade von diesen kleinen Dingen ab.

In zahlreichen katholischen Privatschulen der Vereinigten Staaten hat man unter den Schülern eine Umfrage gestartet. Die Frage lautete: Welche Eigenschaft beeindruckt euch bei euren Lehrern am meisten? Ich kann mich jetzt nicht mehr genau an die Ziffern und Prozentsätze der einzelnen Antworten erinnern, aber ich weiß noch genau, daß einige geantwortet haben: Am meisten beeindruckt mich ihre umfassende Bildung. Andere meinten: ihre Fähigkeit, eine schwierige Sache zu erklären, die Klarheit ihrer Gedankenführung, ihre Beredsamkeit. Aber 70 Prozent haben geantwortet: Mich beeindruckt die Freundlichkeit meines Lehrers am meisten. Er ist gut und gerecht, auch streng, aber immer und in jedem Fall freundlich und liebenswürdig. Dasselbe sollte man auch von den Pfarrern sagen können. Das scheint vielleicht etwas Nebensächliches zu sein, aber in Wirklichkeit ist es von größter Bedeutung.

Die Freundlichkeit nach außen darf natürlich nicht Heuchelei sein, sondern muß Ausdruck einer inneren Haltung sein: Freundlichkeit des Herzens, die nach außen drängt. Sie darf auch nicht übertrieben werden, es soll kein affektiertes Getue sein. Nein, heute ist nicht die Zeit lächerlicher und übertriebener Ausdrucksweisen. Nennen wir die Dinge lieber beim Namen, mit einer gewissen freimütigen Offenheit. Wir brauchen deshalb noch lange nicht häßlich und gemein zu sein und schon gar nicht scheinheilig. So ein salbungsvolles Getue widert einen an, besonders bei einem Priester, der sich auch in seiner Freundlichkeit immer einen gewissen Ernst und eine gewisse Würde bewahren muß.

Der Dichter Manzoni beschreibt einmal sehr treffend die Gäste bei zwei festlichen Gelagen. Das eine fand im Haus von Don Rodrigo statt, das andere bei seinem Onkel, dem Fürsten. Im Hause von Don Rodrigo saßen unter den Geladenen auch zwei seltsame Gäste, von denen nur berichtet wird, daß sie nichts anderes taten als zu essen, mit dem Kopf zu nicken, zu lächeln und allem zuzustimmen, was da am Tisch geredet wurde. Das heißt doch, sich selbst völlig abwerten; ich würde es nicht gerne sehen, wenn ein Priester sich so verhielte. So nachgiebig sein, daß man die eigene Persönlichkeit dabei aufgibt, und immer allen recht geben... was soll das?

Im Hause des Fürsten waren auch einige Leute zum Festmahl geladen, die aufgrund einer Erbschaftsangelegenheit mit dem Haus verbunden und dem Hausherrn lebenslang verpflichtet waren. Die nun haben von der Suppe bis zum Nachtisch immer nur ja gesagt, mit dem Mund, mit den Augen, mit den Ohren, mit dem Kopf, mit dem ganzen Körper, mit der ganzen Seele, und sich wie Menschen verhalten, die gar nicht mehr wissen, wie man nein sagt. Das würde mir ebenfalls nicht gefallen. Freundlichkeit, aber nicht Unterwürfigkeit und Heuchelei. Schon gar nicht bei einem Priester! Der Priester ist ja das Haupt seiner Gemeinde, eine Führerpersönlichkeit, die sich niemals bis zur Unterwürfigkeit erniedrigen darf. Das ist sicher nicht immer leicht, denn manchmal könnte eine günstige Gelegenheit uns ein Verhalten nahelegen, das sich für uns nicht ziemt. Die Devise lautet: Freundlich und höflich sein zu allen, aber vor niemandem kriechen!

Um Liebenswürdigkeit, hat Pascal einmal gesagt, muß man sich ständig bemühen. Man muß sich darin üben, man muß sich anstrengen und auch auf ganz nebensächliche Dinge achten. In der „Katholischen Enzyklopädie" findet man unter dem Stichwort „Kamm" sogar das Foto eines „liturgischen Kamms". Früher einmal gehörte zu den Dingen, die in jeder Sakristei vorhanden zu sein hatten, auch ein solcher Kamm. Bevor der Zelebrant zur heiligen Messe oder zu einer anderen liturgischen Handlung hinausging, warf er einen kurzen Blick auf seine Frisur, denn es ist kein würdiger Anblick, wenn der Priester mit ungekämmten Haaren herumläuft. Auch das gehört zur Höflichkeit, wie überhaupt das ganze Äußere, der Blick, das ganze Verhalten, und auch die Stimme.

Vielfach haben wir eine ungeschulte, viel zu rauhe Stimme. Man bekommt geradezu Angst, wenn man sie hört. Das ist nicht immer unsere Schuld, aber man könnte es ändern; man müßte vor allem an der Aussprache feilen. Die Sprecher in Rundfunk und Fernsehen werden jahrelang geschult und müssen sich zahlreichen Probeauftritten und Prüfungen unterziehen. Das Resultat ist, daß sie im allgemeinen sehr gut sprechen können. Sie nehmen das alles auf sich, um dann später Dinge zu sagen, die meist keine besondere Bedeutung haben. Wir aber, die wir die Geheimnisse Gottes zu verkünden haben, scheren uns um nichts, weder um unsere Stimme noch um die Aussprache.

Manche haben eine Stimme mit „zuwenig Watte". Wißt ihr, was ich damit sagen will? Ich erkläre es euch. Irgendein armer Teufel ist zum Tod am Galgen verurteilt worden. Als der Henker kam, sagte der Verurteilte zu ihm: Ich habe Angst vor diesem Strick da, ich habe solche Angst! Ich bitte dich, geh sehr behutsam vor und zieh nur ganz langsam und vorsichtig. Gut, sagte der Henker, wird gemacht: Ich lege dir ein wenig Watte um den Hals, damit der Strick weniger weh tut. Und er legte ein großes Stück Watte zwischen seinen Hals und den Strick; dann begann er zu ziehen. Aber es tat trotzdem weh ... Der Gehenkte begann zu jammern: Zuwenig Watte, zuwenig Watte, viel zuwenig Watte! Doch seine Kehle war schon ganz zusammengeschnürt, seine Stimme wurde immer schwächer und schwächer, bis sie schließlich ganz verstummte. So ist das Sprichwort entstanden: „Er hat eine Stimme mit zuwenig Watte." Damit ist also einer gemeint, den man nur mit großer Mühe verstehen kann, wenn er spricht. Er sagt vielleicht sogar schöne und wichtige Dinge, aber in der Kirche versteht man nichts davon.

Man muß die einzelnen Silben deutlich aussprechen, vor allem den letzten Vokal, sonst klingen die Worte wie verschluckt. Es ist eine Katastrophe in manchen Kirchen ...

Ihr werdet nun denken: Da kommt der Bischof, um uns Exerzitien zu halten, und dann befaßt er sich mit solchen Kleinigkeiten. Nun ja, manchmal kann die Wirksamkeit einer Predigt oder eines Vortrags sogar von der Art und Weise abhängen, wie man spricht. Diese Dinge darf man also nicht außer acht lassen.

Doch kehren wir zur Güte zurück, die bei uns immer verbunden sein muß mit Stärke und Festigkeit, denn sonst könnte sie auch in Kleinmut, Feigheit und Resignation enden. Keine übertriebene Nachgiebigkeit und keine unsinnigen Zugeständnisse – das wäre nur zum Schaden der Menschen und auch für den Priester und sein Ansehen nicht gerade förderlich.

Jesus war auch demütig: „Ich bin nicht auf meine Ehre bedacht" (Joh 8,50). „Meine Ehre empfange ich nicht von Menschen" (Joh 5,41). Das sind seine Worte – genau das Gegenteil von dem, was ich tun würde. Ich würde eher sagen: Ja, Herr, ich bin darauf bedacht, ich will Ehre von den Menschen empfangen. Wenn die Leute sich nur wenig für mich interessieren, dann leide ich darunter. Meine Vorgesetzten haben mich auf einen Posten gesetzt, mir ein Amt anvertraut, aber leider nur ein zweitrangiges. Ganz ehrlich, ich glaube, daß ich ohne weiteres auch einen höheren Posten bekleiden könnte. Überdies überkommt mich manchmal eine Versuchung, und ich überlege mir: Ach so, diesen wichtigen und bedeutsamen Posten will man mir also nicht geben. Aber diesen miesen Job soll ich übernehmen. Nein, danke, darauf kann ich verzichten. Dann ziehe ich mich lieber gleich ganz zurück. Für mich gilt das Sprichwort: Der Adler fängt keine Fliegen. Ich bin ein Adler, und das, was man mir da anbietet, sind nichts als Fliegen.

Jesus hätte nicht so gedacht: Er hat auch die Fliegen angenommen und sich gefügt. Ich bin nicht gekommen, um mich bedienen zu lassen, sondern um zu dienen. Beim Letzten Abendmahl hat er sein Obergewand abgelegt, sich eine Schürze umgebunden, eine Schüssel und ein Handtuch genommen und den Aposteln die Füße gewaschen. Damit ihr daraus lernt! Das Amt in der Kirche ist immer ein Dienst, auch wenn es wie eine Führungsposition aussieht; es bedeutet Leitungsgewalt im Geist des Dienens. Damit ihr daraus lernt! Er war immer demütig, vor allem zu Beginn seines Lebens. Er war der einzige, der sich seine Mutter selbst aussuchen konnte, und er wählte sich eine niedrige Magd. Dreißig Jahre lang demütige Unterordnung und Gehorsam. In seinem Heimatdorf wußte man nicht, wer er wirklich war; man sagte: der Sohn des Zimmermanns.

Doch dann kam seine Stunde. Er begann durch das Land zu ziehen und zu predigen. Und was er zu sagen hatte, erregte Aufmerksamkeit. Die Leute hörten ihm mit offenem Mund zu. Der heilige Johannes berichtet uns: Die Pharisäer und Hohenpriester schickten Gerichtsdiener aus, um Jesus festnehmen zu lassen, der im Tempel eine große Volksmenge um sich versammelt hatte und ihnen seine Lehre verkündete. Geht, nehmt ihn fest und bringt ihn hierher! Nach einer halben Stunde kommen die Gerichtsdiener mit leeren Händen zurück. Wie? Ihr habt ihn nicht verhaftet? Warum nicht? „Noch nie hat ein Mensch so gesprochen" (Joh 7,46). Wie kann man einen verhaften, der so spricht? Und er spricht von allen möglichen Dingen... Er begann mit seinen Gegnern auch ein Streitgespräch, wenn es notwendig war, und das Volk ergötzte sich daran: „Durch diese Worte wurden alle seine Gegner beschämt; das ganze Volk aber freute sich über all die großen Taten, die er vollbrachte" (Lk 13,17). Sie wurden rot vor Scham und Wut, und das Volk sagte: Bravo! Da hat er es ihnen wieder einmal richtig hineingesagt!

Und dann gab es noch die *Wunder:* kraftvolle Zeichen, außergewöhnliche Dinge. Groß war das Erstaunen allerseits, und man überhäufte ihn mit Lob und Ehre. Und wie zog er sich aus der Affäre? Was sagte er? Was erhoffte er sich aufgrund dieser Erfolge? Hört, was er zum Aussätzigen sagte, den er geheilt hatte: Du bist jetzt geheilt worden, aber erzähle niemandem etwas davon! Und zu den beiden Blinden: Nehmt euch in acht! Niemand darf es erfahren! Und als er die Tochter des Jairus auferweckte, verbot er den Leuten, irgend jemandem davon zu erzählen. Er haute nicht groß auf die Pauke, nein, ganz im Gegenteil. Das ist für uns eine große Lehre, denn wir wären geneigt, genau das Gegenteil zu tun. Wir Menschen sind nun einmal so, ohne Ausnahme.

Der heilige Augustinus sagt, wenn er über unseren Stolz, über unsere Neigungen usw. spricht, daß wir immer versuchen, uns ins rechte Licht zu rücken, unsere Leistungen genau und möglichst vollständig aufzuzählen; ganze Bücher würden wir am liebsten damit füllen. Was können wir darauf sagen? Wir müssen lernen, müssen versuchen, Abhilfe zu schaffen und alle Äußerungen des Stolzes, die sehr vielfältig sein können, zu vermeiden.

Ein Beispiel: Wenn einer eine bestimmte Behauptung aufstellt, dann verspüre ich manchmal aus reinem Widerspruchsgeist eine unwiderstehliche Lust, ihm zu widersprechen. Wir geraten in ein Streitgespräch, wobei ich gar nicht auf das höre, was der andere sagt; denn während er spricht, denke ich schon daran, was ich sagen muß, um ihn bloßzustellen, denn ich bin ja viel gescheiter. Um die Wahrheit kümmere ich mich dabei überhaupt nicht.

Da gab es eine kleine Brücke, einen Steg, der so eng und schmal war, daß man ihn nur einzeln hintereinander betreten konnte. Eines Tages trieb man einen Maulesel über diesen schmalen Steg, aber mitten auf der Brücke blieb er stehen. Man schlug ihn auf das Hinterteil – umsonst, er ging keinen Schritt weiter. Man schlug ihn noch mehr, aber er blieb wie angewurzelt stehen. Niemand konnte die Brücke passieren, denn der Esel stand genau in der Mitte und blockierte alles. Nach vorn wollte er nicht, zurück auch nicht. Da kam einer daher und sagte: Laßt mich einmal machen! Alle anderen hatten schon versucht, den Esel vorwärts zu treiben, mit Fußtritten, mit Schlägen, mit Stößen. Er packte ihn hinten am Schwanz und begann mit ganzer Kraft zu ziehen. Als der Esel merkte, daß man ihn nach rückwärts ziehen wollte, setzte er sich wieder in Bewegung und überquerte die Brücke. Wenn wir haben wollen, daß jemand ja sagt, müssen wir oft einen Trick anwenden und selber nein sagen. Wir sagen einfach das Gegenteil von dem, was wir für richtig halten, und dann wird uns der andere, weil er uns ja widersprechen will, recht geben. Wer immer alles besser wissen will, hat einen schlechten Charakter. Vor allem Priester sollten sich davor hüten.

Eine andere schlechte Gewohnheit ist die Halsstarrigkeit. Wenn einer einmal etwas gesagt hat, wenn er den Nagel einmal eingeschlagen hat, dann will er ihn noch tiefer einschlagen, und wenn er mit dem Kopf durch die Wand muß. Sein Motto lautet: Nie vom eigenen Standpunkt abrücken, auf keinen Fall!

Ein spanischer Ordensmann, ein Wissenschaftler, hatte einmal Berechnungen angestellt über eine künftige Mondfinsternis. Er hatte sie auf die Stunde, auf die Minute, ja auf die Sekunde genau vorausgesagt. Doch nichts, sie trat erst zwei Stunden später ein. Siehst du, deine Berechnung war falsch! O nein, ich habe mich nicht geirrt, der Mond hat sich geirrt. Er selber kann doch keinen Fehler machen.

Eine weitere schlechte Eigenschaft ist die übertriebene Kritiksucht an allem und jedem. Manche sind nie zufrieden, weder mit ihren Vorgesetzten noch mit ihren Untergebenen, auch nicht mit ihren Mitbrüdern. Sie finden immer alles falsch, nichts paßt ihnen. Man kennt zwar die näheren Umstände nicht, weiß nicht um das ganze Drumherum, man ist eben ein Außenstehender; und trotzdem redet man überall mit. Wie kann man sich nur so verhalten? Es ist doch nicht möglich, daß nur wir allein für alles kompetent sind. Dieser Kritikaster, der überall etwas auszusetzen hat! Ein schwer verdaulicher Brokken für die, die ihn ertragen müssen!

Und dann noch der Dogmatismus: Ich aber sage euch ... Ich habe gesprochen, da ist nichts mehr zu machen. Ich weiß es. Ich weiß alles. Macht euch keine Sorgen, ich kenn' mich ja aus. Es ist geradezu Überheblichkeit. Alles hat *er* gemacht. Er kennt sich bei allem aus. Wer weiß, was er nicht schon alles gemacht, erfunden hat und was er in einem bestimmten Fall tun würde. Was der Ehrgeiz doch manchmal anrichtet! Seien wir auf der Hut, daß wir ihm nicht nachgeben, daß wir uns nicht in ihn verlieben, daß wir ihn nicht wild in uns wachsen lassen.

Sogar die Resignation kann noch eine Manifestation des Stolzes sein. Warum bist du so verzagt? Bruchlandungen bauen wir alle. Mißerfolge haben wir alle. Darüber brauchst du dich nicht zu wundern! Fang einfach wieder von vorne an! Der heilige Franz von Sales sagt: Der Bischof, der Priester – sie müssen wie eine Mutter sein, die ihren kleinen Kindern Milch gibt. Manchmal muß sie ihnen die Brust auch dann noch geben, wenn sie schon die ersten Zähne haben und beißen. Du kannst doch nicht verlangen, daß man dich zum Pfarrer oder zum Bischof macht, und alle sich dann auf dem Kirchplatz versammeln, um dir zu applaudieren. Unmöglich, das gelingt keinem. Also finde dich damit ab und verlier nicht den Mut! Die Resignation ist ein Zeichen von Stolz. Der heilige Paulus (1 Kor 4,7) sagt: „Was hast du, das du nicht empfangen hättest? Wenn du es aber empfangen hast, warum rühmst du dich, als hättest du es nicht empfangen?" Und als wäre es deine eigene Leistung?

Ich schließe mit einem Zitat des heiligen Augustinus, das

mir sehr gefällt, weil es so tiefsinnig ist und einen guten Psychologen erkennen läßt. Er sagt: O tu, qui dicis non multa commisisse: Ich höre schon, wie du sagst, du seist schließlich ein anständiger Mensch und hättest nicht wer weiß was angestellt. – Sed quo regente? Wem hast du das zu verdanken? – Hoc tibi dicit Deus tuus: Höre ein wenig auf das, was Gott zu dir sagt. – Regebam te mihi, servabam te mihi: Ich war es, der dich geführt hat, der dich davor bewahrt hat. – Ut adulterium non committeres, suasor defuit; ut suasor deesset, ego feci: Du hast keinen Ehebruch begangen, weil sich nie die Gelegenheit dazu geboten hat. Und wer hat verhindert, daß eine Frau in dein Leben trat, die dich gereizt hätte? Ich bin es gewesen. – Tempus et locus defuit: Doch vielleicht gab es eine solche Frau, doch dann war der Zeitpunkt ungünstig, oder es gab keinen passenden Ort, um sich intim zurückzuziehen. – Ut haec deessent, ego feci: Auch das geht auf mein Konto, daß all dies nicht zur Verfügung stand. – Adfuit suasor, non defuit locus, non defuit tempus: ut non consentires ego terrui: Alles war da, die Frau, ein geeigneter Ort, auch eine günstige Zeit, aber da hattest du plötzlich Angst und hast nein gesagt: Ich bin es gewesen, der dir diese Angst ins Herz gelegt hat. – Agnosce ergo gratiam eius cui debes quod non commisisti ... Du mußt also eingestehen, daß du es der Gnade Gottes verdankst, wenn du diese und jene Sünden nicht begangen hast.

Auch über ein anderes Wort des heiligen Augustinus lohnt es sich, näher nachzudenken: Es gibt keine einzige Sünde eines Menschen, die ein anderer Mensch nicht begehen könnte, wenn die Hilfe dessen ausbleibt, der den Menschen erschaffen hat.

Haben wir gesündigt? Dann sollen wir demütig werden und im übrigen ruhig schlafen! Haben wir nicht gesündigt? Dann sollen wir ebenfalls demütig werden und außerdem lernen, die anderen zu bedauern, denn es könnte ja auch uns passieren. Die Demut ist eine unersetzliche Basis für das geistliche Leben.

Denkt einmal über diese beiden Tugenden nach: die *Güte* und die *Demut*. Gütig und demütig wie er. Bitten wir den Herrn, daß er uns hilft, an uns zu arbeiten, um so zu werden, wie er es haben will.

IX
Die Keuschheit

Neben der Güte und der Demut gibt uns Jesus Christus auch ein Beispiel vollkommener Keuschheit. Jesus hat auf diese Tugend allerhöchsten Wert gelegt. Aus Liebe zur Keuschheit hat er jenes Wunder vollbracht, das sich in der Folge nie mehr wiederholt hat: Er wollte eine Jungfrau als Mutter. In der *Dogmatischen Konstitution über die Kirche* haben wir Konzilsväter im marianischen Schlußkapitel geschrieben, Jesus Christus habe bei der Geburt die jungfräuliche Unversehrtheit der Gottesmutter nicht gemindert, sondern geheiligt. Ein Satz aus der Liturgie, aber wir wollten ihn auch in das Konzilsdokument aufnehmen.

Jesus hat seine Wertschätzung für diese Tugend auch durch die Auswahl der Personen zum Ausdruck gebracht, die seine nächste Umgebung bildeten: der heilige Josef, der keusche Mann seiner Mutter Maria; sein Vorläufer Johannes der Täufer, der enthauptet wurde, weil er für die eheliche Keuschheit eingetreten ist; der Evangelist Johannes, der sein Lieblingsjünger war wegen seiner Jungfräulichkeit.

Jesus war weniger darum bemüht, seine Keuschheit zu wahren; das hatte er bei Gott nicht nötig, aber sein guter Ruf auf diesem Gebiet lag ihm sehr am Herzen. Er war „einer, der heilig ist, unschuldig, makellos, abgesondert von den Sündern und erhöht über die Himmel" (Hebr 7,26), und als solcher wollte er auch angesehen werden.

Ihr wißt, daß man ihn alles Möglichen beschuldigt hat: Du bist ein Samariter, du hast einen bösen Geist, du bist ein Aufwiegler, der das Volk aufhetzt und dazu aufruft, dem Kaiser keine Steuern zu zahlen! Und noch viele andere Anklagen wurden gegen ihn vorgebracht. Was aber seine

Keuschheit betrifft, so geht aus dem Evangelium hervor, daß man daran nicht den geringsten Zweifel hatte und man ihm in dieser Hinsicht offenbar nicht den geringsten Vorwurf machen konnte.

Ihr müßt bedenken, daß dies alles nichts Außergewöhnliches wäre, wenn es um eine Person ginge, die in der Wüste oder in einer Einsiedelei gelebt hätte. Bei Johannes dem Täufer zum Beispiel würde es mich nicht wundern. Aber Jesus lebte in den Jahren seines apostolischen Wirkens ständig mitten unter Frauen. Der heilige Lukas berichtet uns: Es begleiteten ihn auch „einige Frauen, die er von bösen Geistern und von Krankheiten geheilt hatte: Maria Magdalena, Johanna, die Frau des Chuzas, eines Beamten des Herodes, Susanna und viele andere. Sie alle unterstützten Jesus und die Jünger mit dem, was sie besaßen" (Lk 8,2–3). Diese Frauen folgten ihm und dienten ihm und seinen Aposteln. Aber nicht nur das: Er hat sogar zugelassen, daß der heilige Johannes in seinem Evangelium folgendes schrieb: „Denn Jesus liebte Marta, ihre Schwester und Lazarus" (Joh 11,5). Trotzdem – ich wiederhole es – hat er nie auch nur den leisesten Verdacht auf sich gezogen.

Wie konnte das sein? Ich weiß nicht recht, was ich da antworten soll. Eines von beiden: Entweder hat er ein Wunder gewirkt, damit niemandem auch nur ein Gedanke in dieser Richtung kommt, so sehr lag ihm sein guter Ruf am Herzen; oder sein Verhalten war so über jeden Verdacht erhaben, daß niemand irgendwie schlecht von ihm denken konnte.

Jesus hat die vollkommene Keuschheit auch seinen Aposteln ans Herz gelegt. Am Beginn des 19. Kapitels im Matthäusevangelium wird von einem Gespräch Jesu über Ehe und Ehescheidung berichtet: jene berühmten Stellen, die ihr alle aus der Moraltheologie kennt. Nachdem sie seine Worte über die Ehescheidung gehört hatten, sagten die Apostel zu ihm: „Wenn das die Stellung des Mannes in der Ehe ist, dann ist es nicht gut zu heiraten." Der Herr hat dem nicht widersprochen, er hat nicht gesagt: Doch, doch, *es ist gut;* nein, er ist einfach nicht mehr darauf eingegangen und hat so zugelassen, daß sie denken konnten, wenigstens manchmal sei es wirklich *nicht gut.* Ja, er hat sogar ihre Ansicht bestätigt und gesagt: „Nicht alle können dieses Wort erfassen, sondern nur die, denen es gegeben ist." Er bestätigt somit, daß es zumindest in manchen Fällen nicht gut ist, zu heiraten. Und wenn er sagt: Nicht alle können es erfassen, dann will er damit sagen, daß es tatsächlich manche Schwierigkeiten gibt, daß Opfer notwendig sind. Nur die können es erfassen, denen es gegeben ist: Es ist also ein Privileg, ein Geschenk.

Warum ein Geschenk? Er sagt: Ihr müßt wissen, daß drei Fälle denkbar sind: „Manche sind von Geburt an zur Ehe unfähig, manche sind von den Menschen dazu gemacht, und manche haben sich selbst dazu gemacht – um des Himmelreiches willen" (vgl. Mt 19,3–12).

Betrachten wir diese dritte Art von *Ehelosigkeit*. Offenbar hat sie nicht körperliche Ursachen. Origenes, der sonst immer zur allegorischen Auslegung von Schrifttexten neigt, hat sich dieses eine Mal geirrt, denn er hat sich selbst entmannt, um diese Worte in die Praxis umzusetzen. Er hat sie offensichtlich mißverstanden, und alle haben ihm in diesem Punkt unrecht gegeben.

Auch dabei handelt es sich um eine Unfähigkeit zur Ehe, jawohl, aber um eine Unfähigkeit im Geiste. Es geht um einen, der freiwillig und für sein ganzes Leben das Versprechen der Keuschheit ablegt, und zwar *um des Himmelreiches willen*, nicht aus irgendeinem x-beliebigen Motiv heraus, sondern nur im Hinblick auf das Himmelreich. Jesus sagt: Menschen dieser dritten Kategorie übernehmen die Keuschheit als Lebensform nicht aufgrund eines gewissen Egoismus oder aus anderen materiellen Motiven, sondern um auf dieser Welt weniger Hindernisse zu haben und dadurch sicherer und leichter in den Himmel zu kommen; und auch deswegen, um mehr Freiheit zu haben, den anderen zu helfen, das Himmelreich zu erlangen; um in der Kirche zu helfen und zu arbeiten, wenn man unter dem Himmelreich die Kirche verstehen will; also um eines hohen und edlen Zieles willen, das Jesus nicht nur nicht mißbilligt, sondern sogar ausdrücklich lobt.

Die Lehre Jesu ist nach seinem Willen vom heiligen Paulus im ersten Korintherbrief erklärt und ergänzt worden: „Ich wünschte aber, ihr wäret ohne Sorgen. Der Unverheiratete sorgt sich um die Sache des Herrn; er will dem Herrn gefallen.

Der Verheiratete sorgt sich um die Dinge der Welt; er will seiner Frau gefallen. So ist er geteilt" (1 Kor 7,32–34). In zwei Teile gespalten: ein Stück für Gott und ein Stück für den Ehepartner. Er hat nicht mehr jene Freiheit und Verfügbarkeit, die notwendig sind, um sich ganz in den Dienst des Herrn zu stellen. Er ist geteilt. „Die unverheiratete Frau aber und die Jungfrau" – fährt Paulus fort – „sorgen sich um die Sache des Herrn, um heilig zu sein an Leib und Geist. Die Verheiratete sorgt sich um die Dinge der Welt; sie will ihrem Mann gefallen" (1 Kor 7,34).

Offensichtlich sagt der heilige Paulus hier ganz eindeutig, daß einer, der aus diesem Grunde keine Ehe eingeht, freier und für Gott verfügbarer ist; er ist nicht mehr geteilt zwischen den Geschöpfen und dem Schöpfer. Er lobt also ein solches Verhalten, obwohl es sich dabei nur um einen Rat handelt: Wer sich dazu imstande fühlt ... aber dann wird es ein großer Gewinn für ihn sein.

Im Hinblick und aufgrund dieser Schriftworte beginnt Pius XII. seine Enzyklika „Sacra Virginitas" mit den Worten: „Die heilige Keuschheit und die vollkommene Jungfräulichkeit gehören sicherlich, wenn sie in den Dienst Gottes gestellt werden, zu den größten Schätzen, die ihr Gründer der Kirche gleichsam als Erbteil hinterlassen hat."

Der heilige Petrus sagt zu Jesus, nachdem er gehört hat, wie die Dinge bezüglich der Ehe und der Ehescheidung stehen, und nachdem Jesus vom Ärgernis gesprochen hat, das den Kleinen gegeben wird: „Du weißt, wir haben alles verlassen und sind dir nachgefolgt. Was werden wir dafür bekommen? Jesus erwiderte ihnen: Amen, ich sage euch: Wenn die Welt neu geschaffen wird und der Menschensohn sich auf den Thron der Herrlichkeit setzt, werdet ihr, die ihr mir nachgefolgt seid, auf zwölf Thronen sitzen und die zwölf Stämme Israels richten. Und jeder, der um meines Namens willen Häuser oder Brüder, Schwestern, Vater, Mutter, Kinder oder Äcker verlassen hat, wird dafür das Hundertfache erhalten und das ewige Leben gewinnen" (Mt 19,27–29).

Jesus sagt also nicht nur: Es ist ein Geschenk, eine Gabe, und es verlangt viel Opfergeist von uns, sondern auch, daß er denjenigen, der eine so gewichtige und schwierige Entscheidung trifft, auch entsprechend belohnen wird. Sein Lohn wird ebenfalls außergewöhnlich sein: nämlich das Hundertfache!

Darüber hinaus gibt es über die Keuschheit Jesu nichts weiteres zu sagen, zumindest nichts, was von wesentlicher Bedeutung und sicher verbürgt wäre. Auch das, was an einer Stelle der Offenbarung des Johannes gesagt wird, muß zurückgewiesen werden: „Sie sind es, die sich nicht mit Weibern befleckt haben; denn sie sind jungfräulich. Sie folgen dem Lamm, wohin es geht" (Offb 14,4). Die allgemein übliche Interpretation geht dahin, daß der Apostel sich hier auf eine Häresie oder auf das Heidentum beziehe. Im Alten Testament finden wir sehr häufig den Brauch, die Treue zu Gott mit der ehelichen Treue zu vergleichen. Es heißt da oft: Er hat geheiratet, aber dann Ehebruch begangen oder sich scheiden lassen. Damit soll zum Ausdruck gebracht werden: Er hat seinen Gott verraten und Götzen angebetet. Auch die oben angeführte Stelle weist ganz in diese Richtung.

Alle anderen Stellen lassen jedoch keinen Zweifel offen, es gibt für sie nur eine einzige mögliche Interpretation. Aus ihnen ergibt sich jedenfalls eine klare und eindeutige Lehre über dieses Thema.

Über das bisher Gesagte will ich nun einige Betrachtungen und Anwendungen für uns selbst anschließen.

Wir müssen die Keuschheit so lieben, wie Christus sie geliebt hat. In seiner Enzyklika über das Priestertum sagt Pius XI.: Die Keuschheit ist das glänzendste Juwel des katholischen Priestertums. Wer die Keuschheit liebt und hochschätzt, kann sich nicht bloß damit zufriedengeben, sich der Sünde zu enthalten. Das ist selbstverständlich notwendig, aber es ist auch wichtig, diese Abkehr von der Sünde gern zu vollziehen. Ich sagte bereits: Es genügt nicht, sich der Sünde gerade noch zu enthalten, man muß sich vielmehr echt von der Sünde lossagen. So ist es auch hier: Es wird die Enthaltung von der Sünde gefordert, aber sie muß aus einer positiven Einstellung heraus erfolgen. Es darf nicht so sein wie bei jenem Leberkranken, der gesagt hat: Da steht die Flasche Schnaps, direkt in meiner Reichweite, nur schade, daß er mir nicht bekommt! Das wäre dasselbe, als ob jemand im Hinblick auf die Keuschheit sagen würde: Schade, daß es eine Sünde ist!

Man muß vielmehr sagen: Es ist ein wahres Glück für mich, daß es eine Sünde ist. Ich bin tatsächlich ein Glückspilz und brauche nicht unglücklich darüber zu sein, weil die Sinneslust mich nicht reizt. Wenn man nicht so denkt, ist es äußerst schwierig, auf lange Sicht ohne Niederlage zu bleiben.

Beim heiligen Hieronymus findet sich ein Gedanke, der mir sehr überzeugend zu sein scheint: Der Teufel führt die keuschen Menschen in Versuchung, die sinnlichen Freuden einmal zu verkosten, und er stellt sie ihnen so köstlich dar, wie sie in Wirklichkeit gar nicht sind. Es scheint sich um eine ganz außergewöhnliche Erfahrung zu handeln, dabei ist überhaupt nichts Außergewöhnliches daran; es ist ein ganz gewöhnliches und sehr oft auch banales Erlebnis. Und dann erst das ganze Drumherum, die Verdächtigungen, die Eifersüchteleien, die Untreue. Diese armen Teufel müssen das bißchen Lust teuer bezahlen. Alles hat seinen Preis, auch die Lust der Sinne. Gott hat es so gefügt, daß mit dieser Lust immer auch irgendwelche Belastungen, zwiespältige Gefühle, ja gleichsam eine Art von Besessenheit verbunden sind. Man glaube ja nicht, daß der Mensch diese Lust sublimieren kann. Da gibt es keine Sublimation, wahrlich nicht!

In einem Buch von Moretti habe ich einige lustige Verse über die Frau gefunden, die ich übrigens schon bei anderen Gelegenheiten gehört hatte. Erlaubt, daß ich sie hier zitiere, ich glaube nicht, daß ich dadurch die Exerzitien entweihe: Cave a muliere in omni casu. Habet manus *ablativas*, oculos *vocativos*, os *accusativum;* si tu eris *dativus,* ipsa erit *genitiva,* tuque *nominativus.* Das heißt ungefähr: Hüte dich vor der Frau! Sie hat raffgierige Hände, herausfordernde Blicke und ein loses Mundwerk; wenn du ihr (deinen Samen) gibst, wird sie (ein Kind) gebären, und du wirst ihm deinen Namen geben. Ohne daß sie es an Respekt vor der Ehe oder anderem fehlen lassen, bestätigen diese Verse doch das, was ich vorhin gesagt habe. Man glaube ja nicht, daß es sich da um außergewöhnliche Dinge handelt. Leider widerfährt es, wie der heilige Hieronymus sagt, jenen Menschen, welche die Keuschheit gelobt haben, immer wieder: Von weitem scheint ihnen das alles viel mehr zu sein, als es in Wirklichkeit ist.

Wir sollten daher die Keuschheit in hohem Ansehen halten

und sie zu schätzen wissen. Aber um das tun zu können, ist es gut, auch eine gewisse Angst vor dem Gegenteil zu haben. Auch die Verachtung der Unkeuschheit ist hilfreich, wenn sie nicht übertrieben wird und daher falsch ist. Man darf um Gottes willen auch die Sünde der Unkeuschheit nicht mehr als notwendig schlechtmachen.

Das gilt auch für die Ehe! Ein wunderbares Sakrament, aber es hat auch seine unangenehmen Begleiterscheinungen und seine Nöte. Der heilige Franz von Sales hatte gewiß nichts gegen die Ehe. Er hat sich vielmehr aufopfernd um die Ehe seiner eigenen Schwestern gekümmert und auch um die der Söhne und Töchter der heiligen Franziska von Chantal. Er war ein sehr praktisch denkender Mensch und hat viele Leute zur Ehe ermutigt. Auch was die Vereinbarungen betraf, welche die Ehepartner eingingen, dachte er sehr praktisch. Er hatte eine überaus glückliche Hand in allen seinen diesbezüglichen Überlegungen und Aktionen. Er sagte: Ich habe eine große Lebenspraxis. Es scheint mir, als ob ich einen Turm sähe: Drinnen befinden sich die Belagerten und draußen die Belagerer. Die Belagerten setzen alles daran, um aus dem Turm auszubrechen, während die Belagerer alles tun, um hineinzukommen. Der Turm ist die Ehe, so lautet seine Schlußfolgerung. Mir scheint, er hat recht. Versucht einmal, mit Verheirateten darüber zu reden, dann werdet ihr ja sehen.

Wir sind keine Kinder, wir wissen, worum es sich handelt. Es gibt manchmal schwere Belastungen und große Nöte in einer Ehe! Ein Pfarrer sagte einmal zu mir: Ich habe versucht, einen Witwer zu trösten, dessen Frau kurz vorher gestorben war. Ich habe zu ihm gesagt: Es tut mir so leid für dich, aber tröste dich, der Herr hat sie zu sich genommen. Jaja, Herr Pfarrer, hat er geantwortet, der Herr hat sie zu sich genommen, hoffentlich wird er sie auch bei sich behalten. Das bedeutet jedoch keinerlei Abwertung der Ehe, um Gottes willen!

Ihr kennt wohl alle den Namen Ozanam. Er war ein Versprechen, eine echte Hoffnung für die Kirche, und Lacordaire sowie alle anderen Priester, die zu seinem Kreis gehörten, hofften aufrichtig, daß er Priester würde. Doch da begegnete Ozanam einem netten Mädchen, er verliebte sich in sie und heiratete. Der arme Kerl – entschlüpfte es Lacordaire –, jetzt ist auch er in die Falle gegangen. Pius IX. hörte von diesem Fall, und gleich bei der ersten Begegnung sagte er zu Lacordaire: Lieber Pater, ich habe immer geglaubt, daß Jesus Christus sieben Sakramente eingesetzt hat. Sie bringen mich ganz durcheinander, wenn Sie sagen, er habe bloß sechs Sakramente eingesetzt und eine Falle.

Doch ganz so ist es auch wieder nicht. Wir müssen also wieder ein bißchen korrigieren, was wir vorhin zu pessimistisch dargestellt haben.

Manchmal glaube ich, wir halten uns für Helden und meinen: Herr, du mußt mich belohnen, weil ich um deinetwillen auf die Ehe verzichtet habe. Wir machen aus uns große Helden, aber das sind wir beileibe nicht. Der Herr wird zu uns sagen: Viel eher mußt du mir danken, daß ich dich vor solchen Scherereien bewahrt habe.

Der Verzicht auf die Ehe hat auch eine positive Seite und nicht nur eine negative. Über beides empfiehlt es sich nachzudenken. Das Leben zeigt uns viele solche Fälle, wo man sagen muß: Wenn ich geheiratet hätte, dann hätte dieses Schicksal auch mich treffen können. Denk doch nur an diesen oder jenen Bekannten, wie es mit ihnen geendet hat. Auch das müssen wir zu sehen versuchen, um die Keuschheit, die wir freiwillig auf uns genommen haben, umso höher schätzen zu können.

Wir müssen also die Keuschheit hoch in Ehren halten. Ihr wißt jedoch, daß die Liebe immer eine Enkelin des Gedankens ist. Das ist wie bei einer Treppe mit genau festgelegten Stufen. Ich mache etwas, wenn ich es zuvor geliebt habe, aber ich liebe es nicht, wenn ich es zuvor nicht begehre, und ich kann es nicht begehren, wenn ich nicht zuvor daran denke, wenn ich es nicht erkenne. So ist also immer die Idee, der Gedanke, der Vater alles dessen, was danach kommt. Daher kann auch die Liebe zur Keuschheit in mir nicht erwachen, wenn es keine genügend klaren Gedanken und Ideen über sie gibt.

Ihr habt sie natürlich, diese klare Erkenntnis, aber erlaubt trotzdem, daß ich euch an etwas erinnere. Welchen Platz nimmt eigentlich die Keuschheit in der Hierarchie der Tugenden ein? Seien wir ehrlich, sie steht nicht an erster Stelle, ganz und gar nicht; es gibt mehrere Tugenden, die über die

Keuschheit zu stellen sind. Oft betrachten wir jemanden nur dann als einen Heiligen, wenn er keusch gelebt hat. Doch es gibt noch so viele andere Tugenden... Die Liebe zum Beispiel steht doch unvergleichlich höher als die Keuschheit – oder der Glaube, die Hoffnung... das sind theologische Tugenden. Alle sind sich jedoch darin einig, daß die Keuschheit in der Rangliste zwar nicht ganz oben steht, aber doch eine grundlegende Bedeutung hat für das gesamte geistliche Leben.

Der erste Grund dafür ist der, daß die Keuschheit jede Art von Begierlichkeit zügelt. Die Begierlichkeit und die Leidenschaften bedeuten für den Willen, von dem das geistliche Leben abhängt, eine tiefgehende Störung. Und es ist nun einmal eine Tatsache, daß die Keuschheit diese Begierlichkeit beherrscht, so daß alle anderen Tätigkeiten in Ruhe ablaufen können.

Zweitens habe ich schon gesagt, daß es unmöglich ist, auf Dauer ein wirklich keusches, dabei aber fröhliches und ungezwungenes Leben zu führen, wenn man zuvor nicht mit einer gewissen Ausdauer eine Reihe anderer Tugenden geübt hat. Ihr Priester werdet es unmöglich schaffen, für längere Zeit keusch zu bleiben, wenn ihr nicht eine große Liebe zum Herrn habt. Keuschheit, die einem gleichsam zur zweiten Natur geworden ist, setzt eine große Gottesliebe, ein hohes Maß an Abtötung und einen tiefen Glauben voraus. Andererseits, wenn die Keuschheit gleichsam eine Frucht dieser Tugenden ist, wird sie ihrerseits auch selbst zur Mutter. Wenn einer wirklich keusch ist, dann stürzt er sich noch mehr in die Liebe zu Gott. So entsteht eine Art Kreislauf. Man darf die Keuschheit nicht als eine isolierte, für sich allein stehende Tugend betrachten. Man muß sie vielmehr in einen Kreis vieler anderer Tugenden eingereiht sehen: Bald wird sie von diesen Tugenden hervorgebracht, dann wieder bringt sie selbst andere Tugenden hervor. Sie ist eine außergewöhnliche und äußerst wichtige Aufgabe, die unsere ganze Wertschätzung verdient.

Und diese Wertschätzung wird noch größer, wenn wir die Vorteile der Keuschheit in Betracht ziehen. In einem gewissen Sinn weniger Belastungen für uns – aber nur in einem gewissen Sinn – und mehr Raum, um uns Gott hinzugeben und uns der

Nächstenliebe zu widmen. Wenn Don Bosco verheiratet gewesen wäre und Kinder gehabt hätte, dann hätte er sich wohl nicht so um die vielen Jugendlichen kümmern können, er hätte vermutlich gar keine Zeit dazu gehabt. So aber hat er ihnen sein ganzes Leben gewidmet, Minute für Minute, Tag und Nacht. Wenn aber einer, der ein solches Apostolat ausübt, selbst eine Familie hat, dann werden seine Hauptpflichten notgedrungen zu kurz kommen.

Und erst unsere geistlichen Schwestern, was würden sie wohl tun, wenn sie eine Familie hätten? Aber die Katholische Aktion . . ., werdet ihr sagen: Sehr gut, eine unbedingt notwendige Einrichtung. Aber sie kann nur das tun, was ihr möglich ist. Eine solche Ganzhingabe ist in ihrem Rahmen nicht möglich, denn ihre Mitglieder haben ja alle eine Familie, sie haben Kinder, die vielleicht krank sind, eine Frau, die gerade ein Kind erwartet. Was sollen sie tun? Es ist ihnen gar nicht möglich. Somit wäre die Entfaltung einer christlichen Aktivität zu einem großen Teil blockiert, wenn es nicht die Lebenspraxis der Keuschheit gäbe.

Sie ist ganz bestimmt ein Gewinn für unser Streben nach Vollkommenheit, denn sie erfordert Training, Opferbereitschaft und Verzicht. Die Keuschheit verlangt, daß ich Gott immer inniger liebe, daher ist sie ohne Zweifel ein sehr wirksamer Hebel, um zur Heiligkeit zu gelangen. Es ist die Selbstaufopferung, die uns vorwärts bringt.

Ich sagte, daß die Ehe auch eine Last sei, und das ist genau die Kehrseite der Medaille. Aber auch die Keuschheit ist eine Last. Als wir bei der Subdiakonatsweihe unsere Bereitschaft bekundeten, unser Versprechen ablegten, da wußten wir, daß es hart sein würde, aber vielleicht konnten wir uns die ganze Härte mancher Augenblicke gar nicht vorstellen. Die Einsamkeit des Herzens. Man kann es nicht leugnen: Manchmal wäre es schön, eine Frau zu haben, abgesehen von der Sexualität; eine Frau, zu der man volles Vertrauen hat, mit einem Herzen, das voll Verständnis für uns ist, der man alles sagen kann. Sicherlich, man kann auch mit Gott ein Gespräch führen, aber ihn kann ich nicht sehen, und daher ist ein solches Gespräch sehr schwierig. Aber gerade weil es so schwierig ist, ist es auch sehr verdienstvoll: Es ist eben ein Opfer. Erinnern wir uns daran, daß die tiefste Grundlage eines richtig verstandenen und gelebten priesterlichen Lebens der Geist des Opfers ist, die Bereitschaft, für den Herrn ein Opfer zu bringen.

Und noch etwas dürfen wir nicht vergessen: die Bedeutung des Zeugnisses. Wenn ich einen Menschen sehe, der wirklich keusch lebt, dann bin ich innerlich erbaut davon, es ist mir dies eine große Hilfe. Es sind ja nicht nur wir Priester, die ein keusches Leben führen müssen, nein, alle jungen Burschen und Mädchen, die noch vor der Ehe stehen, müssen ebenfalls keusch leben; auch die Witwen und die Witwer und alle jene, die aus irgendeinem Grund keinen Partner gefunden haben. Das ist oft sehr schwierig für sie, aber wir können ihnen dabei eine große Hilfe sein: Schaut her, unser Pfarrer, was ist das doch für ein prächtiger Mensch! Und er lebt ehelos und keusch, also muß ein solches Leben durchaus möglich sein. Oder jene Seminaristen oder Schwestern, man sieht ja, daß das Leute sind, die ein keusches Leben führen. Es ist eine Hilfe, ein Zeugnis, das wir den anderen geben: Wehe, wenn es dieses Zeugnis nicht mehr gibt!

Bringen wir also dieses Opfer mit Freude und denken wir an all das Gute, das es in uns und in den anderen hervorbringt. Es ist wie eine Fahne, man schaut zu uns auf wie zu einem Banner, auch wenn es oft nicht so scheint und wir es kaum bemerken. Doch man muß diese Zuversicht haben.

Dieses Opfer eines keuschen Lebens ist auch deshalb wie ein Banner, weil es einen Wesenszug, eine wesentliche Qualität hervorhebt, die keiner Kirche fehlen darf, die den Anspruch auf Heiligkeit und Einzigartigkeit erhebt. Und das geschieht durch etwas Außergewöhnliches, Einzigartiges und Heroisches, das vor den Augen aller aufleuchtet. Wenn aber alle heiraten würden, dann würde dieses Außergewöhnliche fehlen. Es stimmt natürlich, daß auch irgendein isoliertes Beispiel für sich allein genügen könnte... Doch hier haben wir ein wuchtiges Schauspiel von Millionen Menschen vor Augen, die freiwillig, freudig und mit großer Selbstaufopferung auf die Ehe verzichten: Das ist Heiligkeit! Schenken wir daher dieser Tugend allergrößte Aufmerksamkeit!

Wir sollten uns aber auch über das im klaren sein, was ihr entgegensteht, nämlich die Sünde der Unkeuschheit. Ich habe schon auf die immer wiederkehrenden starken und zudringlichen Versuchungen hingewiesen, die auch einen Anschlag auf unsere menschliche Würde darstellen. Ich habe von diesen Schwierigkeiten durch eine Frau erfahren, die zu mir zur Beichte kam, und ich habe ihr gesagt: Seien Sie beruhigt! Sie wollen es ja nicht, Sie sind doch eigentlich und für gewöhnlich dagegen, und Sie beten auch – oder nicht? Also seien Sie beruhigt! Wenn es manchmal ein Verhalten gegeben hat, das nicht ganz eindeutig war, aber Sie sich dessen nicht sicher sind und nicht wissen, ob Sie es nun wirklich gewollt haben ... Es kann sein, daß wir einmal etwas Böses getan haben: Dann soll man es in aller Demut beichten und nicht mehr daran denken. Die Frau war aber noch nicht beruhigt und sagte zu mir: Was mich stört, ist die Tatsache, daß ich Perioden habe, in denen ich zwar nicht gerade in Ekstase gerate, aber doch eine gewisse innere Hochstimmung in mir fühle – und plötzlich bin ich dann wieder völlig am Boden zerstört. Dadurch scheint mir das Versagen umso schwerwiegender zu sein. Ich habe ihr daraufhin einen Satz aus der *Nachfolge Christi* zitiert und gesagt, daß das, was dort geschrieben steht, vielleicht auch auf ihren Fall zutrifft: „Es ist keine Täuschung, wenn du zuweilen in Verzückung gehoben wirst und sogleich wieder in die täglichen Torheiten des Herzens zurückfällst. Du erleidest diese mehr widerwillig als selbsttätig. Solange sie dir unlieb und lästig sind, hast du Verdienst und keinen Schaden" (III 6,14–15). Diese Torheiten des Herzens sind nichts anderes als unsere dummen und unnützen Gedanken. Sie sagte: Aber wie soll ich denn jene halb ekstatischen Zustände mit diesen Torheiten in Einklang bringen? Nun, solange Sie sie bekämpfen, solange sie nicht von Ihnen gewollt sind, sind sie ein Verdienst und keine Sünde. Mir scheint, das ist ziemlich klar.

Wir sollten uns außerdem auch an der Klugheit Jesu ein Beispiel nehmen. Ich erblicke ein gewisses Taktgefühl und eine besondere Rücksichtnahme in der Tatsache, daß Jesus nicht wie ein Kartäuser gelebt hat. Er wußte, daß viele von uns im Apostolat stehen würden und mitten im Volk leben müßten, auch inmitten von Frauen, deren Seelen es ebenfalls zu retten gilt. Und daher hat er uns ein Modell angeboten. Man darf vor den Frauen keine Angst haben: Eine gewisse Vorsicht ist sicherlich berechtigt, aber man darf das nicht übertreiben. Sie sind ja auch nur Menschen. Wenn es auch schreckliche Verfehlungen von Priestern mit Frauen geben mag, so gibt es doch zum Glück auch viele gute Priester, die ein hervorragendes Apostolat unter den Frauen ausüben und dabei ein wirklich makelloses Benehmen an den Tag legen. Jesus selbst ist es, der uns diesbezüglich mit seinem Beispiel vorangeht.

Aber man muß da sehr klug vorgehen und dabei immer ganz eindeutig und bestimmt gewisse Grenzen wahren. Wenn jemand zuviel Angst hat, stiftet er nur Verwirrung und wird umso verwundbarer. Die großen Lehrmeister des geistlichen Lebens betonen immer wieder, daß man gerade dann am ehesten zu Fall kommt, wenn man zuviel Angst hat, wenn man niedergeschlagen ist und sich vor der Sünde fürchtet. Man muß viel unbekümmerter sein: Herr, ich will es nicht, und ich hoffe, daß du mir hilfst. Ein wenig Klarheit, Unbekümmertheit und Optimismus dient auch der Keuschheit. Ich empfehle meinen Priestern immer: Verbindet doch eure regelmäßigen Zusammenkünfte mit einem kleinen Festessen, setzt euch ab und zu gemütlich zusammen! Und wenn ihr einmal sehr traurig seid, dann schwingt euch auf das Motorrad und macht einen Besuch bei einem Mitbruder, der euch vielleicht etwas Lustiges erzählt und euch so zum Lachen bringt. Auch das dient der Keuschheit, sehr sogar.

Und eine große Demut! Herr, ich will es nicht tun, aber du mußt mir dabei helfen! Und vernachlässigt das Gebet nicht! Solange man betet, ist man irgendwie sicher. Achtet darauf, daß mit euren Frömmigkeitsübungen, mit dem Breviergebet und der Betrachtung alles in Ordnung ist.

Eine Haltung der Demut auch im Mißtrauen sich selbst gegenüber ist nötig. Wir alle sind schwache Menschen. Niemand soll sagen: Ich bin schon zu alt, ich habe keine solchen Gefühle mehr. Um Gottes willen, nein! Im Guten gibt es kein „zu alt", vor allem nicht in bezug auf die Keuschheit. Man muß immer Vorsicht walten lassen. Solange wir leben, können wir sündigen. Daher müssen wir die Gelegenheiten dazu meiden. Solche Gelegenheiten können gewisse Personen sein, aber auch manche Örtlichkeiten, Bücher, Vergnügungen; vor allem aber der Müßiggang, er ist am gefährlichsten.

Der heilige Franz von Sales sagt: Seid vorsichtig mit Freundschaften! Die Freundschaft mit einer Frau ist überaus gefährlich. Wenn ich eine Frau liebe, bin ich in großer Gefahr. Wenn die Frau mich liebt, ist die Gefahr noch größer, denn die Liebe eines anderen Menschen steckt an und reißt mit. Aber die Gefahr ist am größten bei einer Freundschaft, wenn also nicht nur ich sie liebe und sie mich, sondern ich von ihrer Liebe weiß und sie von meiner. Dann werden wir beide schwach, wir lesen uns gegenseitig die Bereitschaft und die Sehnsucht von den Augen ab. Dann ist allerhöchste Gefahr!

Vorsicht also mit solchen Freundschaften! Der heilige Franz von Sales sagt nämlich auch noch: Solche Freundschaften sind schlecht, dumm und schädlich. Sie sind schlecht, weil sie zum Bösen verführen. Da gibt es jene Stufenleiter, von der ich schon gesprochen habe: Zuerst hat man nur eine geistliche Freundschaft im Sinn, die dann immer mehr zu einer platonischen Liebe wird, sich in eine gefühlsbetonte Liebe verwandelt, um schließlich zu einer sinnlichen Liebe zu werden und unvermeidlich in einem Ausbruch brennender Leidenschaft zu enden. Es ist schwierig, da auf halbem Weg stehenzubleiben, besonders wenn auch Freundschaft im Spiel ist. Dante hat psychologisch ganz richtig von einer „Liebe, die Lieben nie erläßt den Geliebten" geschrieben (Hölle V,103). Wenn jemand sich mir in Liebe nähert, dann kann es fast nicht ausbleiben, daß er mich erobert, daß er mich für sich gewinnt, besonders dann, wenn außer gegenseitiger Liebe auch noch Freundschaft im Spiel ist, die beiden Seiten bewußt ist und von ihnen zum Ausdruck gebracht wird. Dann besteht große Gefahr!

Diese Freundschaften sind auch dumm, sie sind ganz gegen den gesunden Menschenverstand, denn du mußt doch zu dem Leben in Keuschheit stehen, zu dem du dich einmal verpflichtet hast. Warum pflegst du eigentlich Freundschaften dieser Art? Das ist doch nicht logisch, sie sind wirklich eine Dummheit. Und schließlich sind sie auch schädlich. Der heilige Franz von Sales erzählt in diesem Zusammenhang ein Beispiel, das mir immer sehr gefallen hat. Stellt euch einmal eine schöne Wiese vor, die viel saftiges Heu hervorbringen soll. Doch mitten auf der Wiese steht ein großer Nußbaum. Ihr wißt, welchen Schaden ein solcher Nußbaum auf der Wiese anrichtet. Seine Wurzeln dringen tief in den Boden ein, sie breiten sich aus und saugen einen Großteil der Säfte in sich auf. Sein Stamm ragt hoch auf und endet in einer breiten Krone mit dichtem Laub, das keinen Sonnenstrahl durchläßt. Am Fuß des Baumes und in einem weiten Umkreis wächst nichts außer ein paar trockenen und kümmerlichen Halmen. Umso mehr aber zieht sein Schatten die müden Wanderer und Spaziergänger an, die hier ein kühles Plätzchen finden, wo auch noch so manche köstliche Nuß vom Baum herabfällt. Doch um dorthin zu kommen, zertrampeln sie die schöne Wiese und richten allen möglichen Schaden an.

Der Nußbaum ist ein Symbol für die Freundschaft zu einer Frau, die in der Seele eines Priesters entsteht und wächst. Die Schäden, die sie anrichtet, sind unvorhersehbar. Wer eine solche Freundschaft pflegt, ist mit seinen Gedanken immer damit beschäftigt, und er vernachlässigt so seine priesterlichen Pflichten. Er kennt keine Liebe, keine Hingabe mehr zu all den anderen Aufgaben, wie es früher einmal der Fall war. Die Strahlen der Sonne, d. h. die Gnade Gottes, können das dichte Laub nicht mehr durchdringen. Ein Priester, der von solchen Gedanken und Gefühlen in Beschlag genommen ist, betet nur mehr sporadisch, höchstens noch das Brevier, und daher wird auch die Gnade Gottes nicht mehr in so überreichem Maße sichtbar wie früher. Und die Leute, die Spaziergänger, die daherkommen? Nichts wie Tratschereien, Briefe, Verdächtigungen, Eifersucht usw. Aufgrund solcher Freundschaften gelangen manchmal gewisse Briefe auch in die Hände des Bischofs... Schreibt um Gottes willen keine Briefe, nie und nimmer! Auch nicht, wenn es um geistliche Seelenführung geht, auch dann nicht, wenn sie völlig harmlose Dinge enthalten. Ich würde niemals etwas schriftlich niederlegen, denn es kann ganz anders ausgelegt werden. „Gebt mir fünf Worte", hat Talleyrand einmal gesagt, „und ich bringe es fertig, daß einer sich aufhängt." Fünf Worte, selbst die allerfrömmsten, und auch ich traue mir zu, etwas daran zu finden, das ausreicht, um jemanden zu verdammen. Seid also vorsichtig mit Briefen, auch wenn ihr schon älter seid. Es ist einfach unklug!

Und noch ein Letztes: Jesus Christus hat uns Wichtiges und Wegweisendes über die Keuschheit gesagt. Man sollte sich danach richten. Alles läuft auf das hinaus, was der heilige Paulus gesagt hat: Die Ehe ist ohne Zweifel ein wichtiges Sakrament, aber ein Leben in vollkommener Keuschheit ist sicherlich noch besser. Wir sollten unsere Meinung in diesem Punkt niemals ändern. Denken wir daran, was Pius XII. in seiner Enzyklika „Sacra Virginitas" schreibt: Heutzutage sind oft unseriöse und eher seltsame Ideen auf diesem Gebiet in Umlauf. Man sagt, wenn einer keine sexuellen, keine ehelichen Erfahrungen habe, sei er kein vollwertiger Mensch, seine Entwicklung verlaufe nicht harmonisch, er bleibe ohne jene gewisse Ausgewogenheit, seine Lebenserfahrung werde nie ausreichend sein. Und man beruft sich dabei auf Aussagen von Ärzten, die meinen, die Keuschheit sei ein Ruin für den Menschen. Ehrlich, diesen Ärzten kann man doch nicht glauben. Sicherlich gibt es pathologische Fälle, und die sind es ja, die von den Ärzten untersucht werden. Wer gesund ist, geht gar nicht zum Arzt. Der Arzt kann also nur von solchen Fällen sprechen, die von ihm untersucht worden sind, die pathologisch sind. Es kann ja wirklich sein, daß jemand abnormal ist und von irgendwelchen Phobien beherrscht wird, die aber nicht immer von der Keuschheit verursacht sein müssen. In einigen Fällen hat man versucht, Leuten mit solchen Phobien die Keuschheit auszureden und ihr Verhalten dementsprechend zu ändern, aber das hat letztlich zu nichts geführt, und die Phobien sind wiedergekommen. Man kann nicht von abnormalen Fällen her alle anderen beurteilen, und man darf nie verallgemeinern. Schließlich handelt es sich bei jenen abnormalen Fällen ja nur um eine physische, eine äußerliche Keuschheit, während innerlich ein gewaltiger Aufstau von Wünschen, Begierden und Neigungen vorliegt, die alles andere als keusch sind. Keusch ist da nur das äußere Gehaben, es handelt sich höchstens um reine Enthaltsamkeit, aber im Herzen richtet sich die ganze Leidenschaft auf das andere Geschlecht. Und so ist ein solcher Mensch notgedrungen geteilt und bringt sich dadurch nur in Schwierigkeiten. Wenn aber jemand normal ist, wenn er die Keuschheit nicht nur äußerlich praktiziert, sondern aus echter innerer Überzeugung lebt, dann verursacht die Keuschheit bei ihm bestimmt keine Störung seines seelischen Gleichgewichts. Glaubt ihr denn, daß der Herr zu euch sagt: Ihr sollt seelische Krüppel und geistige Bettler werden? Sicherlich nicht. Ihr sollt vielmehr reich werden im geistlichen Sinne. Das sagt er zu uns, „denen es gegeben ist".

Außerdem, so sagt der Papst weiter, spricht man von der Ehe mit Ausdrücken, die viel zu hedonistisch gefärbt sind: Man macht aus der Ehe beinahe eine Liturgie. Man verkündet lauthals, die Keuschheit, die Jungfräulichkeit, das sei ja alles ganz gut, aber es seien eben keine Sakramente, während die Ehe sehr wohl ein Sakrament sei. Warum muß ich keusch bleiben und auf ein anderes Sakrament verzichten? Eine gefährliche Ansicht! Manche Priester exponieren sich da oft zu sehr, vor allem wenn sie zu den Gläubigen darüber sprechen. Es ist durchaus berechtigt, die Ehe anzustreben, aber wir sollten wissen, was sich gehört. Es stimmt, daß sie ein Sakrament ist, und wer es empfängt, bekommt eine sakramentale Gnade, die ich als Bischof nicht bekomme und die auch ihr Priester nicht besitzt. Aber es ist eben eine Gnade, die gerade dafür gegeben wird, um die Lasten der Ehe leichter tragen zu können. Es ist also nicht eine sakramentale Gnade, die uns direkt mit Gott vereinigt. Sie vereinigt uns nur indirekt mit Gott; eigentlich, zuerst und direkt wird sie dazu gegeben, um die mit der Ehe verbundenen Schwierigkeiten überwinden zu können: Treue, Eintracht, Erziehung der Kinder, gegenseitige Hilfe usw.

Und noch ein letzter Gedanke, der vom Papst zurückgewiesen wird: Wenn man einer Versuchung leichter widerstehen will, ist es gut, vorher gewisse Erfahrungen zu sammeln. Damit möchte man einen Gedanken des heiligen Hieronymus weiterspinnen. Wenn jemand sich einer Frau nähert und ganz aus der Nähe sieht, wie sie wirklich ist, dann schwindet mit der Zeit seine ganze Schwärmerei, er gewöhnt sich einfach daran, und auch die Leidenschaft verliert sich. Diese Ansicht ist jedoch falsch, denn nicht einmal das gemeinsame Leben in einer Ehe hebt die gegenseitige Zuneigung und Leidenschaft auf, ganz im Gegenteil, sie wird sogar noch verstärkt. Es ist bei der Sexualität genauso wie beim Trinken oder Rauchen. Je konsequenter einer sich das Rauchen abgewöhnt, desto weniger verspürt er das Verlangen, wieder damit anzufangen; doch wenn man sich eine Zigarette gestattet und dann noch eine... dann entflammt das Bedürfnis von neuem, und man nimmt die alte Gewohnheit wieder auf. Es ist genau dasselbe. Also täuschen wir uns nicht! Man sollte sich nach den Grundsätzen der Alten richten, die gesagt haben: Man muß die Gelegenheiten und die Gefahren meiden, man muß vor allem, und das ist das beste Mittel, viel zu Gott beten.

Vor Jugendlichen gebrauchte ich einmal folgendes Beispiel, wobei ich mich auf etwas bezog, das ich selbst in meiner Jugend erlebt hatte. Die Bauern kamen auf den Markt, um Schweine zu verkaufen und zu kaufen. Ich war selber oft dabei, wenn meine Eltern hingingen, um ein Schwein zu kaufen. Ich schlang dann ein Seil um den Hals des Schweines und zog es nach Hause. Mit meinen eigenen Augen habe ich gesehen, was ich nun erzähle: Einmal zog ein Onkel von mir so ein Schwein nach Hause. Entlang des Weges waren blühende Sträucher, aber das Schwein achtete nicht auf die wunderschönen Blüten. Doch weiter vorn befand sich eine schmutzige Pfütze – und wie sich das Schwein wohlig darin suhlte! Mein Onkel zerrte es am Seil, doch da begann das Schwein fürchterlich zu schreien. Es wollte unter keinen Umständen aus diesem Dreck heraus. Schließlich haben wir es mit vereinten Kräften doch herausgezogen. Es war über und über voll Dreck.

In gewisser Weise befinden wir uns in derselben Situation wie dieses Schwein. Wir sind in dieser Welt unterwegs, aber nicht wie die vornehmen Damen mit einem Hündchen an der Leine. Wir führen ein Schwein am Seil, unsere Begierlichkeit. Man kommt an einer Kirche vorbei, doch man verspürt keine Lust hineinzugehen. Stößt man jedoch auf ein Kino, in dem gerade ein Film gezeigt wird mit zahlreichen Umarmungen, Küssen und viel nacktem Fleisch, dann überkommt uns eine verrückte Lust stehenzubleiben. Also müssen wir am Strick ziehen. Ich will nicht, daß du dich schmutzig machst. Aber das Ziehen und Zerren ist mühsam, die Begierlichkeit widersetzt sich, sie will nicht gehorchen. Man muß viel Mut und Kraft aufwenden und unermüdlich ziehen, sonst machen wir uns schmutzig und sind schließlich voll Dreck wie das Schwein. Das ist die einzig mögliche Taktik: den gefährlichen Gelegenheiten sofort ausweichen!

Ich habe von der Güte Jesu und von seiner Keuschheit gesprochen. Im Hymnus „Ave maris stella" heißt es in einer Strophe: „Jungfrau ohnegleichen, Gütige vor allen, uns, die wir erlöst sind, mach auch rein und gütig!" Und so bitten wir die Gottesmutter: Mach uns rein und gütig!

X
Armut und Gehorsam

Jesus heilt unsere Wunden durch das Beispiel seiner Güte, seiner Demut und seiner Keuschheit. Heute wollen wir nun seine Armut und seinen Gehorsam betrachten.

„Er, der reich war, wurde euretwegen arm" (2 Kor 8,9). Denken wir an Betlehem: Stall und Krippe; an Ägypten: Emigration, Entbehrungen; an Nazaret: Arbeit, Mühsal, Schwielen; an sein öffentliches Leben: „Die Füchse haben ihre Höhlen und die Vögel ihre Nester; der Menschensohn aber hat keinen Ort, wo er sein Haupt hinlegen kann" (Lk 9,58). Und schließlich am Kreuz: vollständig nackt und bloß. „Wo drunten selbst verblieb Maria" – sagt Dante –, „mit Christus an das Kreuz sie (die Armut) ist gestiegen" (Paradies XI, 71f).

Und schon bevor man ihm alle seine Kleider wegnahm, hatte er die Apostel verloren, alle seine Freunde: Er war allein zurückgeblieben, isoliert, in völliger Armut, wie man es sich ärger nicht vorstellen kann.

Wenn er der Meinung gewesen wäre, daß der Reichtum in irgendeiner Weise dem Frieden, der Freude und dem Prestige des priesterlichen Lebens dient, dann hätten ohne Zweifel sowohl er selbst als auch seine Apostel und ihre Nachfolger ein Leben in Wohlstand geführt. Doch sie haben in Armut gelebt. Das will heißen, daß seiner Ansicht nach ein Leben in Armut uns selbst und den anderen Menschen dienlich ist.

Er hat auch seine Apostel zur Armut erzogen. Als er die zweiundsiebzig Jünger aussandte, hat er zu ihnen gesagt: „Geht! Ich sende euch wie Schafe mitten unter die Wölfe. Nehmt keinen Geldbeutel mit, keine Vorratstasche und keine Schuhe! Grüßt niemand unterwegs! Wenn ihr in ein Haus kommt, so sagt als erstes: Friede diesem Haus!... Bleibt in diesem Haus, eßt und trinkt, was man euch anbietet! Wenn ihr in eine Stadt kommt und man euch aufnimmt, so eßt, was man euch vorsetzt..." (vgl. Lk 10,3–8). Ihr sollt es genauso halten!

An einem Sabbat kamen Jesus und seine Jünger auf ihrer Wanderung einmal durch üppige Kornfelder. Die Apostel hatten Hunger. Was tun? Es gab weit und breit nichts anderes als diese fruchtbaren Felder. Sie rissen also die Ähren ab, zerrieben sie mit den Händen, lösten so die Körner heraus und aßen sie. Es gab nur dies: Jesus hatte sie zur Genügsamkeit erzogen (vgl. Lk 6,1). Nach der wunderbaren Vermehrung von Brot und Fischen: „Sammelt die übriggebliebenen Brotstücke, damit nichts verdirbt" (Joh 6,12). Erst nachdem die Volksmenge von dem Brot und den Fischen gegessen hatte, haben offenbar Jesus selbst und die Apostel davon gegessen; und auch da nur von dem, was übriggeblieben war.

Manchmal wurden ihm auch Leckerbissen angeboten, und er hat auch immer wieder an festlichen Gastmählern teilgenommen. Zu Kana beispielsweise muß es ein großes Gelage gegeben haben, wenn auch dann auf einmal der Wein ausgegangen ist. Auch bei Zachäus wurde er gut bewirtet, ebenfalls bei Simon, dem Pharisäer; auch bei Levi (Matthäus) muß es ihm gutgegangen sein, genauso wie bei Lazarus. Aber oft mußte er sich bescheiden und mit dem vorliebnehmen, was es gerade gab.

Er hat nie von besonderen Lieblingsgerichten oder erlesenen Weinen gesprochen. Er hat nur von *der* Speise gesprochen, von der Nahrung für die Seele, also unter einem spirituellen Aspekt: „Ich lebe von einer Speise, die ihr nicht kennt" – „Meine Speise ist es, den Willen dessen zu tun, der mich gesandt hat" – „Frau, gib mir zu trinken!" Aber es war dies kein Durst nach Wasser oder Wein, er sprach vielmehr immer in einem geistigen Sinn.

Er hat jedoch nicht übertrieben: „Gib uns heute unser tägliches Brot!" Ihr sollt sogar bitten um das Brot. Er hat auch nicht gefastet, und man hat ihn deshalb zur Rede gestellt. Er hat selbst darüber geklagt: „Johannes ist gekommen, er ißt nicht und trinkt nicht, und sie sagen: Er ist von einem Dämon besessen. Der Menschensohn ist gekommen, er ißt und trinkt; darauf sagen sie: Dieser Fresser und Säufer" (Mt 11,18f). Man hat ihm also vorgeworfen, ein Säufer zu sein ... Das muß man sich einmal vorstellen! Zu seinen Jüngern hat er gesagt: „Wer arbeitet, hat ein Recht auf seinen Lohn" (Lk 10,7). Wenn ihr gearbeitet habt, dann dürft ihr auch ohne weiteres etwas dafür annehmen, ihr habt ein Recht darauf, denn ihr habt es euch verdient.

Ich sagte schon, daß er die Apostel zur Armut erzogen hat. Es gibt diesbezüglich wunderschöne Stellen in der Heiligen Schrift: „Silber und Gold besitze ich nicht. Doch was ich habe, das gebe ich dir", sagt der heilige Petrus (Apg 3,6). Aber vor allem der heilige Paulus findet wundervolle Worte, wenn er von der Armut spricht. Wenigstens zehnmal betont er in seinen Briefen, daß er niemandem zur Last fallen will: Mit diesen meinen Händen habe ich mir meinen Unterhalt verdient. Ich will von der Gemeinde nichts verlangen, um niemandem zur Last zu fallen. Ich hätte zwar das Recht dazu, aber ich will davon keinen Gebrauch machen. Die anderen Apostel tun es zwar, aber ich nehme davon Abstand. Man braucht nur das 9. Kapitel des ersten Korintherbriefes zu lesen, wo er sagt: Die anderen Apostel nehmen eine gläubige Frau mit sich, die ihnen zu Diensten steht; auch ich hätte das Recht dazu, aber ich mache davon keinen Gebrauch ... Und schließlich: Lieber will ich sterben, als von diesem Recht Gebrauch zu machen. Wunderbar! Lieber sterben, als etwas zur Vergütung für meine Arbeit annehmen oder verlangen, um dem Evangelium Christi nur ja keinen Schaden zuzufügen.

Zweimal schreibt er an die Thessalonicher: „Ihr erinnert euch, Brüder, wie wir uns gemüht und geplagt haben. Bei Tag und Nacht haben wir gearbeitet, um keinem von euch zur Last zu fallen, und haben euch so das Evangelium Gottes verkündet" (1 Thess 2,9 und 2 Thess 3,8). Am Tag hat er gepredigt und des Nachts gearbeitet. Er hatte ja, wie ihr wißt, ein Handwerk gelernt. Mit Aquila und Priszilla, die von Beruf Zeltmacher waren, verstand er sich ausgezeichnet, denn auch er verstand sich auf die Kunst, Leinen für Zelte herzustellen. Als Arbeiter fühlte er sich mit ihnen sehr verbunden. So war sein Tagwerk erfüllt mit körperlicher Arbeit und seiner apostolischen Aufgabe. Aber er hielt in allen Belastungen durch. Ich „ertrug Hunger und Durst ... Kälte und Blöße ..."

(2 Kor 11,27). Alle diese Stellen verdienen es, wirklich bedacht zu werden.

Wenn er den Philippern aus dem Gefängnis schreibt, bedankt er sich zuerst einmal bei ihnen. Sie waren sehr freundlich zu ihm gewesen, er hat aber auch nie etwas von ihnen angenommen, mit einigen ganz seltenen Ausnahmen. Die Philipper waren ihm sehr ans Herz gewachsen: Sie waren ja die ersten gewesen, kann man sagen, denen er auf seinem Weg durch Kleinasien nach Europa das Evangelium verkündet hatte. Und auch sie hingen sehr an ihm. Sie hatten Epaphroditus mit einer Geldspende zu ihm geschickt. Er aber saß im Gefängnis – was sollte er also tun? Er hat die Gabe angenommen und ihnen einen wunderschönen Brief geschrieben, aus dem man herausspürt, was für ein Herz Paulus besaß: „Ich habe mich im Herrn besonders gefreut, daß ihr eure Sorge für mich wieder einmal entfalten konntet." Ihr habt in euren Herzen diese edle Knospe eurer Gefühle für mich wieder aufblühen lassen, ihr habt mich nicht vergessen. Ich freue mich darüber. Aber in Wirklichkeit hattet ihr diese Gefühle auch schon vorher, aber es fehlte euch die Gelegenheit, sie zu zeigen, denn ihr hattet andere Verpflichtungen. Dann kommt ihm der Verdacht, daß seine Gläubigen denken könnten: Seht einmal an, unser alter Paulus, jetzt hängt er sich also auch schon ans Geld... Nein, nein, sagt er, keineswegs: „Ich sage das nicht, weil ich etwa Mangel leide." Wenn ich so zu euch schreibe, dann nicht deshalb, weil ich Angst hätte, Hunger zu leiden: „Ich habe gelernt, mich in jeder Lage zurechtzufinden." Ich bin es gewöhnt, mit dem zufrieden zu sein, was ich habe. Und er fährt fort: „Ich weiß Entbehrungen zu ertragen, ich kann im Überfluß leben. In jedes und alles bin ich eingeweiht: in Sattsein und Hungern, Überfluß und Entbehrung. Alles vermag ich durch ihn, der mir Kraft gibt" (vgl. Phil 4,10–13).

Manchmal wird dieser letzte Satz auch in einem anderen Sinn verstanden. Doch der wahre Sinn ist der: Ich bin auf alles vorbereitet, auf Hunger und Durst und alle Entbehrungen – mit der Hilfe Gottes.

Und er wollte, daß die Seinen sich ebenso verhalten. Lest einmal den ersten Brief an Timotheus: „Die Frömmigkeit bringt in der Tat reichen Gewinn, wenn man nur genügsam ist." Das innere Leben, die Frömmigkeit, ist ein Reichtum; man ist reich, wenn man imstande ist, mit dem zufrieden zu sein, was man hat: „Denn wir haben nichts in die Welt mitgebracht, und wir können auch nichts aus ihr mitnehmen." Nackt sind wir gekommen, und nackt gehen wir wieder fort. „Wenn wir Nahrung und Kleidung haben, soll uns das genügen." Und nach weiteren Ermahnungen schließt er mit der eindringlichen Empfehlung, nicht dem Geld nachzujagen, denn es sei gefährlich, sich auf diesen Weg zu begeben: „Du aber, ein Mann Gottes, flieh vor all dem! ... Denn die Wurzel aller Übel ist die Habsucht. Nicht wenige, die ihr verfielen, sind vom Glauben abgeirrt..." Mach es nicht wie sie: Sei ein Mann Gottes, Timotheus! Bleib standhaft in jenem Bekenntnis des Glaubens, das du vor vielen Zeugen abgelegt hast (vgl. 1 Tim 6,6–12).

Jesus will, daß wir arm sind vor Gott, das ist offensichtlich. Zu allen Christen hat er gesagt: Selig, die arm sind vor Gott. Besonders gilt das für uns Priester.

Die Katechismusfrage lautet: Warum wollte Jesus Christus arm sein? Um uns zu lehren ... usw. Die Kirche hat das sogar in den Katechismus aufgenommen, und wir geben es den Kindern weiter. Unser Herz darf also nicht am Geld hängen — das ist etwas, über das man viel zuwenig nachdenkt.

Wir debattieren oft eifrig über die Keuschheit und Ehelosigkeit, aber auch der Geist der Armut ist von höchster Wichtigkeit, denn ein Priester, der sich wirklich nichts aus Geld und all den Gütern dieser Welt macht, hinterläßt einen tiefen Eindruck bei den Menschen. Oft sagen die Leute: Die Ordensbrüder ja ... aber die Weltpriester. Darauf antworten wir meist scherzhaft: Die Ordensleute legen das Gelübde der Armut ab, und wir Weltpriester befolgen es. Doch das ist nicht wahr. Man sagt damit im Grunde, daß nur sie müßten ... Aber auch wir sind zum Geist der Armut verpflichtet. Man kann mir vielleicht entgegenhalten: Wir haben ja kein Gelübde der Armut abgelegt. Eine Gelübde nicht, aber wir sind eine gewisse Verpflichtung eingegangen, als wir die Tonsur empfangen haben: „Du, Herr, gibst mir das Erbe und reichst mir den Becher", haben wir damals gesagt. Herr, du allein bist mein Erbteil, mein ganzes Kapital, du allein genügst mir (vgl. Ps 16,5). Wenn wir uns jetzt so an das Geld klammern, dann ist das ein Verstoß gegen die Verpflichtungen, die wir damals auf uns genommen haben.

Der heilige Franz von Sales sagt: Gebt acht, daß ihr nicht dem Geist des Reichtums verfallt und nur mehr euren Besitz im Sinn habt. Ihr habt zwar kein Gelübde der Armut abgelegt, aber den Geist der Armut müßt ihr dennoch besitzen.

Kardinal Manning hat einmal gesagt: Ein Priester ist dann in Ordnung, wenn er ohne Sünden, ohne Schulden und ohne Vermögen stirbt, das er aufgrund der Ausübung seines Amtes erworben hat. Wenn er Familienbesitz erbt, so ist das etwas anderes.

Der heilige Franz von Sales sagt auch noch etwas: Siehst du jenes kleine Mädchen, das mit seinem Papa spazierengeht? Schau genau zu, wie sie es macht: Die linke Hand hält brav die Hand des Vaters fest, aber während sie so mit ihm einhergeht, schweifen ihre Blicke über die Bäume und Sträucher, ob es da nicht eine Himbeere, eine Brombeere oder vielleicht eine Kirsche gibt, und hin und wieder greift sie zu und ißt. So ist es genau richtig, sagt der heilige Franz. Eine Brombeere oder eine Kirsche nehmen, das ist sicher notwendig, aber gleichzeitig muß die andere Hand immer in der Hand Gottes liegen. Ab und zu wendet sich die Kleine zu ihrem Vater und sagt: Papa, kann ich diese Himbeere... darf ich diese Brombeere...? Sie hat immer Angst, etwas falsch zu machen, zu übertreiben, etwas nicht zu dürfen, sie hat immer Angst, es könnte nicht erlaubt sein...

Der Geist der Armut soll auch im priesterlichen Haushalt sichtbar sein. Es gibt Priester, die sind Verschwender. Das ist nicht in Ordnung, denn da fehlt es am Geist der Armut. Aber eine gewisse Vorsorge ist durchaus legitim: etwas auf die Seite legen, falls ich einmal krank werde; irgendeine Versicherung, man weiß ja nie. Eine solche Vorsorge im wirtschaftlichen Bereich ist mehr als berechtigt. Sie ist ein Ausdruck von Weisheit und Sparsamkeit.

Aber aufgepaßt, daß aus solcher Sparsamkeit nicht mit der Zeit etwas völlig anderes wird. Man kann seine eigene Einstellung zu den irdischen Gütern gleichsam mit einem Thermometer messen: 36,8 – normal, man ist klug und denkt wirtschaftlich. Nur ja keine Verschwendung! 37,2 – da haben wir bereits die Sorge um das Geld, auch ein bißchen Angst schwingt mit. Es ist zwar noch kein wirkliches Fieber, aber doch schon leicht erhöhte Temperatur. 37,5 bis 38 – leichtes Fieber, da ist schon ein bißchen Geiz im Spiel. 38,5 bis 39,5 – es handelt sich um einen ganz schäbigen Geizhals. 40 und darüber – ein solcher totaler Knauser stirbt eher, bevor er auch nur einen Pfennig lockermacht. Er kauft sich nicht einmal etwas zum Anziehen.

Wenn solche Dinge nicht tatsächlich passieren würden, könnte man auch nicht davon erzählen. Aber leider passieren sie! Seien wir daher auf der Hut! Was sich ziemt, das Notwendige ja, aber keinen Luxus! Ich will immer das Beste haben, das neueste Modell, einen Farbfernseher, eine japanische Kamera und ständig ein neues Auto. Die Leute nehmen Anstoß daran.

Ich sage oft zu meinen Priestern: Ich hätte viel lieber ein Auto als ein Motorrad, denn es hat vier Räder und ist viel bequemer. Zwei unserer Priester sind mit dem Motorrad tödlich verunglückt, und daher habe ich Angst. Ein Auto ja, aber bei einem Priester sollte es nicht luxuriös sein. Und dann schafft euch nicht ständig ein neues an! Das erregt nur unnötiges Aufsehen, und die Leute sagen: Als er hierherkam, hatte er nicht einmal ein Fahrrad, und jetzt rast er mit dem neuesten Modell durch die Gegend. Man muß da sehr auf die Leute Rücksicht nehmen und sich das Ärgernis vor Augen halten, das man dadurch den armen Leuten gibt.

Ich habe ganz vergessen zu sagen, daß Jesus eigentlich nichts gegen das Geld hat, aber er sieht es lieber, wenn es ausgegeben wird als wenn man es scheffelt: „Verkauft eure Habe, und gebt den Erlös den Armen! Macht euch Geldbeutel, die nicht zerreißen. Verschafft euch einen Schatz, der nicht abnimmt, droben im Himmel..." (Lk 12,33). Wie steht es mit unserer Liebe? Sind wir so selbstlos, daß wir immer gern anderen geben?

Jesus stand einmal vor dem Opferkasten im Tempel zu Jerusalem. Er sah, wie die Pharisäer kamen und aus ihren Geldbeuteln wertvolle Münzen herauszogen. Aber er hat nichts dazu gesagt. Dann kam eine Frau dahergeschlurft. Sie holte aus ihrer Tasche ein Tuch heraus, das sie fest verknotet hatte und in dem zwei kleine Geldstücke lagen, zwei lächerliche Pfennige, und sie ließ sie in den Opferkasten fallen. Welch einen Lärm haben doch diese zwei wertlosen Pfennige in den Ohren Jesu gemacht! Sogleich hat er mit dem Finger auf sie gezeigt: Seht sie an, diese arme Frau! Sie hat mehr gegeben als alle anderen. Sie hat sich das Brot vom Munde abgespart, um eine Gabe für den Tempel zu haben. Er hat sie gelobt, sehr gelobt sogar. Der Herr findet Gefallen daran, wenn wir aus Liebe ein Opfer bringen, auch ein materielles Opfer. Man muß soviel Distanz zum Geld haben, daß man sich nicht nur von ihm zu trennen vermag, sondern es aus Liebe herschenkt, aus Liebe zu den Armen, zu denen, die leiden.

Ich denke da wieder an die Gastmähler, zu denen der Herr oft eingeladen wurde. Jesus hat diese Einladungen angenommen, aber immer im Hinblick auf etwas Höheres. Zu Kana, um ein Wunder zu wirken; bei Zachäus, um ihn auf den rechten Weg zurückzubringen; bei Marta und Maria, um uns seine Lehre zu verkünden. Seien wir auf der Hut! Es gibt Priester, die stehen im Ruf, ausgesuchte Feinschmecker zu sein. Dieser Wein da ist gut, er stammt aus der und der Gegend, von diesem oder jenem Hang. Wenn sie nur daran denken... Aber es macht keinen guten Eindruck.

Wie es auch keinen guten Eindruck macht, wenn einem Priester der Ruf vorausgeht, ein geschickter Finanzmann zu sein. Wenn es um Geschäfte geht, weiß er das Geld gut anzulegen. Es gibt da eine kleine Geschichte über die Bürger der Stadt Genf. Die Bewohner dieser Stadt sind alle tüchtige Bankleute, sie sind noch schlimmer als die Juden, hieß es. Man sagte also: Wenn du siehst, daß ein Genfer sich aus dem Fenster stürzt, dann spring sogleich hinterher, denn du kannst sicher sein, daß es wenigstens 10 Prozent zu gewinnen gibt. Da ist ein Priester, der weiß, wie man zu Geld kommt – kein guter Ruf, wirklich nicht! Es schadet sicherlich nicht, wenn man es versteht, gut mit dem Geld umzugehen. Aber hütet euch vor dem Ruf, gerissene Finanzgenies zu sein. Ich habe sogar schon einmal sagen gehört: Unser Pfarrer ist schlimmer als ein Jude. Ich kann euch gar nicht sagen, wie sehr mich das getroffen hat!

Die Engländer behaupten, die Schotten seien geizig. Sie erzählen, daß ein Pfarrer einmal über die Missionen gepredigt und den Leuten eingeschärft habe, sie sollten großzügig für die Mission spenden. Und jetzt, sagte er, werde ich selbst mit dem Klingelbeutel durch die Reihen gehen und absammeln. Drei der Anwesenden, ein Schotte und zwei Juden, schauten sich gegenseitig an und wurden ganz blaß, als sie das hörten. Dem Schotten wurde unverzüglich schlecht, und er fiel in Ohnmacht. Die beiden Juden stürzten sich sofort auf ihn, um ihn aufzuheben und hinauszutragen, bevor noch der Pfarrer mit dem Klingelbeutel kam. Sie waren der Gefahr entronnen, alle drei!

Achtet auch darauf, welch einen schlechten Eindruck manchmal die kirchlichen Gebühren auf die Leute machen. Ich werde auf dieses Thema noch zu sprechen kommen. Manchmal ist es einfach die Art und Weise, die verstimmt. Wenn einer für seinen priesterlichen Dienst etwas nimmt und es versteht, die Spende auf anständige Weise entgegenzunehmen – in Ordnung. Aber es gibt auch solche, die nicht zu bitten verstehen, und das ruft dann Verstimmung hervor. So geraten sie in ein schlechtes Licht. Die Leute sind in diesem Punkt sehr empfindlich. Seid also vorsichtig, wenn ihr Spenden für die Kirche sammelt. Ich habe bei Thils gelesen, wie er vom Geist der Armut spricht: Unter den Ordensleuten gibt es solche, die persönlich wirklich arm sind; so manche Ordensschwester ist selber sehr arm und bescheiden, sie besitzt den Geist der Armut und lebt völlig bedürfnislos. Aber wenn es um die Gemeinschaft geht, um das Kloster, dann können sie nie genug bekommen. Sicher, es kommt der Gemeinschaft zugute, aber die Leute wundern sich trotzdem. Auch wenn es für die Kirche ist, gibt es diese und jene Vorgangsweise. Die Leute erwarten mit Recht ein gewisses Maß und geziemende Zurückhaltung.

Doch nun zum *Gehorsam*. Er „war gehorsam bis zum Tod" (Phil 2,8). Und bei seinem Eintritt in die Welt sagte Christus: „Ja, ich komme ... um deinen Willen, Gott, zu tun" (Hebr 10,7). Der heilige Paulus wollte uns damit sagen, welches die ersten Worte waren, die Christus bei seinem Eintritt in diese Welt gesprochen hat. Und seine letzten Worte vor seinem Tod lauteten: „Es ist vollbracht" (Joh 19,30). Vater, ich habe alles getan, was du mir aufgetragen hast, es ist alles erledigt. Und zwischen diesen beiden Polen, von seinem

Anfang bis zu seinem Ende, gibt es nichts anderes als Gehorsam. „Meine Speise ist es, den Willen dessen zu tun, der mich gesandt hat." – „Nicht meinen Willen suche ich, sondern den Willen dessen, der mich gesandt hat." – „Nicht mein Wille geschehe, sondern der deine." – „Nicht wie ich will, sondern wie du willst."

Und dann sein Beispiel: Dreißig Jahre lang Gehorsam und Unterwerfung in Nazaret. Und er hat uns gesagt, daß auch wir gehorsam sein sollen, und sogar unseren Gehorsam erleichtert.

Man spricht von der Kirche, vom kirchlichen Gehorsam: Jesus hat uns dem heiligen Petrus unterstellt, den er zum Haupt der zukünftigen Kirche gemacht hat. Ein Vorsteher, der vielleicht unter einem gewissen Gesichtspunkt nicht besonders rühmenswert ist, denn ausgerechnet er ist es gewesen, der seinen Meister dreimal verleugnet hat. Petrus war also ein Versager, bevor er zum Haupt der Kirche wurde. Vor allem Markus, der in seinem Evangelium die Predigt des heiligen Petrus aufgezeichnet hat, befaßt sich sehr ausgiebig mit den Fehlern des Apostels.

Eure Vorgesetzten sind nicht ohne Fehler, aber ihr müßt ihnen dennoch gehorchen. „Ordnet euch in aller Ehrfurcht euren Herren unter, nicht nur den guten und freundlichen, sondern auch den launenhaften" (1 Petr 2,18). Das ist ein wichtiger Punkt in der priesterlichen Askese. Der heilige Philipp Neri hat einmal gesagt: Die ganze Heiligkeit ruht auf diesen drei Fingern (und er legte dabei die drei ausgestreckten Finger seiner rechten Hand an die Stirn), d. h. es kommt auf den Kopf an, der sich neigt. Ich bin ganz abgemagert, weil ich soviel gefastet und Buße getan habe ... Gut, aber wie trägst du deinen Kopf? Bist du bereit, dich zu beugen, deinen Vorgesetzten zu akzeptieren und dich mit ihm zu einigen?

Als der heilige Franz von Sales den Orden von der Heimsuchung Mariä gründete, holte er von da und dort Ratschläge, Meinungen und Gutachten ein. Unter anderem wandte er sich auch an den Provinzial der Kapuziner, der zu ihm sagte: Exzellenz, denken Sie daran, daß die Buße die Grundlage des Ordenslebens ist. Die Abtötung ist das Abc des geistlichen Lebens. Sehen Sie, wir Kapuziner und auch unsere Ordensschwestern gehen barfuß. Sie müssen vor allem anordnen, daß die Mitglieder Ihres Ordens mit nackten Füßen gehen, nur mit Sandalen angetan. Pater Provinzial, antwortete der Heilige, ich möchte bei der Gründung meines Ordens nicht bei den Füßen anfangen, sondern beim Kopf. Sollen sie doch Schuhe und Strümpfe tragen! Die viel größere Abtötung besteht darin, sich zu unterwerfen, zu gehorchen, die Regel zu befolgen.

Dieser Heilige sagt auch noch etwas anderes: Auch Gott der Herr ißt dort droben seine Suppe. Die Suppe kochen wir ihm hier unten, aber sie schmeckt ihm nicht, wenn sie nicht gesalzen ist. Auch ihm geht es so wie uns: Nur wenn die Suppe gesalzen ist, schmeckt sie. Das Salz für die Suppe, die wir für Gott kochen, ist immer der Gehorsam. Es gibt Priester, die sind unheimlich tüchtig, sie organisieren so vieles, aber sie tun es gegen den Willen ihrer Vorgesetzten, ohne ihr Einverständnis. Sie sind tüchtig, keine Frage, aber diese Suppe ist nicht gesalzen. Sie tun es auf eigene Faust, ohne Salz.

Es ist nicht immer leicht. Der kirchliche Gehorsam ist oft sehr schwierig. Wenn man jung ist, geht es noch leichter. Da stehen die Vorgesetzten gewissermaßen noch auf einem Podest. Der Bischof ist noch eine Autorität. Wenn man aber älter wird, ist es schon schwieriger, denn man hat schon selbst pastorale Erfahrung gesammelt, man kennt das Leben einigermaßen. Da hat uns der Bischof so einen jungen Kaplan geschickt, der nichts versteht, der nichts weiß. Nun, auch der Bischof macht natürlich Fehler. Lieber wären wir ja unfehlbar, wir Bischöfe. Aber auch wir können uns irren. Ich wäre froh, wenn ich nicht solche Böcke geschossen hätte. Und wenn ich einmal einen Schnitzer mache, dann bemerken es meine Priester sofort und sagen: Er hätte besser aufpassen sollen! Aber dennoch muß man gehorchen – das ist das Schwierige. Das bedeutet, den Geist des Gehorsams haben.

Scalabrini und Bonomelli haben je eine kleine Schrift verfaßt über die Beziehungen zwischen Italien und dem Heiligen Stuhl nach dem Ende des Kirchenstaates 1870. Sie waren beide sehr offene Geister und vertraten die Meinung, so wie bisher könne es nicht weitergehen, man dürfe nicht mehr auf diese Weise das Volk bevormunden. Es stünden ja nicht Fragen des Glaubens oder der guten Sitten auf dem Spiel. Doch während Bonomelli sein Manuskript einfach zum Druck gab, ohne jemandem etwas davon zu sagen, hat Scalabrini seine Aufzeichnungen genommen und ist damit zu Leo XIII. gegangen. Eure Heiligkeit, ich bin fest davon überzeugt, daß es so nicht weitergehen kann. Ich habe da eine kleine Schrift verfaßt, erlauben Sie, daß ich sie Ihnen vorlese? Lesen Sie nur, sagte der Papst, Wir hören. Und dann hat er ihm daraus vorgelesen, oder er hat ihm das Manuskript überhaupt dortgelassen, ich weiß es nicht mehr so genau. Jedenfalls hat Leo XIII. gemeint: Gut, das gefällt mir. Er hat sogar einige Anmerkungen hinzugefügt: Das hier würde ich so formulieren, dort würde ich eher so schreiben. Daraufhin hat Scalabrini sein Werk veröffentlicht. Sonst hätte er es nie getan. Aber es gab ja nicht nur Leo XIII., sondern auch die römische Kurie, die Umgebung des Papstes. Und wenn der Papst so dachte, dann dachte seine Umgebung anders. Sie haben gesagt: Das ist ja halb häretisch.

Die Presse, die natürlich von diesem „Hofstaat" gelenkt war, hat daraufhin einen großen Lärm geschlagen, und Scalabrini wurde von Rom ein ordentlicher Rüffel erteilt. Er dachte sich: Aber der Papst hat mir doch erlaubt, das Werk drucken zu lassen, da ist noch das von ihm selbst korrigierte Manuskript. Ich verstehe das alles nicht. Doch er hat zu niemandem etwas gesagt. Er ist dann nach Rom gefahren, um den Papst zu besuchen, und hat dort so getan, als ob nichts gewesen wäre. Wir werden ja sehen, ob er etwas sagt und was er mir sagt. Der Papst hat ihn sehr herzlich empfangen. Er hat mehr oder weniger um den heißen Brei herumgeredet und bei der Gelegenheit auch eine Andeutung in einer bestimmten Richtung gemacht. Wir haben die Absicht, demnächst einen neuen Schub von Kardinälen zu ernennen, und es ist nicht ausgeschlossen, daß auch der Bischof von Piacenza... Kurz und gut, er hat ihn zu trösten versucht. Scalabrini ist sehr deprimiert wieder nach Hause gefahren. Nicht einmal ein einziges Wort hat er in dieser so wichtigen Sache zu mir gesagt. Schön stehe ich jetzt da!

Nicht, daß Leo XIII. ihn bewußt blamieren wollte, dazu war er viel zu ehrlich. Er hatte ja wirklich gesagt: Das geht schon in Ordnung – und es auch so gemeint. Doch dann wird man ihn dazu gebracht haben, seine Meinung zu ändern. Wir alle haben ja auch eine Umgebung, die Einfluß nimmt auf unsere Ansichten. Die Päpste, die Bischöfe leben von Informationen. Vielleicht haben sie zu ihm gesagt: Eure Heiligkeit haben sich das nicht genügend überlegt, Sie haben das und das nicht bedacht. Jaja, ich weiß schon ... Andererseits, wird er sich gedacht haben, wenn Scalabrini wieder kommt, was mache ich dann, was soll ich ihm sagen? Ich müßte ihm so vieles erklären ... dann entsteht vielleicht ein noch größeres Durcheinander. Schließlich und endlich wird der Papst eben geglaubt haben, es sei am klügsten zu schweigen.

Und was hat der Untergebene in so einem Fall zu tun? Zu gehorchen, weiter nichts. Sich aufopfern. Besser, daß Monsignore Scalabrini blamiert dasteht, als daß der Papst sein Gesicht verliert. Scalabrini opfert sich für den Papst. Was er tut, ist sehr verdienstvoll, ja geradezu heroisch. Ein wunderbares Beispiel von Gehorsam.

Nun, solche Dinge passieren in unseren Diözesen am laufenden Band. Man muß versuchen, im Geist der Unterwerfung gehorsam zu sein, indem man den Gehorsam als ein Opfer gerne auf sich nimmt und auf Gott vertraut, der dieses Opfer sieht und zu belohnen wissen wird. Aber sie geben uns keine klaren Direktiven, unsere Bischöfe. Ich wiederhole damit nur, was meine Priester sagen, denn ab und zu kommt es ja doch dem Bischof zu Ohren. Der Bischof kann nur allgemeine Richtlinien erlassen, er kann nicht für alles kompetent sein. Sonst müßte ich ja ein vollkommener Mensch sein, der sich überall auskennt, in sozialen Fragen, in der Katechese, in der Liturgie. Ich kenne mich aber nicht überall aus! Bevor ich Bischof wurde, war ich Professor im Seminar; ich habe mich wirklich nicht darum gerissen, Bischof zu werden. Jeder hat so sein eigenes Gepäck, und niemand ist vollkommen.

Macht es nicht so wie Bertoldo! Wißt ihr, was ich damit meine? Er war zum Tode verurteilt worden. Majestät, ich bitte darum, mir noch einen letzten Wunsch zu erfüllen. Ich soll gehängt werden, gut, ich akzeptiere diese Strafe. Aber ich möchte mir selbst den Baum aussuchen dürfen. Und er ist herumgegangen, hat geschaut und gesucht, doch kein Baum war ihm gut genug, er suchte immer einen anderen. Es gibt welche, die warten immer auf einen anderen, einen besseren Vorgesetzten: Wann kommt endlich dieser gute, dieser wirklich geeignete und fähige Mann zum Zug, dieses Genie? Aber in der Zwischenzeit muß man eben dem gehorchen, der nun einmal im Augenblick mein Vorgesetzter ist. Es ist unwahrscheinlich, daß es einen Vorgesetzten gibt, der sich in allem auskennt, mit dem alle zufrieden sind und der allen zusagt. Das ist schier unmöglich.

Gehorcht also den Vorgesetzten, die ihr habt, auch wenn sie euch nicht immer ganz verstehen und ihre Anweisungen für euch nicht so durchsichtig sind.

Doch wie soll dieser Gehorsam aussehen? Nicht immer nur auf Anweisungen von oben warten, man muß auch Eigeninitiative entwickeln. Aber es muß eine Initiative sein, die sich auch unterordnen kann. Eigeninitiative ist notwendig, wenn etwas vorwärts gehen soll, denn der Bischof kann nicht alles für alle regeln, er kann nicht für alles Vorsorge treffen. Jeder hat das Recht, an seine Aufgabe mit der ihm eigenen persönlichen, originellen, manchmal genialen Methode heranzugehen. Sie darf nur nicht im Gegensatz stehen zu den Direktiven von oben.

Erbitten wir vom Herrn die Gnade, im Geist der Armut und des Gehorsams zu leben. Ich glaube, daß in den Augen des Volkes die Armut viel wichtiger ist als der Gehorsam. Vor Gott aber ist der Gehorsam verdienstvoller, denn er ist viel schwieriger zu verwirklichen. Aber zur Erbauung des Volkes und für ein fruchtbares Apostolat ist nichts besser geeignet als die Praxis der Armut und der Distanz von den irdischen Dingen.

XI
Die Klugheit

Der barmherzige Samariter zeigt uns Priestern auch noch eine andere sehr wichtige, ja notwendige Tugend: die Klugheit.

Jesus hat uns die Klugheit sehr ans Herz gelegt: „Seid daher klug wie die Schlangen und arglos wie die Tauben" (Mt 10,16). Er war unbeugsam in seinen Prinzipien, aber auch nachgiebig, wenn die Umstände es erforderten. Es „wird auch nicht der kleinste Buchstabe des Gesetzes vergehen, bevor nicht alles geschehen ist. Wer auch nur eines von den kleinsten Geboten aufhebt ... der wird im Himmelreich der Kleinste sein" (Mt 5,18–19). Doch an einer anderen Stelle: „Noch vieles habe ich euch zu sagen, aber ihr könnt es jetzt nicht tragen. Wenn aber jener kommt, der Geist der Wahrheit", den der Vater euch in meinem Namen senden wird, „wird er euch in die ganze Wahrheit führen" (vgl. Joh 16,12–13).

Nach der wunderbaren Brotvermehrung wollte man Jesus fast mit Gewalt entführen und ihn zum König machen, doch er zog sich zurück und wollte nichts davon wissen. Aber am Palmsonntag hat man ihm einen kleinen Triumphzug bereitet. Auf einer Eselin sitzend hat er diesen Triumph ausgekostet, ja vielleicht sogar gewollt. Und als die Pharisäer sich ärgern, weil die Kinder ihm ihr Hosanna entgegenjubeln, und ihn auffordern, sie doch zum Schweigen zu bringen, da antwortet er ihnen: Nein, ich will nicht, daß sie schweigen. Wenn sie schwiegen, dann würden eben die Steine schreien. So hat er sie abgefertigt. Das war sein Tag des Triumphes, er hat ihn gewollt und akzeptiert. Zuerst also nicht, jetzt aber doch – denn die Umstände hatten sich geändert.

Dasselbe gilt auch für seine Wunder: Seht zu, daß ihr niemandem davon erzählt, daß niemand etwas davon erfährt!

Aber in Gerasa hat er einen Besessenen geheilt und zu ihm gesagt: Und jetzt, mein Sohn, wo du geheilt bist, geh nach Hause zu den Deinen und erzähle, wie gut der Herr zu dir gewesen ist! Der Geheilte sollte also davon berichten, damit dieses Ereignis allgemein bekannt würde. Die Umstände waren eben anders.

Wenn man das Leben Jesu betrachtet, so kann man deutlich eine zweifache Art seiner Verkündigung unterscheiden: In der ersten Zeit, in Galiläa, sagte er eher wenig. Seine Zuhörer waren einfache Leute, sie waren auf seine Botschaft noch nicht vorbereitet. Zuletzt aber, in Judäa, vor allem in Jerusalem, sprach er viel offener, er schlug einen ganz anderen Ton an. Er stellte sich auch ganz auf seine jeweiligen Zuhörer ein: „Euch ist das Geheimnis des Reiches Gottes anvertraut; denen aber, die draußen sind, wird alles in Gleichnissen gesagt" (Mk 4,11). Also paßt er die Wahrheit den gegebenen Umständen an, er dosiert sie entsprechend und versteht es, die Gegebenheiten in Rechnung zu stellen. Bei allem, was er von sich gibt, nimmt er darauf Rücksicht, mit wem er es zu tun hat. Einigen sagte er bestimmte Dinge, die er anderen wiederum nicht anvertrauen wollte. Er war also klug.

Ihr müßt schon entschuldigen, wenn ich etwas ausführlicher über diese Tugend spreche. Der heilige Bernhard sagt in einem seiner Briefe: Wer heilig ist, soll für uns beten, wer weise ist, soll uns lehren, und wer klug ist, soll uns leiten. Eine leitende Position erfordert vor allem Klugheit. Davon kann man nie genug haben.

Als erstes möchte ich euch sagen, daß für mich die Klugheit eine Art von praktischem Wissen darstellt. Da es sich um ein *Wissen* handelt, muß es auch Prinzipien geben. Hier sind es ausnahmslos Prinzipien des Evangeliums. Und da es sich um ein *praktisches* Wissen handelt, müssen diese Prinzipien auch angewandt werden, jedoch unter Berücksichtigung der realen Situation, der verschiedenen Umstände und Personen.

Wie sieht nun diese Realität aus? Tatsache ist, daß die Menschen sehr verschieden sind. Jeder ist ein Ebenbild Gottes, das einmalig ist und sich kein zweites Mal wiederholt. Wie die Blätter eines Baumes: Alle sind sie einander ähnlich, aber kein Blatt gleicht völlig dem anderen. So sind auch die Menschen verschieden, und selbst ein und derselbe Mensch ist heute anders, als er gestern war, am Abend mehr müde als am Morgen. Manche Dinge kann man jemandem vielleicht in der Früh sagen, wenn er noch nicht müde ist; am Abend aber ist es besser, gewisse Dinge für sich zu behalten, besonders wenn es unerfreuliche Dinge sind, wenn es sich um Vorwürfe handelt. Gerade bei Kindern, die vielleicht den ganzen Tag herumgetollt haben, ist das zu berücksichtigen.

Die Realität sieht also so aus, daß es große Unterschiede gibt. Und wenn auch die Prinzipien selbst unveränderlich bleiben, so muß man doch bei ihrer Anwendung flexibel sein. Was würdet ihr zum Beispiel tun, wenn ihr zufällig auf der Straße Zeugen eines Raubüberfalls würdet? Würdet ihr die Räuber entkommen lassen, obwohl sie gerade dabei sind, eine Schurkerei anzustellen? Doch wenn die Räuber auf der Flucht sind, vielleicht Hunger haben und völlig am Ende sind, wenn sie die Hand aufhalten und um etwas bitten – was dann?

In Montecasale gab es ein Franziskanerkloster. Einmal kamen, wie die „Fioretti" berichten, drei berüchtigte Räuber, die in der ganzen Gegend gefürchtet waren, zu diesem Kloster. Sie hatten Hunger und baten den Bruder Agnolo, den noch sehr jungen Vorsteher des Klosters, um etwas zu essen. Seine Antwort lautete: Ihr grausamen Räuber und Mörder, seid ihr nicht damit zufrieden, Hab und Gut eurer Mitmenschen zu rauben, wollt ihr auch noch die Almosen der Armen verzehren? Haut ab und laßt euch ja nicht mehr blicken! Und sie liefen wirklich davon. Kaum hatte er seine Strafpredigt beendet, als der heilige Franziskus vom Almosensammeln zurückkam. Bruder Agnolo konnte es kaum erwarten, dem Heiligen zu erzählen, wie tüchtig er gewesen war und wie er die Räuber verjagt hatte. Aber, so heißt es in den „Fioretti" weiter, der heilige Franziskus hat ihn heftig getadelt, weil es ihm an Liebe gefehlt habe.

Gut, es waren Räuber, aber sie haben dich um einen Liebeserweis gebeten. In diesem Augenblick waren sie wohlgesinnt. Du hast schlecht gehandelt, deshalb wirst du jetzt dafür Buße tun. Hier ist der Beutel mit dem Brot, das ich gesammelt habe, da der Krug mit Wein: Nimm es, lauf ihnen nach und suche sie! Und wenn du sie gefunden hast, dann wirst du diese

Sachen vor sie hinstellen, dich vor ihnen niederknien und sie um Vergebung bitten für deine Schuld, für deine Hartherzigkeit. Du wirst ihnen sagen, daß ich sie liebe und ihnen dieses Essen schicke. Sie sollen aber keine Grausamkeiten mehr begehen gegen ihre Mitmenschen und Reue empfinden vor Gott. Bruder Agnolo gehorchte und ging. Er fand die Räuber tatsächlich und gab ihnen die mitgebrachten Dinge. Daraufhin begannen sie, über ihr niederträchtiges Leben nachzudenken. Und nachdem sie gegessen hatten, standen sie auf, gingen schnurstracks zum heiligen Franziskus und stellten sich in seine Dienste. Der Heilige hat sie in seinen Orden aufgenommen, und sie haben in ihrem weiteren Leben viel Buße getan, versichern uns die „Fioretti". Der heilige Franziskus war also viel klüger, ein viel größerer Realist als sein Guardian; er hat intuitiv gewußt, was zu tun war.

Man muß sich also immer die Realität vor Augen halten, aber jede Übertreibung vermeiden. Man muß zwar die Realität zur Kenntnis nehmen, aber das darf keinesfalls auf Kosten der Wahrheit gehen. Da hat zum Beispiel jemand eine ganz bestimmte Vorstellung, die er hegt und pflegt. Er ist so vernarrt in seine Idee, daß er für nichts anderes mehr zugänglich ist. Er sieht gar nicht mehr, daß diese seine Idee mit den Jahren unter den Unbilden der Zeit doch etwas gelitten hat, daß sie nicht mehr ganz zeitgemäß ist. Die Umstände ändern sich eben, und man muß diese Veränderungen beachten.

Es gibt aber auch solche, die sich zuwenig um die Realität kümmern. Das sind Leute, die ein bißchen in den Wolken schweben; sie haben zwar ein beträchtliches Wissen, aber nur aus Büchern. Lord Palmerston, der große englische Staatsmann, hat einmal gesagt: Wenn ich die Seiten eines neuen Buches aufschneiden muß, nehme ich dazu nie ein Rasiermesser, ich verwende vielmehr einen Öffner aus Bein. Damit geht es viel besser, obwohl er nicht so scharf ist wie das Rasiermesser. Es gibt Leute, die sind so wie Rasiermesser: Sie beherrschen das gesamte Recht bis auf das letzte Komma, bis zum kleinsten Paragraphen, aber das wirkliche Leben ist oft ganz anders. Man muß immer darauf achten, ob das Gesetz auch auf die Realität anwendbar ist.

Der französische Ministerpräsident Clemenceau hatte zwei Ministerkollegen, Poincaré und Briand, von denen er sagte: Poincaré weiß alles, aber er versteht nichts; Briand hingegen weiß nichts, denn er hat keine Bildung, aber er versteht alles, er ist ein praktischer Mensch. Das kann man immer wieder erleben. Man darf jedoch nie die Realität aus dem Auge verlieren. Denn wenn die praktische Brauchbarkeit, die Klugheit, überbetont wird und daraus Kriecherei und Heuchelei entstehen, dann ist es noch schlimmer.

Beim Durchblättern der alten Nummern des „Moniteur", einst offizielles Organ der französischen Regierung, hat jemand folgende schöne Steigerung gefunden bei der Berichterstattung über die Rückkehr Napoleons nach Frankreich, nachdem er von der Insel Elba geflüchtet war. Am ersten Tag hieß es im „Moniteur": Der Räuber ist aus Elba geflohen. Wenig später: Der Usurpator ist in Toulon an Land gegangen. Einige Tage darauf: Napoleon trifft in Grenoble ein. Und am Schluß: Der Kaiser hält heute abend seinen Einzug in Paris. Habt ihr gemerkt? Räuber, Usurpator, Napoleon, Kaiser... Die Zeitung hat berücksichtigt, was geschehen war; sie hat gesehen, daß der Räuber und Usurpator freundlich aufgenommen wurde, und ihn daraufhin zuerst Napoleon und dann sogar Kaiser genannt. Eine solche Anpassung geht sicher zu weit, das ist wohl zuviel Ungeniertheit, das heißt, sein Fähnchen nach dem Wind richten. So verhalten sich Leute, die lavieren, die einmal dem einen zuneigen, aber dann auch zu seinem Gegner halten! Sie sagen sich: Ich kann vielleicht alle beide einmal brauchen.

Bei Priestern darf es so etwas nicht geben. Man muß auch ein wenig Rückgrat besitzen. Sich anpassen ja, aber nie auf Kosten der Wahrheit und der Würde der Person.

Die Klugheit ist auch eine Art Motor. Wundert euch nicht darüber, es ist der heilige Thomas, der das sagt: Prudentia est motor. Warum? Weil die Klugheit im Gegensatz zur landläufigen Meinung zur Aktion, zum Handeln aufstachelt. Sie sagt nämlich: Mach schon, tu etwas, beeile dich! Das ist ein Stachel im Fleisch all jener traurigen Helden, die sich durch nichts aus der Ruhe bringen lassen und sich dabei auf die Klugheit berufen. Wenn jemand sagt: Wissen Sie, ich will mich da nicht einmischen, ich lasse mich da nicht hineinziehen, ich will keine Scherereien haben, dann heißt es oft: Der ist aber klug! Nein, er ist alles andere als klug, er ist faul, wahrscheinlich sogar ein Feigling. Die Klugheit verurteilt zwar blinden Eifer und Tollkühnheit, aber sie will und empfiehlt die klare, entschiedene und mutige Tat.

Plato hat gesagt, daß in der Kutsche der Tugenden die Klugheit der Kutscher sei, der die Zügel und auch die Peitsche in der Hand hält. Das ist treffend gesagt. Aber was will der Kutscher eigentlich? Er will das Ziel erreichen, die Leute dorthin bringen, wohin sie müssen. Wenn es, um ans Ziel zu gelangen, nicht unbedingt notwendig ist, das Pferd zu opfern, ist er nur froh darüber. Wenn es aber nicht anders geht, dann holt er aus dem Pferd das Letzte heraus, selbst wenn das Tier dabei draufgeht, denn wichtig ist nur, daß man ans Ziel kommt und keine Angst hat.

Die Klugheit treibt uns also zum Handeln an. Glaubt ja nicht, ihr seid klug, weil ihr nichts tut! Der da ist ein kluger Mensch, er exponiert sich nie, er macht nie einen Fehler. O nein, das kann auch ein Faulpelz und ein ungehorsamer Mensch sein. Sicher, wer nichts tut, macht keinen Fehler. Wer aber etwas tut, der kann auch so manchen Fehler machen.

Es ist unmöglich, eine neue Kirche zu bauen oder ein neues Altersheim zu errichten, ohne daß irgend etwas danebengeht. Wir alle machen dann und wann Fehler. Aber wenn ihr zuviel Angst vor solchen Fehlern habt, dann werdet ihr überhaupt nie etwas in Angriff nehmen.

Die Psychologen unterscheiden bei der menschlichen Handlung drei Stufen: die freie Wahlmöglichkeit, die innere Entscheidung und die Ausführung der Handlung. Die Klugheit sagt uns: Tu es, aber denk zuerst nach, überlege vorher! Kardinal Confalonieri berichtet in seinem Buch über Pius XI., daß der Papst, wenn man ihm etwas zur Entscheidung vorlegte, immer gesagt habe: Laßt mich nachdenken, ich möchte es mir noch überlegen. Auch das Sprichwort sagt ja: Vier Augen sehen mehr als zwei. Die Katze, die es eilig hatte, hat blinde Kätzchen geboren. Die Stufe der Wahlfreiheit ist also der Moment der Reflexion, des Nachdenkens, der Abwägung der verschiedenen Elemente.

Die zweite Stufe ist die Entscheidung. Es gibt Leute, die kommen über das Stadium des Überlegens nie hinaus. Sie hören auf das und jenes, und wenn sie mit allem durch sind, fangen sie wieder von vorne an. Aber es kommt nichts dabei heraus. Man hat einmal einen Truthahn lebendig auf eine glühendheiße Herdplatte gestellt. Wißt ihr, was er getan hat? Als er spürte, daß es heiß war, hat er einen Fuß gehoben. Aber auch am anderen Fuß war es heiß. Da ließ er den einen Fuß wieder sinken und hob den zweiten. Es war ein ewiges Schwanken. Manche Leute sind genauso wie dieser Truthahn: Auf und nieder, ja und nein! Sicher, man soll vorher gut überlegen und sich beraten. Aber es muß auch einmal die Zeit kommen, wo man aufhört damit. Auch weil du sonst darunter leidest, denn der eine sagt so, der andere so, und du weißt letztlich nicht, was tun. Du kannst dich nicht entscheiden, es ist eine Qual für dich! Doch irgendwann muß man sich entscheiden und sagen: Schluß damit, jetzt wird gehandelt!

Am wichtigsten ist jedoch die dritte Stufe, die Ausführung der Handlung. Es ist im allgemeinen ziemlich leicht, eine Entscheidung zu treffen, aber es ist oft schwierig, die getroffene Entscheidung auch auszuführen. So vieles stellt sich euch in den Weg. Da ist dann der Augenblick für die Klugheit gekommen, die aber immer mit einer gewissen Festigkeit gepaart sein muß. Philipp von Makedonien hat einmal gesagt: Mir ist ein Rudel Hirsche, das von einem Löwen angeführt wird, lieber als eine Herde Löwen, die von einem Hirsch angeführt wird. Nur wenn ein Chef in einer bestimmten Situation den Mut hat, Verantwortung zu übernehmen, Entscheidungen zu treffen und sie trotz allem auch auszuführen, nur dann geht etwas weiter. Wenn es da zum Beispiel eine Gruppe von tüchtigen Priestern gibt, die wie die Löwen sind, aber an ihrer Spitze steht einer, der nie den Mut aufbringt zu sagen: So, und jetzt machen wir das und jenes, dann geschieht gar nichts. Man muß den Mut haben, etwas auszuführen. Ihr müßtet in euren Pfarrgemeinden solche Löwen sein, wenn es darum geht, gewisse Unternehmungen auch durchzuführen. Der Pfarrer ist ja in gewisser Weise ein Chef, eben der Leithammel.

Die Klugheit ist wirklich eine echte und authentische

Tugend. Das heißt, daß sie nur einer edlen Sache dienen und sich nur edler Mittel bedienen darf.

Plutarch sagt von Alkibiades: Er, der an der Spitze Athens stand, war von einem außergewöhnlichen Ehrgeiz besessen. Wenn er feststellte, daß das Interesse seiner Bürger für ihn nachließ, dachte er bei sich: Da muß man sich etwas einfallen lassen. Sie müssen wieder von mir Notiz nehmen, koste es, was es wolle. Und was tat er? Er besaß einen wunderschönen Hund, der ihn ein schönes Stück Geld gekostet hatte, ganze siebzig Minen. Er schnitt ihm den Schwanz ab und ließ ihn so zum Spaß durch Athen führen. Und ganz Athen begann wieder von Alkibiades und seinem Hund zu sprechen.

„Klugheit des Fleisches" — würde der heilige Paulus dazu sagen. Ein genialer Schachzug, aber leider für etwas, das alles andere als edel war: für ein bißchen Ehrgeiz. Ein Einsatz für eine schlechte Sache, geradezu verschwendete Klugheit!

Meine Mitbrüder, daß es ja nicht auch unter uns so einen Alkibiades gibt mit einem Hund ohne Schwanz! Aber gewisse Fotos, gewisse lobhudelnde Artikel im Kirchenblatt oder in der Lokalzeitung – wir haben dieses und jenes getan. Und dann vielleicht noch den Dechant kommen lassen, damit er uns auch von der Kanzel herab öffentlich lobt. Oder auch bestimmte Äußerungen, die man mehr oder weniger geschickt zwischen klug dosiertes Schweigen einschiebt. Ein beredtes Schweigen, sich nie eindeutig deklarieren, ein Augenzwinkern, gleichsam um zu sagen: Ich kann jetzt nicht sprechen, oder schmeichlerische Versprechungen und versteckte Drohungen. Und warum das alles? Alles nur zu dem Zweck, um noch mehr Ansehen und Macht zu gewinnen. Und wenn man dann wirklich einmal sagen muß: Es tut mir leid, aber ich kann in diesem Fall leider nichts für Sie tun, dann wird einem niemand mehr glauben, weil es ja nicht verborgen geblieben ist, daß es einem einzig und allein darum geht, sein eigenes Ansehen zu mehren. Es ist durchaus möglich, daß auch Priester einen solchen zweifelhaften Stil pflegen. Bei den Leuten kommt das aber nicht gut an. Es ist eben „Klugheit des Fleisches". Wenn nicht gar Verschlagenheit daraus wird und es soweit kommt, daß man sich unerlaubter Mittel bedient. Dann haben wir es mit einem gerissenen Fuchs zu tun. Die Leute mögen solche Schlaumeier nicht gern als Pfarrer, sie schätzen eine solche Verschlagenheit nicht. Diese Art von Klugheit sollte man schnell vergessen.

Was bedeutet das alles nun für uns? Sehr nützlich ist es, sich die Vergangenheit vor Augen zu halten. La Bruyère hat ein Buch geschrieben mit dem Titel „Die Charaktere von Theophrast". Dort skizziert er den Charakter des Stolzen und Eitlen sowie des Geizigen. Wenn man nun Theophrast, der ein Zeitgenosse des Aristoteles war, mit dem Geizigen von La Bruyère aus der Zeit Ludwigs XIV. vergleicht, sieht man, daß sich im Grunde nichts geändert hat. Die Geizigen gleichen sich über Jahrhunderte und Jahrtausende hinweg wie Wassertropfen. Auch die Ehrgeizlinge bleiben immer gleich: dieselben Absichten, dieselben Verhaltensweisen.

Wir können daraus lernen, daß die Vergangenheit sich ständig wiederholt. Unsere Vorfahren sind von denselben Zweifeln, denselben Problemen gequält worden wie wir. Sie haben darüber nachgedacht, haben Heilmittel und Lösungen gefunden. Nicht alle davon sind falsch oder überholt, viele gelten noch immer. Wir sollten nie die Vergangenheit pauschal als überholt abtun.

Wenn ihr eine neue Pfarrgemeinde übernehmt, dann befördert nicht alles mit einem Fußtritt beiseite, was eure Vorgänger getan haben. Sie sind lange dort gewesen, so mancher von ihnen zwanzig oder dreißig Jahre. Sie haben die Gemeinde gekannt und haben gewußt: Hier muß man die Leute von dieser Seite anpacken. Du bist kaum angekommen, und schon stellst du alles auf den Kopf und machst alles anders. Das ist nicht klug. In rechter Weise Rücksicht nehmen auf die Vergangenheit, wenigstens solange man nichts Besseres an ihre Stelle zu setzen hat – das nenne ich Klugheit.

Natürlich waren nicht nur die Menschen in der Vergangenheit klug. Kardinal Faulhaber hat einmal gesagt: Gott spricht zu mir in dieser meiner Zeit. Die „Zeichen der Zeit" – wir haben schon davon gesprochen. Man muß sehr darauf achten, die Zeichen der Zeit zu verstehen. Bossuet hat gemeint, daß ein König, um eine gute Politik zu machen, kein Buch benötigt, auf das er ständig wie gebannt hinstarrt. Das Buch für den König ist sein Königreich. Öffne die Augen und schau auf deine Untertanen, auf deine Länder und Provinzen, auf die Sitten und Gebräuche in deinem Reich: Darauf mußt du schauen, in diesem Buch mußt du lesen!

So soll auch ein Pfarrer offene Augen haben. Die Welt verändert sich heute im Laufe von zehn Jahren mehr als früher in 150 Jahren. Daher muß auch die Pfarrgemeinde alle Fenster aufreißen, damit frische Luft hereinkommt. Man darf die frische Luft, die da hereinströmt, nicht ignorieren. Beten und meditieren allein ist zuwenig. Es reicht schon lange nicht mehr, seinen Rodriguez fast auswendig zu können, man muß auch sehen, was in der Pfarrgemeinde vor sich geht. Man muß auch ein Auge für die Gegenwart haben!

Für die Klugheit gibt es auch eine sehr nützliche innere Disposition, nämlich die *Gelehrigkeit*. Ein Beispiel: Da gab es einen sehr gescheiten Universitätsprofessor. Es ist Winter. Während er in seine Bücher, in sein Studium vertieft ist, klopft es an der Tür. Es ist seine Haushälterin: Entschuldigen Sie, Herr Professor, sagt sie, aber das Feuer in der Küche ist mir ausgegangen, dürfte ich ein wenig davon aus Ihrem Ofen entnehmen? Aber bitte, nehmen Sie nur, sagt der Professor. Aber haben Sie denn kein Gefäß mit, um die Glut hineinzulegen? Ach nein, es geht auch so. Er ist gespannt. Die Frau nimmt nun ein wenig von der kalten Asche und streut sie auf die Handfläche. Dann nimmt sie zwei, drei glühende Kohlenstücke und legt sie darauf. Danke, Herr Professor, sagt sie und geht still wieder hinaus. Da schau her, denkt sich der Professor, ich habe soviel studiert, aber das habe ich noch nicht gewußt. Richtig! Es gibt immer noch etwas zu lernen, auch für Professoren. Niemand ist so gut, daß er immer schon alles weiß.

Von Kardinal Mercalli, der außergewöhnlich gebildet war, sagt man, er habe, als er zum Kardinal ernannt wurde, nichts davon wissen wollen. Er hat schließlich seiner Ernennung doch zugestimmt, aber nur unter der Bedingung, daß er in seiner Arbeit dadurch nicht behindert würde; er war nämlich Bibliothekar. Auf sein Wappen ließ er die Inschrift setzen: Paratus semper doceri – Ich bin bereit, mich immer belehren zu lassen. Richtig so, er war eben klug. Es gibt immer noch etwas zu lernen, auch wenn du noch so ein tüchtiger Pfarrer bist, auch wenn du bereits viel Erfahrung hast.

Die Erfahrung ist etwas sehr Wichtiges, aber sie ist nicht alles. Wenn jemand Erfahrung hat, so heißt das, daß er gelebt hat, und nun weiß er, was das Leben ist. Es ist nicht möglich, immer nur Erfolge zu haben, man muß auch die Mißerfolge akzeptieren. Ich glaube denen nicht, die behaupten, immer nur Erfolg gehabt zu haben, denn das ist unmöglich.

Und dann eure Mitarbeiter! Sie tun, was sie können. Man muß viel Geduld mit ihnen haben. Wer jung ist und das Leben noch nicht kennt, läßt sich leicht von seiner Phantasie mitreißen. Er sagt sich: Was ich hier mache, ist eine gute und wichtige Initiative; ich habe nur das Beste im Sinn. Da müssen doch alle davon begeistert sein und zustimmen. Todsicher müssen sie das. Es gibt kein einziges Unterfangen, das nur du allein richtig betreiben könntest. Ja, es kann sogar sein, daß du eine gute Arbeit dort entdeckst, wo du es am wenigsten vermutest, nämlich bei deinen Gegnern. Man muß darauf vorbereitet sein. Man kann immer noch etwas lernen.

Auch der *Scharfsinn* ist hilfreich. Der Scharfsinn ist eine natürliche Eigenschaft, er bedeutet ein schärferes Auge, als es gewöhnlich der Fall ist, wenn man so sagen darf. Ich habe irgendwo einmal von einem Polizeiinspektor gelesen, der bei seinem Kontrollgang an einem Hinterhof vorbeikam, wo ein Lastwagen abgestellt war. Zwei Arbeiter in Overalls waren gerade dabei, ihn mit schweren Bleirohren zu beladen. Aber sie taten das mit einem solchen Eifer . . . Zunächst ging er vorbei, dann aber besann er sich und kam wieder zurück. Von der nächstgelegenen Telefonzelle aus rief er die Polizei an und ließ die beiden Männer im Overall verhaften. Man fragte ihn: Woran haben Sie denn erkannt, Herr Inspektor, daß es sich um zwei Räuber und nicht um zwei Arbeiter handelte? Sie haben es viel zu eilig gehabt, gab er zur Antwort. Das war eben ein scharfsinniger Polizist, er hatte ein wachsames Auge.

Manchmal ist solcher Scharfsinn wirklich notwendig. Er ist jedoch eine natürliche Begabung, und wenn jemand diese Gabe hat, sollte er Gott dafür danken. Aber wir alle müssen unsere Augen offenhalten und uns bemühen, scharfsinnig zu sein, denn auf dieser Welt, wo man es mit jeder Sorte von Menschen zu tun hat, läuft man immer Gefahr, ein Opfer von Schwindlern und Betrügern zu werden.

Auch ein bißchen *Ordnung* ist nötig, ein planmäßiges und gewissenhaftes Vorgehen. Es ist unmöglich, etwas Dauerhaftes zustande zu bringen, wenn man seine Finger überall drinnen hat. Wir können nicht alles tun: Der eine studiert noch, er ist vielleicht Lehrer oder Pfarrer, er muß beruflich viel auf Reisen sein . . . da ist vieles nicht möglich. Du tust vielleicht sehr viel Gutes, aber du würdest noch viel mehr tun können, wenn du dich systematisch auf ein einziges Ziel konzentrieren würdest, auf deine ureigene Aufgabe, zu der du berufen worden bist.

Planmäßiges Vorgehen beinhaltet auch die Fähigkeit, eine bestimmte Arbeit sinnvoll auf die Mitarbeiter aufzuteilen. Du kannst nicht alles allein machen. Wozu hast du deine Kapläne? Laß auch sie etwas tun! Teile die Arbeit vernünftig auf, ohne Eifersucht aufkommen zu lassen. Laß sie nur machen, es genügt, wenn sie dir Rechenschaft darüber ablegen.

In der Zeit vor dem Ersten Weltkrieg machte ein treffendes Bonmot die Runde. Man definierte den sogenannten Dreibund folgendermaßen: Der Dreibund ist ein Zweibund, nämlich Bismarck. Heute, in einem Klima der Demokratie, würde das keinesfalls mehr toleriert, weder in der Pfarrgemeinde noch in der Diözese. Man will selbst sehen, man will an allem beteiligt sein, man will aktiv teilnehmen. Es ist klug und vernünftig, die angebotene Mitarbeit anzunehmen und alle mitarbeiten zu lassen. Es ist ein Zeichen von Klugheit, und man wird großen Gewinn daraus ziehen.

Aber er kann es vielleicht nicht so gut wie ich. Laß es ihn doch versuchen! Beim ersten Mal wird es vielleicht nicht ganz so klappen, aber dann wird auch er es gut machen. Du wirst staunen, was er alles zustande bringt, vor allem wenn er sieht, daß er dein Vertrauen besitzt. Nur Mut, laß ihm ein bißchen Spielraum, stell ihn nicht immer gleich aufs Abstellgleis!

Es gibt gewisse Pfarrer . . . Manchmal beklage ich mich bei ihnen, weil sie viel zuwenig den Kaplänen überlassen. So können diese nie etwas lernen und bleiben ewig unmündig. Vertraut ihnen doch die Betreuung der Kranken an, laßt sie auch einmal eine wichtige Predigt oder einen Vortrag halten, gebt ihnen ein wenig Einblick in die Verwaltung! Es ist doch ein Stolz für einen jeden Pfarrer, sagen zu können: Aus meinem

Kaplan ist etwas geworden, aber er hat fast alles von mir gelernt. Daher ist er auch nie in Schwierigkeiten geraten.

Seid auch Erzieher! Ich bin überzeugt, daß die jungen Priester von ihren ersten Pfarrern mehr lernen als in der ganzen Seminarzeit. Sicherlich, im Seminar wurde die Basis gelegt, aber das praktische Leben müssen sie in der Pfarrei lernen. Wenn du aber so eifersüchtig bist, daß du alles an dich reißen mußt, wie soll dann aus dem armen Kerl etwas werden?

Und noch ein Letztes: Auch *Schweigenkönnen* gehört zur Klugheit. Manchmal möchte man sich auf den Mund schlagen und sagen: Warum habe ich das bloß gesagt? Ich hätte schweigen sollen, das wäre viel besser gewesen. Jetzt sitze ich schön in der Tinte. Sogar bis zum Bischof ist es schon gedrungen ... Hätte ich doch geschwiegen! Warum mußte ich bloß reden?

Man glaubt oft, das ist ein zuverlässiger Freund, dem kann ich Vertrauen schenken. Und dann wird man gerade von ihm enttäuscht. Es gibt keine Verschwiegenheit mehr auf dieser Welt. Außer dem Beichtgeheimnis und der Amtsverschwiegenheit gibt es kein Geheimnis, das wirklich hält. Wenn ihr wollt, daß etwas geheim bleiben soll, dann müßt ihr es für euch behalten. Wenn ihr es jemandem unter dem Siegel der Verschwiegenheit anvertraut, dann erfährt es unweigerlich alle Welt!

Eines Morgens hat man den Ministerpräsidenten Sonnino am Pincio angetroffen, wo er in Gedanken versunken auf und ab spazierte. Ein Freund sagte zu ihm: Ich wette, du bereitest gerade die Antwort an jene Abgeordneten vor, die unlängst im Parlament interveniert haben, du denkst nach, was du ihnen sagen sollst. Er antwortete: Nein, das ist völlig falsch. Ich denke darüber nach, was ich nicht sagen darf. Das, was man nicht sagen darf, ist oft viel wichtiger.

Von diesem Sonnino, der zusammen mit Orlando zu den Friedensverhandlungen nach Versailles gegangen ist, hat Luzzatti gesagt: Wir haben zwei gute Namen in Versailles: Orlando spricht in allen Sprachen, auch in denen, die er nicht beherrscht; Sonnino aber schweigt in allen Sprachen.

Man kann nie klug genug sein, man kann nie genug schweigen. Einen Menschen mißt man manchmal daran, ob er schweigen kann. Und die Wertschätzung eines Pfarrers bei seinen Pfarrkindern hängt oft davon ab, ob er das, was man mit ihm bespricht, auch für sich behalten kann. Dann gehen die Leute viel lieber zu ihm und vertrauen ihm ihre Sorgen an, und vor allem: Sie kommen auch wieder. Sonst jedoch...

Nun, das sind alles Kleinigkeiten, sie gehören mehr dem natürlichen als dem übernatürlichen Bereich an. Es sind vielleicht nicht gerade Dinge für Exerzitien, aber wenn ihr darüber einmal eine Gewissenserforschung anstellt, werdet ihr sehen, wie nützlich sie für euch sein können.

Erbittet vom Herrn die Gnade, klug zu sein wie die Schlangen und arglos wie die Tauben. So hat es Jesus gesagt. Versuchen wir das in die Praxis umzusetzen!

XII
Das Wort Gottes

Neben dem Öl hat der Samariter auch Wein verwendet, um die Wunden der Menschheit zu heilen. Im Wein sehe ich die Lehre, die Christus uns erteilt hat, das *Wort*, das er an uns gerichtet hat.

Von Ewigkeit her hegte Gott in seinem Geist die wunderbarsten Ideen, und als er dann den Menschen geschaffen hatte, sagte er sich: Einige von diesen Ideen werden sicherlich auch für den Menschen nützlich sein. Und so ist er hinabgestiegen zum Menschen und hat eine ganze Reihe von Gesprächen mit ihm begonnen.

Zunächst mit Adam, noch im irdischen Paradies; dann mit den Patriarchen, vor allem mit Abraham, mit Mose, die in der Heiligen Schrift Freunde Gottes genannt werden. Abraham: Ihr erinnert euch an den Bund, an die Begegnungen, an die Verheißungen. Mose: Von der ersten Begegnung im brennenden Dornbusch bis zu seinem Tod – ein einziger Dialog. Mose wollte die große Aufgabe, die Gott ihm anvertrauen wollte, nicht übernehmen, er wollte nicht vor den Pharao hintreten und sagte: Aber ich stottere doch, Herr, wie soll ich das machen? – Ich werde dir schon die richtigen Worte eingeben. Fürchte dich nicht!

Nach dem Zeitalter der Patriarchen hat er das Gespräch mit den Menschen fortgesetzt und sich dabei vor allem der Propheten bedient: In der Heiligen Schrift finden wir eindrucksvolle Berichte von prophetischer Berufung; erinnert euch nur an Jesaja, Jeremia und Ezechiel.

Aber einen Propheten gibt es, der in ganz einzigartiger Weise erzählt, wie er eines Tages dem Herrn begegnet ist und sich dann gedrängt fühlte, dem Volk das an ihn ergangene

Wort Gottes weiterzusagen. Amos, ein ganz gewöhnlicher Bauer, hat die außergewöhnliche Wirkung der Berufung zu spüren bekommen: „Der Löwe brüllt – wer fürchtet sich nicht? Gott, der Herr, spricht – wer wird da nicht zum Propheten?" (Am 3,8). Man muß zum Propheten werden, wenn man ihm einmal begegnet ist.

Einer von ihnen hatte wenig Lust, das Wort Gottes zu verkünden. Jona, der gegen Osten geschickt wurde, um mit den Bewohnern von Ninive zu reden, hat die Flucht ergriffen und sich mit einem Schiff nach Westen abgesetzt. Er sagte sich: Ich, ein Jude, soll das Wort Gottes zu diesen Unbeschnittenen, zu diesen Heiden bringen? Nein! Und er machte sich aus dem Staub. Aber der Herr hat ihn wieder gefaßt. Er hat einen gewaltigen Sturm losbrechen lassen und einen riesigen Fisch mit weit aufgerissenem Maul geschickt, der ihn verschlang. Später hat er ihn dann wieder an Land gespuckt. Und Jona mußte gehen, ob er wollte oder nicht. Er hat gepredigt, aber er war unzufrieden. Er war nämlich ein Nationalist, ein Rassist: Es mißfiel ihm, daß das Wort Gottes auch an die Ausländer ergehen sollte. Und statt wieder nach Hause zu gehen, hat er sich in der Nähe von Ninive einen Unterschlupf gebaut aus Ästen und trockenem Laub. Er sagte sich: Sehen wir einmal zu, wie das alles enden wird...

Und was tut Gott? Ausgerechnet dort bei jener Laubhütte läßt er einen Rizinusstrauch wachsen mit so schönen, großen Blättern, daß sie diesen unzufriedenen Propheten mit frischem Grün fast überwuchern. Die Laune des Jona verändert sich schlagartig, er klatscht in die Hände und ruft: Oh, wie schön, jetzt liege ich genau im Schatten! Aber während Jona schlief, nagte ein Wurm an den Wurzeln jenes üppigen Strauches, der daraufhin sofort verdorrte und all sein Grün verlor. Ein heißer Wind begann von Osten her zu wehen, und der arme Jona erwachte. Er war schon halb gebraten von der Sonne und halb erstickt von dem heißen Wind. Er sah den verdorrten und kahlen Strauch und begann zu weinen. Ach, sagte er, jetzt bleibt mir nur mehr der Tod. Wie, sagte der Herr zu ihm, du willst sterben? Du weinst um einen Rizinusstrauch, der dich nichts gekostet hat? Du hast ihn ja nicht gepflanzt, du hast dir keine Mühe zu geben brauchen, um ihn großzuziehen... und außerdem ist es ein Strauch, der bloß eine Nacht gehalten hat ... Und trotzdem weinst du so sehr um ihn? Und da möchtest du, daß ich mich nicht um Ninive sorgen sollte, um seine zahlreichen Bewohner, um die mehr als 120.000 Menschen, die nicht einmal rechts und links unterscheiden können, weil sie nämlich noch Kinder sind? Ich sollte mich nicht um diese meine Geschöpfe kümmern?

Doch kommen wir zum Neuen Testament. Der heilige Paulus sagt: „In dieser Endzeit hat er (Gott) zu uns gesprochen durch den Sohn" (Hebr 1,2), der Mensch geworden ist. Jesus Christus ist alles mögliche für uns: Erlöser, Retter, Mittler, Priester. Aber vielleicht rücken wir seine Funktion als *Lehrmeister* nicht genügend ins Licht. Er verstand sich als Lehrer und Meister, und es lag ihm viel daran. Er trug sein Wort, seine Lehre mit großem Eifer, ja mit Leidenschaft vor. Manchmal nennt er sich Meister, manchmal Prophet, dann wieder bezeichnet er sich als das Licht. Ein großer Prophet ist unter uns aufgetreten, als er den Sohn der Witwe von Nain auferweckte. Und als er auf dem Tempelplatz predigte und die Pharisäer die Tempelwache schickten, hören sie, wie die Volksmenge sagt: Dieser ist wahrlich ein Prophet! Aber man müßte den griechischen Text lesen: ho prophétes! Dieser ist *der* Prophet, nicht einer der üblichen, sondern der *große* Prophet, den wir schon seit langem erwarten! Die Soldaten kehrten daraufhin zu den Hohenpriestern zurück, ohne ihn zu verhaften, und sagten: Wie eindrucksvoll hat dieser Mann doch gesprochen! Wir haben noch nie einen so sprechen gehört wie ihn!

Das hatte zuerst auch das Volk gesagt. Dieser da spricht nicht wie unsere Schriftgelehrten, sondern „wie einer, der (göttliche) Vollmacht hat" (Mt 7,29). Er spricht nicht nur, er legt die Dinge nicht nur dar, sondern er überredet und überzeugt, man fühlt sich in den Bann geschlagen von dem, der da spricht.

Manchmal nennt er sich Lehrer oder Meister, und er legt großen Wert auf diesen Titel: „Ihr sagt zu mir Meister und Herr, und ihr nennt mich mit Recht so; denn ich bin es" (Joh 13,13). „Auch sollt ihr euch nicht Lehrer nennen lassen; denn nur einer ist euer Lehrer, Christus" (Mt 23,10). Und bei seiner Verklärung hören wir die Stimme des Vaters: „Das ist mein geliebter Sohn, an dem ich Gefallen gefunden habe; auf ihn sollt ihr hören" (Mt 17,5). Auch der Vater bekräftigt also: Hört auf ihn, denn ich habe ihn als Lehrmeister zu euch gesandt.

Aber darüber hinaus stellt er sich uns auch noch als das *Licht* vor. Zacharias nennt in seiner prophetischen Rede seinen Sohn Johannes den Vorläufer dessen, der kommen soll. Und wozu soll er kommen? „Um allen zu leuchten, die in Finsternis sitzen und im Schatten des Todes" (Lk 1,79). Und der heilige Johannes schreibt: „Das wahre Licht, das jeden Menschen erleuchtet, kam in die Welt" (Joh 1,9). Er erleuchtet uns mit seinem Wort. „Ich bin das Licht der Welt. Wer mir nachfolgt, wird nicht in der Finsternis umhergehen" (Joh 8,12). „Ich bin der Weg und die Wahrheit und das Leben" (Joh 14,6). Ich sagte schon, daß er großen Wert legte auf das Wort. „Ich habe Mitleid mit diesen Menschen; sie sind schon drei Tage bei mir und haben nichts mehr zu essen (Mt 15,32). Drei Tage sind sie ihm schon gefolgt, er hat zu ihnen gesprochen, und die Leute wurden nicht müde, auf ihn zu hören. Drei Tage, ohne zu essen: Was mußte das doch für eine außerordentliche Beredsamkeit sein! Komm und folge mir! Seiner Einladung konnte sich niemand entziehen.

Ich habe schon oft gepredigt, aber man hat mir zumeist nicht sehr aufmerksam zugehört. Jesus muß wohl eine besondere Faszination ausgestrahlt haben, vor allem durch seinen Blick, und außerdem besaß er die Gnade, welche die Menschen berührte. Der heilige Markus berichtet, daß man in Kafarnaum nach seiner Predigt die Kranken zu ihm brachte und ihn so bestürmte, daß er nicht einmal Zeit hatte, einen Bissen Brot zu sich zu nehmen. So eifrig war er in seiner Predigt und solchen Wert legte er auf sie.

Doch nach seiner Himmelfahrt, nachdem er sich an der Seite des Vaters niedergelassen hatte, mußte sein Wort weiter an die Menschen ergehen, und er hat dafür gesorgt, daß es so ist. „Mir ist alle Macht gegeben im Himmel und auf der Erde. Darum geht zu allen Völkern, und macht alle Menschen zu meinen Jüngern; tauft sie ... und lehrt sie, alles zu befolgen, was ich euch geboten habe" (Mt 28,18–20). Er wollte nicht, daß mit seinem Abschied sein Wort weniger an uns erginge. Nein, mein Wort muß bleiben!

Es ist aber ein Wort *ganz eigener Art;* das sagt uns der griechische Text. Von dem Augenblick an, wo mir alle Macht gegeben worden ist, gebe ich das weiter, was ich empfangen habe, übergebe ich euch das, was ich in Händen habe. *Matheteusate* heißt nicht einfach: *Lehret* alle Völker, sondern: *Macht* alle Menschen *zu meinen Jüngern.* Alle Menschen müssen bei euch in die Schule gehen, sie haben die Pflichten von Schülern. Es ist nicht so wie in den anderen Versammlungen, wo nur der zuhört, der will, und wer nicht will, weggehen kann. Der Schüler *muß* zuhören und auch Antwort geben.

Die Apostel fühlten sich zu dieser Aufgabe berufen, und sie haben sie auch sehr ernstgenommen. Sie haben unermüdlich gepredigt. Die Machthaber haben ihnen zu verstehen gegeben: Genug jetzt, wir verbieten euch, daß ihr weiter eure Reden schwingt. Aber wir können es einfach nicht lassen, wir müssen reden. Daraufhin hat man sie ins Gefängnis geworfen. So, nun werden sie wohl schweigen müssen, hat man gedacht. Doch am folgenden Morgen kommen die Gerichtsdiener und berichten den Juden: Wir sind auf Inspektion gegangen und fanden das Gefängnis sorgfältig verschlossen und die Wachen vor den Toren stehen. Als wir aber öffneten, fanden wir niemand darin. Wie kann das sein? Doch während sie noch diskutierten, kam jemand und meldete ihnen: Die Männer, die ihr ins Gefängnis geworfen habt, stehen schon wieder im Tempel und lehren das Volk wie zuvor, ja sie haben jetzt sogar noch mehr Zulauf als früher (vgl. Apg 5,17–25). Niemand konnte sie also zum Schweigen bringen.

Ihr könnt auch auf den heiligen Paulus schauen: Es genügt mir, wenn das Wort Gottes über die ganze Welt verbreitet wird. Wehe mir, wenn ich das Evangelium nicht verkünde! Christus hat mich nicht gesandt zu taufen, sondern das Evangelium zu verkünden. Und er predigt sogar noch im Gefängnis. In Korinth, in Galatien, überall ist es ein großer Trost für ihn, daß die Menschen sich auf sein Wort hin bekehren. Und er redete unermüdlich auf sie ein; sogar am Abend, nach getaner Arbeit, lehrte er noch.

Als er an einem Sabbat nach Troas kam, versammelten sich die Gläubigen in einem Haus im dritten Stock, um die Zeremonie des Brotbrechens zu feiern. Seine Predigt zog sich bis Mitternacht hin. Und was passierte? Als Paulus nicht aufhörte zu reden, fiel ein gewisser Eutychus, der am Fensterbrett gesessen und dort eingeschlafen war, hinunter und war auf der Stelle tot. Zum Glück hat er ihn wieder auferweckt. Bleibt ruhig, nur keine Aufregung!, hat er gesagt. Dann nahm er die unterbrochene Feier sogleich wieder auf und redete mit den Leuten bis zum Morgengrauen (vgl. Apg 20,7–12). Es war seine Leidenschaft, zu den Leuten zu sprechen.

Doch er hat auch viele Gegner gehabt. Apollos zum Beispiel, der ihm, wenn auch unfreiwillig, Konkurrenz machte. Und so schrieb er an die Korinther: „Ist denn Christus zerteilt?" (1 Kor 1,13). Wir verkünden doch alle dasselbe Evangelium Christi ... Und bei einer anderen Gelegenheit hat er gesagt: Es hat nichts zu bedeuten, wenn andere besser zu euch sprechen als ich, wichtig ist nur, daß das Evangelium verkündet wird. Und da hatte er ein außergewöhnliches Vertrauen: „Denn lebendig ist das Wort Gottes, kraftvoll und schärfer als jedes zweischneidige Schwert" (Hebr 4,12).

Dann sind die Apostel gestorben. Aber vor ihrem Tod haben sie andere tüchtige Männer ausgewählt, nämlich die Bischöfe. Auch sie sind gestorben, und andere Bischöfe sind ihnen nachgefolgt bis in unsere Zeit. Jetzt ist euer Bischof an der Reihe. Bei seiner Weihe haben die drei Mitkonsekratoren ihm das Evangelium auf den Rücken, auf die Schultern und auf das Haupt gelegt, damit es ganz in ihn eindringe: Dies ist das Zeichen, daß du das Wort Gottes verkündigen mußt; das gehört zu deinen wichtigsten Aufgaben. Aber die armen Bischöfe können ja nicht selbst überall hingehen, und deshalb gibt es die Pfarrer. Der Bischof ist der eigentliche Lehrmeister, ihr seid von ihm beauftragt. Verliert um Gottes willen ja nicht das Vertrauen in das Wort Gottes! Es ist lebendig, kraftvoll und schärfer als jedes zweischneidige Schwert. Man kann also Vertrauen haben, denn es ist ja nicht mein Wort; ich gebe es nur wieder, ich bin nur wie ein Lautsprecher. Es ist vielmehr das Wort Gottes: Es wird sich seinen Weg zu den Menschen bahnen, wenn ich es gut auslege, wenn ich es klar und deutlich und leicht faßlich formuliere, wenn ich alle Schnörkel und kleinen Dummheiten beiseite lasse und die eigentliche Substanz weiterzugeben versuche.

Ich habe bisher vom *gesprochenen Wort* geredet, daneben gibt es aber auch noch das *geschriebene Wort,* das ebenfalls wichtig ist.

Vor ungefähr 2500 Jahren hatte ein 30jähriger junger Mann in Babylonien am Fluß Kebar eine seltsame Erscheinung. Er selbst erzählt uns davon: Plötzlich kam die Hand des Herrn über mich. Ich erhob die Augen und sah: Ein Sturmwind kam von Norden, eine große Wolke mit flackerndem Feuer, umgeben von einem hellen Schein. Aus dem Feuer strahlte es wie glänzendes Gold. Mitten darin erschien etwas wie vier Lebewesen, die ich nicht beschreiben kann. Sie sahen aus wie Menschen. Ihr Körper war der eines Löwen, ihre Füße waren wie die eines Stieres, und Flügel hatten sie wie die Adler. Jedes von ihnen hatte zwei Arme und außerdem noch vier Flügel: Mit zwei Flügeln bedeckten sie ihren Leib, und zwei waren nach oben ausgespannt, zum Fliegen bereit. Daneben sah ich auch noch vier Räder, die liefen und liefen. Und auch die vier Lebewesen liefen, und es sah so aus, als liefen die Räder immer zugleich mit den Lebewesen. Dann sah ich: Die vier Flügel waren über ihnen ausgespannt, einer zum anderen hin, und damit stützten sie ein Stück vom Himmel. Über dem Himmel befand sich ein glänzender Thron, und darauf saß eine Gestalt, die wie ein Mensch aussah, aber ganz außergewöhnlich war: Es sah aus wie ein Regenbogen. Und über allem hörte ich eine dröhnende Stimme: Menschensohn, öffne deinen Mund und iß! Ich schaute, was es da zu essen gab. Und ich sah eine ausgestreckte Hand, die eine Buchrolle hielt. Sie war innen und außen beschrieben. Und ich hörte neuerlich die Stimme, die zu mir sprach: Menschensohn, iß, was du vor dir hast. Iß diese Rolle!

Jener Seher war der Sohn Busis, der Prophet Ezechiel. Er hat seinen Mund geöffnet und gegessen, er hat die Buchrolle hinuntergewürgt, und sie wurde in seinem Mund süß wie Honig. Dann ging er und erzählte dem Volk, was in jener Buchrolle geschrieben stand. Dieses Buch haben auch wir zur Verfügung: das Buch des Propheten Ezechiel (vgl. Ez 1–2).

Aber dieses Buch ist nicht das einzige geblieben. Es gibt noch 71 weitere, eine ganze kleine Bibliothek. Es sind die Bücher der Bibel, von Männern geschrieben, die ebenfalls vom Herrn gepackt wurden, der sie geführt und inspiriert hat. Das heißt, er hat zu ihnen gesagt: Jetzt schreibt ihr alles das auf, was ich will, und zwar nur das.

So wie eine Geige vom Künstler in die Hand genommen wird, so wurden jene Männer vom Herrn in die Hand genommen. Und wie der Künstler dem Instrument, der Geige, alle Melodien entlockt, die er will, so hat auch der Herr aus jenen Menschen alles das herausgeholt, was Er wollte. Er ließ sie schreiben, was Er wollte.

Natürlich gibt es einen Unterschied zwischen der Geige des Künstlers und dem biblischen Autor. Wenn einer Geige spielt, dann nimmt er das Instrument und streicht mit dem Bogen äußerlich sichtbar über die Saiten. Gott hingegen agiert im Inneren des Menschen: Er ist in den Geist jener Autoren eingedrungen. Nach außen hin hat man nichts davon gemerkt, aber dennoch hat er sie geführt und inspiriert.

Die Geige ist passiv, sie kann selbst und von sich aus nicht reagieren; der biblische Autor hingegen behält, auch wenn er von Gott auf geheimnisvolle Weise benützt wird, seine volle Freiheit. Was er schreibt, ist Gottes Wort, ohne daß dabei seine menschliche Freiheit verletzt wurde.

Es gibt aber auch Ähnlichkeiten zwischen dieser Geige und dem biblischen Autor: Wenn auf der Geige gespielt wird, entsteht Musik; es kommt alles vom Geiger und alles von der Geige. So ist es auch, wenn Gott den Schriftsteller bewegt: Das Buch, das daraus entsteht, ist ganz von Gott und ganz vom menschlichen Autor.

Und noch etwas: Es ist sicherlich nicht gleichgültig, von welcher Qualität die Geige ist oder ob der Spieler ein Künstler ist oder nur einer, der auf dem Instrument ein bißchen herumkratzt. Wenn ihr einem solchen Stümper eine Stradivari in die Hand gebt, was für eine Musik wird da wohl herausschauen? Gebt ihr dasselbe Instrument einem Künstler, so wird er euch in Ekstase versetzen. Umgekehrt kann auch ein großer Künstler, wenn er kein geeignetes Instrument zur Verfügung hat, nicht alles das zum Ausdruck bringen, was eigentlich möglich wäre. So ist es auch mit der Bibel. Sie enthält sowohl die Spuren Gottes als auch die des menschlichen Autors, der sein Instrument gewesen ist. Gott ist der eigentliche Autor der Heiligen Schrift. Der heilige Paulus sagt im Brief an Timotheus: Du hast studiert, du kennst die heiligen Schriften. Aber du mußt noch mehr studieren, immer wieder darin lesen, denn die Heilige Schrift ist von Gott inspiriert und „nützlich zur Belehrung, zur Widerlegung, zur Besserung, zur Erziehung in der Gerechtigkeit" (2 Tim 3,16).

Und der heilige Petrus sagt: Ihr wollt mir nicht glauben? Ich war doch Augenzeuge auf dem Berg Tabor, ich selbst habe ihn gesehen in seiner Macht und Größe. Aber er fügt auch hinzu: Einverstanden, das, was ich euch zu sagen habe, ist mein persönliches Zeugnis. Viel wichtiger aber ist das Zeugnis der Schrift: Dort findet ihr wirklich Gott selbst, der die Menschen inspiriert hat (vgl. 2 Petr 1,16–21).

Daß die Heilige Schrift die Spuren ihres göttlichen Autors an sich trägt, erkennen wir daran, daß eines wie ein roter Faden die gesamte Schrift durchzieht: Gott läuft dem Menschen nach und bietet ihm das Heil an. Aber er erwartet vom Menschen auch eine Antwort, selbst wenn es ein trockenes Nein ist. Auch dann wird Gott niemals müde, er wird nicht aufhören, seinem Geschöpf nachzulaufen.

Die Bücher der Heiligen Schrift sind sehr verschiedenartig: Es gibt geschichtliche und poetische Bücher, aber das Hauptthema wird immer dies sein: Gott, der dem Menschen das Heil anbietet. Die Heilige Schrift ist gegen alle Irrtümer gefeit, wie ihr wißt, aber natürlich trägt sie auch die Spuren des Menschen an sich: die verschiedenen literarischen Gattungen, die unterschiedlichsten Sprachstile, so manchen materiellen Irrtum, so manche Ausdrucksweise, die uns vielleicht verwundert ... So ist eben das Wort Gottes.

Doch nun schauen wir auf uns. Wie verhalten wir uns zum Wort Gottes? Haben wir die entsprechende Ehrfurcht, bringen wir ihm jene Wertschätzung entgegen, die es verdient? Sind wir überzeugt davon, daß dieses Wort verschieden ist von allen anderen? Es gibt auch andere Worte, andere Bücher, aber die Bibel, das Wort Gottes, ist doch völlig verschieden. Es gibt da einen unendlichen Unterschied.

In der Schule haben wir Gedichte kennengelernt. Wenn man sie auswendig lernt, kennt man sie, und damit hat sich's. Wenn ihr die Theorie des Euklid einmal verstanden habt, dann ist sie euer Wissensbesitz; ihr habt sie verstanden, und niemand fragt euch mehr danach.

Hier ist es nicht so. Das Wort Gottes gibt sich nicht damit zufrieden, von euch verstanden, in Besitz genommen zu werden: Es will vielmehr euch in Besitz nehmen, es will in euren Kopf eindringen und dort das Kommando übernehmen. Es will in einem gewissen Sinn euer ganzes Leben steuern und lenken. Vier plus vier ist acht, gut, aber das berührt mich nicht sehr. Wenn ich aber den heiligen Paulus lese und höre, daß Gott durch ihn zu mir sagt: *Ich habe dich geliebt und mich selbst für dich hingegeben,* dann kann mich das nicht ungerührt lassen. Dann spüre ich eine Unruhe in mir und sage: Auch du mußt etwas tun. Wenn Er für mich gestorben ist, was tue eigentlich ich für ihn? Wenn es sich um eine Art Schule handelt (*matheteusate*), dann ist es eine ganz andere Schule. Der Klassenbeste schaut in diesem Fall ganz anders aus.

Wollt ihr wissen, wie? Die heilige Bernadette wurde nicht mit ihren Freundinnen zur Erstkommunion zugelassen. Sie war krank gewesen, war auch ein wenig begriffsstutzig, sie konnte nicht richtig Französisch, sondern sprach nur ihren Heimatdialekt. Man hat sie daher abgewiesen. Sie wußte zwar nur wenig von der Religion, aber diese dürftigen Kenntnisse haben ganz von ihr Besitz ergriffen. Sie konnte den Rosenkranz beten, war ihren Eltern gehorsam; so wurde sie eine Heilige.

Duclos, der Sekretär der Kommunistischen Partei Frankreichs, war als Kind beim Katechismusunterricht zur Vorbereitung der Erstkommunion einer der Besten. Er hat sich dabei so hervorgetan, daß er bei der Feier der Erstkommunion sogar auf einem besonderen Platz mit gepolsterten Armlehnen sitzen durfte. Er kannte den Katechismus in- und auswendig, er hatte ihn im Griff, nicht wahr? Der Beste! Zur Erstkommunion geht man in Frankreich mit zwölf Jahren, also verstand er schon einiges. Er kannte den Katechismus aus dem Effeff, aber er ließ sich davon offenbar nicht ergreifen, denn er wurde später der Chef der Kommunisten in seinem Heimatland. Ihr seht also, daß das Wort Gottes etwas ganz anderes ist.

Haben wir genügend Wertschätzung für dieses Wort Gottes? Unter dem Wort Gottes möchte ich neben der Bibel vor allem den Katechismus verstehen, die Auslegung der Wahrheit. Sicherlich sind auch unsere erbaulichen Predigten oder die Hymnen und Gesänge der Liturgie Wort Gottes, aber sie kratzen kaum an den äußersten Schichten der Seele. Die Wahrheiten, die wir zu verkünden haben, sind jene der Heiligen Schrift oder des Katechismus, der mit großer Klarheit und Überzeugungskraft ausgelegt werden muß.

Die Priester haben heute nicht immer die richtige Wertschätzung für diese Wahrheiten, die so klar und einfach dargelegt werden. Sie sagen: Aber die Messe ist doch viel wichtiger. Selbstverständlich, wir wissen es alle, die Messe ist die Erneuerung des Ostergeheimnisses. Aber, sage ich immer, wer geht denn eigentlich zur Messe? Und selbst von denen, die hingehen, wer versteht sie schon und kann sie andächtig mitfeiern, wenn ihr ihnen nicht zuvor erklärt habt, was die Messe eigentlich ist, wenn ihr nicht eine Katechese über die heilige Messe gehalten habt? Die Beichte, das weiß ich, ist der Ort, wo das Blut Christi uns reinigt; sie ist eine Art Rotes Kreuz, wo sich jene erholen und wieder mit Gott versöhnen können, die von der Sünde zerschlagen sind; etwas Wunderbares, das man direkt erfinden müßte, wenn der Herr es nicht schon erfunden hätte. Aber wer geht denn schon zur Beichte, wenn ihr in der Katechese nicht erklärt, was die Gnade Gottes ist und wie kostbar sie für uns ist? Und wie sollen die Leute beichten, wenn ihr ihnen nicht die Gewissenserforschung nahegebracht habt, die Reue und den Vorsatz und alle anderen Dinge?

Der Katechismus ist also äußerst wichtig: Wehe uns Priestern, wenn wir ihm nicht allergrößte Aufmerksamkeit schenken! Der Katechismus ist die beste Predigt.

Ich habe ein Buch von einem gewissen Benedetti gelesen, das er ich weiß nicht vor wieviel Jahren geschrieben hat, jedenfalls Anfang dieses Jahrhunderts. Er berichtet dort, daß er einmal zu Fastenpredigten eingeladen worden war und großen Erfolg hatte. Sogar in den Nachbarorten waren seine Predigten Tagesgespräch. Man hat ihn gefragt: Wie machst du das eigentlich? Im allgemeinen kommt kein Schwanz zu solchen Fastenpredigten, bei dir aber füllt sich die ganze

Kirche mit Leuten. Er antwortete: Ehrlich gesagt, ich habe da einen kleinen Trick angewandt. Ich habe es so gemacht wie die Zeitungen mit ihren grellen Schlagzeilen: Ich habe ganz tolle Themen angekündigt mit reißerischen Titeln. In Wirklichkeit habe ich mich dann darauf beschränkt, einfach den Katechismus Pius' X. zu erklären, der gerade erschienen ist. In dem Buch bringt er auch ein Verzeichnis jener Themen mit den hochtrabenden Titeln. Zum Beispiel: „Die Welt aus der Vogelperspektive"; es ging um die Allwissenheit Gottes, der die Welt von oben sieht und versteht, wie aus der Vogelperspektive. Oder: „An der Schwelle des Unendlichen"; da geht es um die wichtigsten Geheimnisse unseres Glaubens, die zwischen dem ewigen Gott und uns bestehen. „Die Siegesfahne" ist das Zeichen des Kreuzes, das zusammenfassend die großen Geheimnisse der Religion enthält. „Kraft, Licht und Wärme", damit sollen die drei Personen der allerheiligsten Dreifaltigkeit umschrieben werden, der Vater, der Sohn und der Heilige Geist. Und dann noch „Die Geschichte eines Reiches und eines gestürzten Königs"; da geht es um die Erbsünde und um Jesus Christus, der kommt, um die Schäden zu reparieren, die Adam angerichtet hat.

Auf diese Weise hat er bei seinen Fastenpredigten großen Erfolg gehabt. Nur am Schluß, da hat er die Leute beglückwünscht und ihnen gedankt, weil sie so zahlreich erschienen waren. Aber seht, hat er zu ihnen gesagt, alles das, was ich euch da erklärt habe, könnt ihr in jedem Katechismus finden. Ich habe euch das zuerst nicht gesagt, denn sonst wäret ihr nicht gekommen.

Man braucht ja nicht gleich sagen, daß es aus dem Katechismus ist, aber man muß immer auf ihn zurückgreifen. Das kann nie falsch sein. Natürlich darf man auf der Suche nach zugkräftigen Titeln nicht übertreiben. Man sollte es nicht so machen wie ein Prediger des 17. Jahrhunderts, der gesagt hat: Kommt her, ich erzähle euch die Geschichte vom *Jaspis* und dem *Diamanten*. Die Kirche füllte sich, und der Prediger begann: Ja, Gott ist streng *(aspro)* mit den unbußfertigen Sündern, aber voll Liebe *(amante)* zu den Sündern, die sich bekehren. Das ist zuviel des Guten, das hieße, die Leute an der Nase herumführen.

Die Kirche hat den Katechismus immer sehr empfohlen. Im kirchlichen Gesetzbuch gibt es diesbezüglich acht Paragraphen, die an Deutlichkeit nichts zu wünschen übriglassen. Wenn sie nur immer in die Praxis umgesetzt würden! Jetzt soll eine Reform des Kodex in die Wege geleitet werden. Es wurde ein Kardinal nominiert, dem wir unsere Anregungen vorlegen sollen. Auch ich werde eine solche vorlegen: Eminenz, wenn Ihr jetzt den Kodex reformiert, habt Ihr da etwa die Exkommunikationen gegen diejenigen im Auge, die sich tätlich am Papst oder an den Bischöfen vergreifen? Diese Exkommunikationen sind verschieden, je nachdem, ob es sich um den Papst, um Bischöfe oder andere Kleriker handelt, und sie haben zur Voraussetzung, daß der tätliche Angriff *unter dem Einfluß des Teufels* (suadente diabolo) geschieht. Das Laterankonzil sagt: Wenn jemand durch teuflische Anstiftung gewalttätig die Hand erhebt... usw., der sei ausgeschlossen. Diesen Kanon könnt ihr ruhig beibehalten, meine Zustimmung dazu habt ihr. Aber wenn Ihr gestattet, ich möchte, daß ein Zusatz angefügt wird: Wenn es sich bei dem angegriffenen Kleriker um einen Pfarrer handelt, der die Gewohnheit hat, sowohl den Erwachsenen wie den Kindern den Katechismus vorzuenthalten, dann soll der Angreifer, wenn er Reue zeigt, nicht exkommuniziert werden, sondern statt dessen sogar einen Ablaß von 50 Tagen bekommen. Denn niemand soll sagen, daß dieser Angreifer unter dem Einfluß des Teufels handelt, er handelt viel eher *unter dem Einfluß eines Engels* (suadente angelo).

Es ist eine Schande, wirklich eine Schande, daß es Pfarrer gibt, die nicht mehr den Katechismus lehren. Ich habe schon mehr als einen meiner Pfarrer deshalb bei den Ohren genommen. Ich spreche natürlich nur von meiner Diözese. Im allgemeinen bin ich sehr zufrieden mit meinen Pfarrern, aber einige von ihnen sind Faulpelze. Es gibt nicht wenige, die während des ganzen Jahres kein einziges Mal in die Schule gegangen sind, um dort Unterricht zu erteilen. Wie kann ein solcher noch ruhigen Gewissens die heilige Messe feiern? Das ist doch unmöglich! Denn er wirft die Gnade Gottes einfach weg und verpaßt die Gelegenheit, den Kindern, die dafür aufnahmebereit sind, den Katechismus nahezubringen.

Wir haben in dieser Hinsicht auch das Beispiel großer Bischöfe. Im vorigen Jahrhundert in der Lombardei: Ferrari, Bonomelli, Scalabrini und der Bischof von Mantua, Giuseppe Sarto. Sie alle waren große Katecheten, und alle, mit Ausnahme Bonomellis, sind sie auf dem Weg, zur Ehre der Altäre erhoben zu werden. Die wahren Seelenhirten wissen, daß die Katechese zu den wichtigsten Aufgaben eines Priesters gehört, die man nicht vernachlässigen darf. Von Gonzales, dem Bischof von Valencia in Spanien, habe ich folgende Geschichte gehört: Einmal kam ein Herr mit seinem kleinen Sohn zu ihm. Exzellenz, es ist eine seltsame Sache, aber haben Sie bitte die Güte, mich anzuhören. Dieses Kind da läßt mich schon seit einiger Zeit nicht mehr in Ruhe. Es möchte Ihnen unbedingt etwas schenken. Sie können sich wahrscheinlich nicht vorstellen, um was für ein Geschenk es sich handelt. Ich will es ihnen kurz erklären: Wir kommen immer zu Ihren Predigten, Exzellenz, und wissen daher, daß Sie sehr auf den Katechismus Wert legen. Mein Kleiner hat sich nun folgendes in den Kopf gesetzt: Unser Bischof, hat er gemeint, ist schon so alt, wer weiß, wie zerlumpt sein Katechismus schon sein muß. Ich will ihm einen neuen kaufen... Und er hat so sehr darauf gedrängt, daß wir Ihnen diesen Katechismus jetzt bringen. Er befand sich auch noch in einer schönen Kassette. Das Buch war ein Geschenk des kleinen Sohnes, die Kassette dazu kam vom Vater. Es war ein Ausdruck des Dankes für die mühevolle Arbeit des Bischofs.

Ich möchte auch noch ein Wort über die Bibel sagen. Es ist notwendig, die Bibel zu studieren und immer wieder gern in ihr zu lesen. Wir haben heute diesbezüglich ein ganz neues Klima: die Entdeckung der Bibel, die liturgische Erneuerung, in welcher der Bibel eine ganz besondere Bedeutung zukommt. Die Liturgie ist vom Anfang bis zum Ende von der Bibel durchdrungen. Nicht nur der Priester muß sie genau kennen, sondern auch das Volk, sonst wird es die erneuerte Liturgie nicht verstehen können. Wir müssen also in Zukunft viel mehr mit der Bibel arbeiten als bisher. Das Konzil reißt die Türen zur Bibel weit auf. Das Konzil von Trient hatte noch ein wenig Angst vor den Protestanten. Schon vorher hatte Paul IV., der berühmte Papst der Inquisition, bestimmt: Niemand darf die

Bibel in der Volkssprache lesen, außer mit besonderer Erlaubnis des Bischofs oder des Papstes. In der Folgezeit ist dieses Verbot dann etwas gemildert worden, und in einem neuen Dekret hieß es: Niemand darf die Bibel in der Volkssprache drucken ohne die Genehmigung des Bischofs und ohne erläuternde Bemerkungen. War sie aber einmal mit kirchlicher Approbation gedruckt, dann durfte jeder Gläubige sie lesen. Aber besonders zur Zeit der Jansenisten gab es doch eine gewisse Besorgnis.

Das Alte Testament enthält sicherlich einige heikle Stellen. Bis vor wenigen Jahren gab es überhaupt nur eine Auswahl von erbaulichen Geschichten aus dem Alten Testament. Auch der heilige Paulus war wenig bekannt. Erst unter den letzten Päpsten und vor allem jetzt auf dem Konzil stellt man sich auf den Standpunkt, daß es notwendig ist, daß die Leute die Bibel lesen. Das ist sicherlich eine bedeutende Errungenschaft, denn schließlich handelt es sich doch um die Botschaft Gottes an die Menschen; es ist doch Gott selbst, der in der Bibel zu uns spricht. Aber es gibt natürlich auch viele Schwierigkeiten, vor allem im Alten Testament, und man muß die Leute gut vorbereiten und um die strittigen Fragen Bescheid wissen. Daher ist es unumgänglich, daß wir die Bibel noch besser studieren und wirklich in ihren Geist eindringen.

Auch von den Sakramenten sollt ihr wieder mehr sprechen, denn in ihnen liegt große Kraft. Doch das,sind schwer zu verstehende Dinge, auch heute noch. Die *Form* und die *Materie* der Sakramente – Begriffe, die im Katechismus eine völlig andere Bedeutung haben als in der gewöhnlichen Umgangssprache. Unser Irrtum besteht darin, daß wir an den trockenen scholastischen Formeln hängenbleiben, wenn wir zu den einfachen Leuten darüber sprechen, während die Sprache der Bibel viel schlichter, viel leichter faßlich ist. Man sollte vielleicht besser bei den biblischen Beispielen bleiben.

Meine lieben Mitbrüder, heute ist die Stunde der Bibel, des Studiums der Bibel. Nehmt eine gute Übersetzung zur Hand: Ihr werdet sehen, daß der beste Bibelkommentar eine gute Übersetzung ist. Mit einigen erläuternden Anmerkungen, versteht sich. Wir haben heute einfach keine Zeit mehr, nach den großen Handbüchern zu greifen.

Das Konzil hat den Wunsch geäußert, es möge eine neue Bibelübersetzung angefertigt werden, und manche Väter haben vorgeschlagen, daß diese Übersetzung von katholischen und nicht-katholischen Gelehrten gemeinsam erarbeitet werden sollte. Ich weiß nicht, ob es dazu kommen wird, aber in der *Konstitution über die göttliche Offenbarung,* die demnächst verabschiedet werden wird, gibt es einen Abschnitt, wo der Wunsch ausgedrückt wird, die Bibel möge unter Berücksichtigung der neuesten wissenschaftlichen Erkenntnisse und in Zusammenarbeit auch mit nicht-katholischen Gelehrten übersetzt werden. Das nennt man das neue Klima, die neue Atmosphäre, die entstanden ist.

Unter eure guten Vorsätze nehmt auch den auf, fleißige und freudige Leser der Heiligen Schrift zu sein. Ihr werdet sehr vielen Schwierigkeiten begegnen. Einer meiner Priester hat mir vor kurzem ein kleines Büchlein geschickt: „Der heilige Augustinus und die Bibel". Ich habe es in einem Zug verschlungen, es enthält sehr viele wertvolle Gedanken. Es heißt darin, daß der heilige Augustinus bei der ersten Lektüre der Bibel einigermaßen verwirrt war, ja daß dieses Buch beinahe abschreckend auf ihn wirkte. Die vielen Schwierigkeiten... ihr versteht!

Haltet euch an die Regel von Bossuet, dem großen Bibelkenner, der sagt: Es gibt viele schwierige Stellen in der Bibel, die überblättere ich einfach. Manchmal versteht man etwas nicht, dann ist es sinnlos, damit die Zeit zu verschwenden. Ich lese besser die Stellen, die ich verstehen kann. Und ich bin mir sicher, auch wenn ich die schwierigen Stellen verstehen würde, so würde ich doch keine anderen Wahrheiten entdecken als jene, die in den leicht verständlichen Stellen enthalten sind. Es ist also besser, sich jene Stellen immer mehr zu eigen zu machen, die man versteht. In der Offenbarung des Johannes gibt es Stellen, von denen man nicht genau weiß, was sie bedeuten sollen; und auch beim heiligen Paulus sind manche Stellen überaus schwierig zu verstehen, auch wenn man seine Briefe im allgemeinen, wenn man sich ein wenig darum bemüht, ohne weiteres verstehen kann.

Man sagt, Alexander der Große sei nie zu Bett gegangen, ohne vorher ein wenig in den Gesängen Homers gelesen zu haben; er hatte sie immer griffbereit unter dem Kissen liegen. Das müßte man auch von uns sagen können, was die Bibel betrifft: von uns Priestern, uns Predigern, die wir einen großen Eifer, eine große Leidenschaft für das gesprochene und geschriebene Wort Gottes an den Tag legen müssen.

XIII
Die Methode Jesu

Jesus hatte eine Leidenschaft für das Wort, er ist wahrlich verschwenderisch damit umgegangen.

Es ist aber interessant zu sehen, mit welcher Methode er sich des Wortes bedient hat, *wie* er gesprochen hat.

„Wie einer, der Macht hat": Man hat sofort gemerkt, daß er die Wahrheit nicht nur vortrug, sondern es auf eine Weise tat, daß er seine Zuhörer überzeugte. Er gewann überall großes Ansehen. Hier ist wahrlich *der* Prophet schlechthin. Er besaß unbestreitbar große Autorität.

Heute spricht man viel von modernen Methoden, von Aktivismus und Kindbezogenheit. Jesus hat alle diese Methoden schon praktiziert. „Da rief Jesus ein Kind herbei, stellte es in ihre Mitte und sagte: Amen, das sage ich euch: Wenn ihr nicht umkehrt und wie die Kinder werdet..." Und er hat das Kind dann genommen und gesagt: So wie dieses Kind müßt auch ihr sein (Mt 18,2–3).

Aktivismus bedeutet, daß man zu den anderen nicht nur redet, sondern sie durch das eigene Beispiel überzeugt und mitreißt. Auch Jesus ließ Taten sprechen, als ihn die Abgesandten des Johannes fragten: „Bist du der, der kommen soll, oder müssen wir auf einen andern warten?" Und nachdem er einige Kranke geheilt hatte, sagte er: „Geht und berichtet Johannes, was ihr hört und seht: Blinde sehen wieder, und Lahme gehen; Aussätzige werden rein, und Taube hören; Tote stehen auf, und den Armen wird das Evangelium verkündet" (Mt 11,4–5). Er macht nicht viele Worte, sondern setzt einfach Taten.

Man soll keine Monologe halten, sagt man heute: Dialog-Unterricht in der Schule, Gespräch, aktive Teilnahme. Man hat die Dialoge Jesu im Evangelium genau nachgezählt: Es sind genau 88, davon 37 mit seinen Jüngern, 24 mit dem Volk und 27 mit seinen Gegnern. Das sind pädagogische Modelle. Ich kann sie hier nicht alle anführen, sondern will nur eines herausgreifen.

Die Hohenpriester und Ältesten des Volkes stellten ihn einmal zur Rede und sagten: „Mit welchem Recht tust du das alles? Wer hat dir dazu die Vollmacht gegeben?" Jesus befand sich gerade im Tempel und lehrte. Er schaute sie an und sagte ganz ruhig: „Auch ich will euch eine Frage stellen. Wenn ihr mir darauf antwortet, dann werde ich euch sagen, mit welchem Recht ich das tue. Woher stammte die Taufe des Johannes? Vom Himmel oder von den Menschen? Da überlegten sie und sagten zueinander: Wenn wir antworten: Vom Himmel, so wird er zu uns sagen: Warum habt ihr ihm dann nicht geglaubt? Wenn wir aber antworten: Von den Menschen, dann müssen wir uns vor den Leuten fürchten; denn alle halten Johannes für einen Propheten. Darum antworteten sie Jesus: Wir wissen es nicht. Da erwiderte er: Dann sage auch ich euch nicht, mit welchem Recht ich das alles tue" (Mt 21,23–27). Kein Wort zuviel, kein Wort zuwenig. Auch vom literarischen und dialektischen Gesichtspunkt ist diese Stelle außergewöhnlich. Ebenso vom pädagogischen Standpunkt, denn einfacher und klarer geht es wirklich nicht mehr. Und er ließ es ihnen nicht von anderen ausrichten, sondern sagte es ihnen selbst direkt ins Gesicht.

Und er hat so gesprochen, daß es auch die einfachen Leute verstehen konnten: Der Himmel, der Regen, die Bauern, die Jahreszeiten, die Fische, die Tiere und Blumen des Feldes, das Gras, die Vögel des Himmels – alle diese Bilder hat er ganz spontan verwendet und in seine Predigt einfließen lassen. Wenn gerade ein schwer bepackter Esel vorbeikam, dann reagierte er sofort und sagte: Mein Joch ist nicht so wie das dieses Esels; mein Joch ist süß, und meine Bürde ist leicht. Habt keine Angst! Oder die Geschichte mit dem Kamel und dem Nadelöhr; er hat seine Beispiele aus den Bereichen gewählt, die den Leuten vertraut waren, und er hat mit einfachen Worten gesprochen. Wenn wir alle doch auch so sprechen könnten, wie Jesus im Evangelium gesprochen hat!

Wenn er es jedoch mit anderen Personen zu tun hatte, mit den Schriftgelehrten etwa, die in der Heilsgeschichte, in der Bibel bewandert waren, dann ging er von solchen Dingen aus, die ihnen vertraut waren. Für sie waren David und Salomo, die Königin von Saba, der Prophet Jona alte Bekannte. Er zitierte diese Personen immer wieder, weil er wußte, daß sie ihnen sehr bekannt waren.

Er ging von ganz einfachen Dingen aus, von schon Bekanntem, um zum Unbekannten hinzuführen. Das Evangelium ist voll von dieser Art der Predigt Jesu. „Wie Jona drei Tage und drei Nächte im Bauch des Fisches war..." (Mt 12,40). Ganz klar: Jona, der Walfisch und der Prophet im Bauch des Fisches, das war ein Bild, ein Gleichnis, das alles erklärte.

Außerdem hielt sich Jesus an eine sehr wichtige pädagogische Regel: Man muß wiederholen, ständig wiederholen. Die Leute vergessen sehr leicht. Wenn ich doch alles das noch wüßte, was ich einmal in der Schule gelernt habe! Ich habe es einfach vergessen. Und wenn ich es wissen will, muß ich von neuem nachlesen, mich wieder in die Materie vertiefen. Man stelle sich vor, wenn Jesus das nicht berücksichtigt hätte. Doch er hat es getan. Wie oft hat er gewisse Dinge wiederholt! Aber er war auch ein Schlaumeier: Er wiederholte zwar dasselbe, aber immer auf eine andere Art; es war wohl das gleiche, aber es sah nicht so aus. Die pädagogische Grundregel heute lautet: Unermüdlich wiederholen, ohne nachzulassen; dasselbe, aber immer auf eine andere Art. Jesus hat das perfekt in die Praxis umgesetzt.

Wir müssen in unserer Predigt vor allem auch die Schrift auslegen. Jesus war ein sehr guter Homilet. Er hat die Heilige Schrift auf eine ganz bezaubernde Art erklärt. Beim heiligen Lukas lesen wir: „So kam er auch nach Nazaret, wo er aufgewachsen war, und ging, wie gewohnt, am Sabbat in die Synagoge. Als er aufstand, um aus der Schrift vorzulesen, reichte man ihm das Buch..." (Lk 4,16–17). Er ging also jeden Sabbat in die Synagoge. Und dort las er den anderen aus der Heiligen Schrift vor und erklärte sie. In der Synagoge konnte jeder, der wollte, das Wort ergreifen, und auch Jesus hat es getan. Man reichte ihm die Buchrolle des Propheten Jesaja.

„Er schlug das Buch auf und fand die Stelle, wo es heißt: Der Geist des Herrn... hat mich gesandt, damit ich den Armen eine gute Nachricht bringe..." usw. „Dann schloß er das Buch, gab es dem Synagogendiener und setzte sich. Die Augen aller in der Synagoge waren auf ihn gerichtet... sie staunten darüber, wie begnadet er redete" (Lk 4,18–22).

Es gibt noch eine andere Stelle, ebenfalls bei Lukas, wo berichtet wird, wie Jesus plötzlich bei den zwei Jüngern auftaucht, die nach Emmaus unterwegs waren: „Begreift ihr denn nicht? Wie schwer fällt es euch, alles zu glauben, was die Propheten gesagt haben... Und er legte ihnen dar, ausgehend von Mose und allen Propheten, was in der gesamten Schrift über ihn geschrieben steht." Und zwar so eindrucksvoll, daß die beiden auf dem Rückweg von Emmaus nach Jerusalem zueinander sagten: „Brannte uns nicht das Herz in der Brust, als er unterwegs mit uns redete?" Er verstand sich so gut auf die Erklärung der Schrift, daß seinen Zuhörern wahrlich das Herz in der Brust zu brennen begann (vgl. Lk 24,13–35).

Man könnte noch vieles andere zitieren, aber ich will jetzt damit Schluß machen und versuchen, daraus einige Folgerungen für uns zu ziehen.

Wie soll unsere Katechese, unsere Predigt aussehen? Das Beispiel, das Jesus uns gibt, ist klar.

Wir müssen aber auch darauf achten, ein gewisses Ansehen bei den Leuten zu genießen, eine Autorität darzustellen. Ohne Autorität und ohne Ansehen ist nichts auszurichten. Wir müssen vor allem immer gut vorbereitet sein, denn wir sprechen ja nicht im eigenen Namen, sondern im Namen Gottes: Aber das müssen die Leute auch merken. Sie müssen sagen: Aus ihm spricht Gott selbst, aus dem Munde des Priesters höre ich das Wort Gottes. Wir müssen uns bewußt sein, daß wir Propheten sind, und daher große Verehrung, große Hochachtung vor dem Wort Gottes haben.

Kein Schimpfen bei der Predigt, kein Anklagen, kein ständiges Lamentieren. Das ist nicht Wort Gottes. Natürlich muß man Realist sein. Glaubt ja nicht, daß das Leben eines Propheten sehr glanzvoll ist. Das Brot der Propheten ist ein sehr hartes und bitteres Brot.

Denkt an Jeremia: „Noch ehe ich dich im Mutterleib

formte, habe ich dich ausersehen... zum Propheten für die Völker habe ich dich bestimmt." Darüber erschrickt er: „Ach, mein Gott und Herr, ich kann doch nicht reden, ich bin ja noch so jung." – „Sag nicht: Ich bin noch so jung. Wohin ich dich auch sende, dahin sollst du gehen." Nur Mut, ich werde dir schon die rechten Worte in den Mund legen. Ich mache dich zur eisernen Säule und zur ehernen Mauer: „Du sollst ausreißen und niederreißen, vernichten und einreißen." Und wieder erging das Wort des Herrn an ihn: „Was siehst du, Jeremia?" – „Einen *Mandelzweig* sehe ich." – „Du hast richtig gesehen; denn ich *wache* über mein Wort und führe es aus." (Hier liegt ein Wortspiel mit den hebräischen Ausdrücken für Mandelbaum = schaked und wachen = schakad vor. Aufgrund seiner frühen Blüte gilt der Mandelbaum als Vorbote des Frühlings.) – „Was siehst du noch?" – „Einen dampfenden Kessel sehe ich; sein Rand neigt sich von Norden her." – „Da sprach der Herr zu mir: Von Norden her ergießt sich das Unheil über alle Bewohner des Landes" (vgl. Jer 1,5–14). Der arme Jeremia, kaum ist er Prophet, muß er schon in Aktion treten!

Und dann geht es weiter im 20. Kapitel: „Du hast mich betört, o Herr, und ich ließ mich betören" (Jer 20,7). Sehr interessant! Du hast mich also betört, hast mich beschwindelt, Herr! Aber du hast mich auch gepackt und überwältigt. Die Leute hören nicht auf mich, denn dein Wort in meinem Mund ist eine einzige Anklage. Ein komplettes Fiasko. Und es ist dann tatsächlich alles schiefgegangen, denn er endete als Märtyrer, wahrscheinlich in Ägypten (vgl. Jer 20,8–10).

Wie oft kommt es so, meine lieben Mitbrüder! Als Seminarist dachte ich mir oft: Ich werde einmal predigen und alle mit meinen Worten überzeugen. Wenn es doch so wäre! Die Leute hören mir vielleicht zu, aber sie denken kaum darüber nach und setzen nur wenig davon in die Praxis um. Es ist oft sehr entmutigend, sehr enttäuschend. Man muß diesen Dienst als ein großes Opfer auffassen und von unserer Seite alles tun, um der Aufgabe wirklich gewachsen zu sein.

Daher muß man die notwendigen Voraussetzungen haben. Denkt immer daran, daß das Wichtigste für einen Verkünder des Wortes Gottes ein heiligmäßiges Leben ist. Ob du gut oder schlecht predigst, ist Nebensache – du mußt nur überzeugt sein und das auch vorleben, was du lehrst und verlangst. In Wien gab es zur Zeit des heiligen Klemens Hofbauer drei berühmte Prediger: Pater Veit, Pater Werner und ihn selbst. Alle drei waren sehr beliebt. Pater Veit deswegen, weil das, *was* er sagte, wichtig und interessant war; Pater Werner deshalb, *wie* er die Dinge darlegte: klar, einsichtig und attraktiv; der Heilige hingegen aufgrund seiner ganzen Persönlichkeit. Er predigte nicht nur, sondern lebte das auch, was er predigte. Man müßte die Eigenschaften dieser drei Prediger in sich vereinigen. Das wäre ideal.

Ob man nun zu Kindern spricht oder zu Erwachsenen, man muß jedenfalls in der Materie beschlagen sein. Es gibt eine Regel in der Psychologie, die besagt: Wenn ich etwas sehr gut kenne, wenn ich umfassend über etwas informiert bin, dann kann ich es auch gut zum Ausdruck bringen; wenn ich mich nur einigermaßen auskenne, dann werde ich mich auch nur mittelmäßig ausdrücken können; und wenn ich nur ungefähr oder kaum Bescheid weiß, dann werde ich es auch nur schlecht oder gar nicht vermitteln können. Die Klarheit des Ausdrucks ist eine Frucht des Wissens.

Und dann die Kunst der richtigen Dosierung: Vor diesem Publikum darf ich nicht alles sagen, was ich weiß, und es mit einem riesigen Wortschwall überfallen. Da würde ich mit meiner ganzen Gelehrsamkeit nur Verwirrung stiften. Man muß es vielmehr so machen wie eine Mutter, die ihr Kind stillt. Sie selbst ißt alles mögliche: Fleisch, Gemüse, Brot, Kartoffeln, Käse, Salat; doch sie verwandelt alles das, sie verarbeitet es zu einer anderen Substanz, eben der Muttermilch. Die Speise wird auf diese Weise gewissermaßen vereinfacht: Die Milch enthält alle Elemente, die das Kind braucht. So müssen auch wir zur Umwandlung fähig sein, zur Verarbeitung, um die Leute, die wir vor uns haben, auf die ihnen angepaßte Weise zu belehren und ihnen das Wort Gottes nahezubringen. Wir dürfen nicht alles von allem sagen. Manchmal weiß ich hundert Dinge, aber ich sage nur fünf davon; die anderen fünfundneunzig sind zuviel, für diesmal reichen fünf.

Die Ernährungsfachleute sagen, daß nicht sosehr das, was man sich vom Tablett auf den Teller legt, bekömmlich für uns ist, sondern eher das, was man auf dem Tablett liegen läßt. Da gab es so große, herrlich knusprige Schnitzel, aber ich habe nur ein ganz klein wenig davon genommen: Das, was ich zurückgelassen habe, hat mir gutgetan. Auch meinen Zuhörern bekommt oft das viel besser, was ich nicht sage, als alles das, was ich weiß. Sie können es nämlich meistens nicht verkraften.

Auch der heilige Paulus sagt, daß man den Kindern, solange sie noch klein sind, nur Milch geben soll und erst später festere Nahrung.

In der Geschichte der Pädagogik gibt es ein sehr interessantes Beispiel, das diese Auffassung gut illustriert. Es handelt sich um zwei berühmte Prediger: Fénelon und Bossuet. Beide waren außerdem auch noch Erzieher. Bossuet war der Erzieher des Dauphin von Frankreich, Fénelon der Erzieher eines Kindes, das später hätte König werden sollen, aber dann als Herzog von Burgund gestorben ist.

Fénelon hatte sicherlich weniger Talent als Bossuet. Bossuet war der „Adler von Meaux", der in höheren Sphären schwebte, sich mit schwierigen Fragen der Philosophie und Geschichte auseinandersetzte. Und dann erst seine Predigten ... Er war wirklich sehr talentiert. Er konnte sich so in eine Aufgabe verbeißen, daß ich es kaum beschreiben kann. Als er zum Erzieher des Thronfolgers ausersehen wurde, der damals noch in den Windeln lag, hat er sich zehn Jahre lang auf diese Aufgabe gewissenhaft vorbereitet, um ihm ein profundes Wissen auf allen Gebieten vermitteln zu können. Mit manchen Wissensgebieten, die ihm noch fremd waren, hat er sich ganz besonders intensiv befaßt. Und was war das Ergebnis? Nichts zu machen, der Junge blieb ein Blindgänger. Er war zwar sehr begabt, hatte gute Charaktereigenschaften und eine feine Wesensart, aber was half das schon? Was sein Erzieher ihm darbot, war viel zu hoch für ihn und wurde auch viel zu kompliziert dargelegt.

Fénelon, der keineswegs das Talent von Bossuet besaß, kam da viel besser zurecht. Er hatte es mit einem Jungen zu tun, der einen mürrischen Charakter besaß, doch er hat aus ihm einen perfekten Gentleman gemacht, auf den ganz Frankreich die schönsten Hoffnungen setzte. Leider wurde er schon kurz nach seiner Hochzeit vom Tod hinweggerafft.

Fénelon hat eine andere Methode angewandt. Er hat mehr oder weniger dasselbe gesagt wie Bossuet, aber auf eine andere Weise. Er hat es verstanden, sein Wissen auf so interessante und dem Schüler angepaßte Weise zu vermitteln, daß das Ergebnis natürlich nicht ausbleiben konnte.

Man muß die Kunst lernen, die Dinge lebendig darzustellen, auf eine Weise, daß die Zuhörer sich dafür interessieren. Manchmal finden sie nur deshalb kein Interesse daran, weil wir sie so schlecht und langweilig präsentieren.

Auch Disziplin ist wichtig. Manchmal besteht das Problem nicht darin, daß die Kinder undiszipliniert sind, sondern daß die Lehrer es nicht verstehen, ihr Interesse zu wecken. Die wirksamste Art, die Kinder während des Unterrichts im Zaum zu halten, ist die, von Dingen zu reden, die sie interessieren.

Ebenfalls sehr wichtig ist es, den Kindern oder Jugendlichen das Gefühl zu geben, daß man ihnen gut gesinnt ist. Lacordaire hat einmal gesagt: Du kannst niemandem etwas Gutes tun, wenn du ihm nicht gut gesinnt bist. Wenn sie dahinterkommen, daß ich das alles einzig und allein um des lieben Geldes willen tue, werde ich nie Erfolg haben. Sie müssen das Gefühl haben, daß ich ihnen wohlgesinnt bin, daß ich ihre Situation verstehe, daß ich Mitleid mit ihnen habe, daß ich wirklich zu ihnen halte. Nur dann kann man etwas erreichen. Man muß ein Herz für sie haben und wirklich gut zu ihnen sein. Es genügt nicht, nur einen solchen Anschein zu erwecken, denn sie sind scharfsinnig und hellhörig genug, um zu bemerken, daß in uns hundert andere Stimmen zu vernehmen sind, die unsere Worte Lügen strafen.

Und noch etwas: Um ein gewisses Prestige zu haben, muß man viel studieren. Wer war besser auf seine Aufgabe vorbereitet als der heilige Paulus? Er hatte in Arabien studiert, war ein Schüler von Gamaliel gewesen und kannte die heiligen Schriften. Man braucht nur zu sehen, wie er sie zitiert. Als er zum zweiten Mal im Gefängnis saß, schrieb er an Timotheus: Ich habe in Troas einige Dinge vergessen (er war plötzlich verhaftet worden). Ich habe meinen Mantel dort gelassen, schick ihn mir, und auch meine Bücher, vor allem die Pergamente, d. h. die Manuskripte. Wozu? Um im Gefängnis zu studieren, vor allem die Theologie, die Heilige Schrift.

Wir studieren viel zuwenig. Glaubt mir, es ist unmöglich, einigermaßen aktuell und zeitnah zu predigen, so daß unser Wort bei den Leuten ankommt, wenn wir nicht studieren, wenn wir nicht ständig das Kapital unseres theologischen Wissens erneuern. Der heilige Franz von Sales mußte, als er Bischof wurde, eine Prüfung ablegen. Man fragte ihn, worin er geprüft werden wolle. Das Examen fand in Gegenwart von Clemens VIII. und Kardinal Bellarmin statt: Ich bin eigentlich Doktor der Rechtswissenschaft (er hatte in Padua mit glänzendem Erfolg promoviert), aber jetzt, wo ich Bischof bin, möchte ich lieber in Dogmatik und allgemeiner Theologie geprüft werden. Obwohl er Theologie nur sozusagen nebenbei studiert hatte. Sein Vater hatte ihn nach Padua geschickt, um dort Rechtswissenschaft zu studieren, doch er widmete täglich vier Stunden dem Recht und vier Stunden der Theologie. Dann hatte ihn der Vater nach Paris geschickt, um dort Rhetorik, Grammatik und Philosophie zu studieren. Er war damit einverstanden, aber dann verspürte er doch das heftige Verlangen, die Vorlesungen eines damals sehr berühmten Lehrers über die Heilige Schrift zu hören. Später hat er einmal gesagt: Ich habe vieles meinem Vater zuliebe studiert, aber Theologie habe ich mir selbst zuliebe studiert. Und in diesem Fach wollte er jetzt als Bischof geprüft werden. Die Theologie muß auch unser Gebiet sein, vor allem die Heilige Schrift, und alles im Lichte des Konzils.

Und noch etwas ist wichtig für unser Ansehen bei den Leuten, nämlich immer ehrlich und aufrichtig zu sein. Man kann heute zu den Schülern nicht mehr in der gewohnten alten und längst überholten Phraseologie sprechen. Wir müssen zu erkennen geben, daß wir von den Dingen dieser Welt etwas verstehen, daß wir auch für jene Gebiete ein offenes Ohr haben, die sie interessieren. Wir haben ja zukünftige Professoren, Rechtsanwälte, Ärzte usw. vor uns. Wenn wir jetzt einen guten Eindruck auf sie machen, werden sie uns immer in Erinnerung behalten. Der kennt auch das Leben, werden sie sagen, nicht nur die Bibel, er hat keine Scheuklappen, er weiß auch um unsere Probleme, er ist offen, vielseitig und gut informiert.

Man muß sich auch einigermaßen gut präsentieren können

und irgendwie selbstbewußt auftreten. Heute hält man sehr viel auf diese Dinge. Ich habe in der Einleitung zu den Bollandisten eine Lebensbeschreibung des Jean Bolland, eines berühmten Jesuiten, gelesen. Dort hieß es, daß er sehr tüchtig war und es verstand, sich Autorität zu verschaffen, obwohl er noch jung war, kaum über zwanzig Jahre alt, was aber niemand so recht glauben wollte, denn sein Vollbart ließ ihn viel älter aussehen. Sein Durchsetzungsvermögen beruhte sicherlich auf seiner Tüchtigkeit, aber auch sein schöner Vollbart verhalf ihm nicht weniger zu Ansehen. Der äußere Eindruck und vor allem die Art zu sprechen sind schon sehr von Vorteil.

Schließlich unsere Lieblingsausdrücke: Wenn wir uns auf die Predigt nicht gut vorbereiten, laufen wir Gefahr, immer dieselben Worte zu benützen oder altmodische Formulierungen zu gebrauchen, mit denen wir uns lächerlich machen. Das sind zwar nur Kleinigkeiten, aber wir sollten sie trotzdem vermeiden, denn sie zerstören oft unbemerkt unser Ansehen, das aber für unser Apostolat unabdingbar ist.

Vertraut nicht allein auf euer Talent oder auf die Erfahrung, die ihr gesammelt habt! Bei der Predigt darf man sich nicht auf die Vergangenheit verlassen, auf eine Vorbereitung, die schon weit zurückliegt: Es ist auch die unmittelbare Vorbereitung wichtig. Ihr werdet vielleicht sagen: Aber wenn es sich doch um Kinder handelt... Die Kinderkatechese ist fast noch schwieriger, schon deshalb, weil Kinder ehrlich und spontan reagieren. Wenn ihr vor einem wohlerzogenen und gebildeten Auditorium sprecht, verhalten sich alle sehr korrekt, auch wenn ihr sie noch so langweilt; sie zeigen kaum Reaktionen, sie wollen im allgemeinen nur, daß ihr bald aufhört. Sprecht ihr aber zu Kindern und es interessiert sie nicht, dann sind schon nach zwei Minuten alle in Bewegung, und ihr könnt sie nicht mehr im Zaum halten. Es ist also viel schwerer, bei den Kindern Aufmerksamkeit zu wecken. Daher muß man sich da noch besser vorbereiten. Das hat schon Pius X. gesagt: Es ist viel schwieriger, eine gute Kinderkatechese vorzubereiten als eine gute Erwachsenenpredigt.

Unterschätzt also dieses Apostolat nicht, vor allem wenn es sich um Kinder im Alter von 12 bis 14 Jahren handelt. Wir in

Italien machen da einiges falsch: Wir konzentrieren uns fast ausschließlich auf die Kinder im Volksschulalter. Da tun wir wirklich sehr viel, aber diese Kinder kapieren wenig und vergessen fast alles. Das beste Alter, wo man wirklich ihr Interesse wecken kann, das aber auch ein sehr schwieriges Alter ist, weil sie beginnen, Probleme zu haben, wäre das Alter von 13 bis 14 Jahren aufwärts. Aber leider verstehen wir es nicht, zu Kindern und Jugendlichen in diesem Alter in der richtigen Weise zu sprechen. Man nennt es das kritische Alter, das schwierige Alter, und wir in Italien sind auf diesem Gebiet sicher etwas hinten.

Wenn wir uns bloß nicht zuviel auf unser Talent und unsere Gescheitheit verlassen würden! . . . Es gibt ein Lustspiel von Gribojedow: „Wehe dem Gescheiten!" Manchmal müßte man wirklich sagen: Schade, daß er ein so gutes Gedächtnis hat, jetzt bereitet er sich überhaupt nicht mehr vor; er vertraut bloß noch auf sein gutes Gedächtnis und improvisiert ständig. Man darf nicht immer improvisieren. Alle wirklich gelungenen Dinge sind exakt vorbereitet worden, das könnt ihr mir glauben. In dem Buch „Gottes Botschafter" findet man eine Episode über Everett, einen amerikanischen Kongreßabgeordneten und sehr berühmten Literaten. Einmal hat er im Kongreß eine Rede gehalten. Er erhob sich von seinem Sitz und ging nach vor zum Rednerpult. Vor sich hatte er ein Glas Wasser, aber im Eifer der Rede hat er es umgestoßen. Beim Aufstellen ist ein Wassertropfen an seinem Finger hängengeblieben. Daraufhin hat er seine Rede unterbrochen und nur noch ein Zwiegespräch mit diesem Tropfen an seinem Finger geführt. Das war sehr originell, ja genial, es waren ganz ungewöhnliche Gedanken, die er da in hervorragendem Stil vortrug. Er erhielt dafür tosenden Applaus. Es war ein Glück für ihn, daß ihm dieses Mißgeschick passiert ist, denn sonst, so sagte man, hätte sich ihm nicht die Gelegenheit geboten, auf so geniale Weise zu improvisieren. So aber hat er in aller Ruhe den Triumph und das Lob von allen Seiten genossen. Was haltet ihr davon? Einige Jahre später, nach seinem Tod, fand man unter seinen Papieren auch jene Rede über den Wassertropfen: Sie war fein säuberlich in allen Einzelheiten zu Papier gebracht worden. Er hatte das Glas also bewußt umgestoßen, das Ganze war ein Trick, um seine „Improvisation" an den Mann bringen zu können.

Ein Prediger hat einmal seine Unterlagen auf der Kanzel vergessen. Der Kirchendiener hat sie später gefunden und ein bißchen darin geblättert: Da war sogar genau die Stelle angegeben, an der er mit der Faust auf die Kanzelbrüstung schlagen sollte! Alles genau vorbereitet!

Wir können da auch viel von den Laien lernen, die es nie wagen würden, ohne Vorbereitung in der Öffentlichkeit aufzutreten. Ich habe eine Studie über Charles Dickens gelesen, den englischen Romanschriftsteller, den ich als Kind viel gelesen habe. Seine Romane haben zu seiner Zeit und auch in der Folge Furore gemacht. Es gab damals noch kein Fernsehen und keinen Rundfunk, daher hat man ihn gebeten, selbst auf Tournee durch ganz Europa und die Vereinigten Staaten zu gehen, um überall aus seinen Werken zu lesen. Eines Abends, nachdem er ein Stück aus einem seiner Bücher gelesen und dafür tosenden Applaus geerntet hatte, verlangte das Publikum noch einige Draufgaben. Seht, antwortete er, sehr gerne! Wenn ich das früher gewußt hätte, hätte ich mich darauf vorbereitet, aber so ganz ohne Vorbereitung fühle ich mich dazu nicht imstande. – Aber es sind doch Ihre eigenen Werke, gaben sie ihm zur Antwort, das haben doch Sie selbst geschrieben! – Das schon, hat er geantwortet, aber man muß sich trotzdem vorbereiten.

Wir gehen oft einfach so auf die Kanzel und vertrauen auf unser Improvisationstalent. Ich verstehe schon, manchmal wächst uns die Arbeit über den Kopf: Krankenbesuche sind zu machen, die Buchhaltung ist in Ordnung zu halten, Gottesdienste stehen auf dem Plan und das Ferienlager muß organisiert werden. Aber die Vorbereitung auf die Predigt darf dabei nicht zu kurz kommen. Wenn wir nicht ständig studieren und uns weiterbilden, wird unser Ansehen mit der Zeit darunter leiden.

Versucht auch, die Dinge in leicht faßlicher Art darzulegen, euch klar auszudrücken, auch was die Aussprache angeht. Sprecht die einzelnen Silben und Wörter deutlich aus, damit die Leute keinen Grund haben, sich zu beklagen.

Jesus hat sich niedergesetzt, bevor er die Bergpredigt hielt, und das heißt meiner Meinung nach, daß man sehr ruhig und mit einfachen Worten predigen soll. Kardinal Cushing von Boston hat dieses Jahr auf dem Konzil nur zweimal das Wort ergriffen, dann ist er nach Amerika abgereist. Man hat ihn gefragt: Warum haben Sie es so eilig? – Ich habe zu Hause eine sehr gut organisierte Caritas, antwortete er, und jeden Tag, wo ich hier bin, verliere ich 25.000 Dollar. – Aber er ist eigens nach Rom gekommen, um über die Religionsfreiheit zu sprechen. Er ließ die Fenster von St. Peter erzittern, er beugte sich über das Rednerpult, er legte sich richtig ins Zeug. Es war ein Vergnügen, ihn zu sehen und ihm zuzuhören. Es ist natürlich unmöglich, es bei der Predigt in der Kirche auch so zu machen. Beim Konzil geht das, aber nicht in der Kirche. Jesus hat sich niedergesetzt, um uns zu lehren, daß man mit großer Ruhe sprechen soll, indem man vernünftig argumentiert und zum Nachdenken anregt. Dann ist es eine gute Predigt.

„Die Augen aller waren auf ihn gerichtet": Es muß also interessant gewesen sein, sonst hätten nicht alle so aufmerksam zugehört. Und am Ende haben ihm alle zugestimmt. Das soll auch euer Ziel sein, wenn ihr predigt. Ihr sollt nicht mit dem Hintergedanken auf die Kanzel gehen, daß die Leute hinterher sagen: Was ist das doch für ein glänzender Prediger! Wie gebildet er ist und was für eine angenehme Stimme er hat! Das dient zu nichts. Das beste Lob ist immer noch, wenn die Leute sagen: Ich muß ihm eigentlich recht geben, er hat mich überzeugt, das ist genau das, was ich auch denke. Das ist der richtige Beifall, wenn einer sagt: Jetzt ist mir vieles klarer geworden. Dann hat meine Predigt einen Sinn, weil sich die Wahrheit durchsetzt. Es ist sinnlos, sich selbst in den Vordergrund zu spielen, die Wahrheit muß verbreitet werden. Deshalb sollt ihr nur Dinge sagen, die als wahr und nützlich empfunden werden. Dann wird man das Gesagte auch zu würdigen wissen, sonst ist es nur ein leeres Getöse in den Ohren.

Als Don Bosco noch mit einer niederen Baracke als Kirche für seine Jugendlichen vorliebnehmen mußte, hat er einmal seinen Erzbischof Fransoni zu einem Besuch eingeladen. Die Buben hatten in der Baracke auch ein Podium vorbereitet. Der

Bischof bestieg es, aber er konnte sich nicht bewegen, denn mit der Mitra stieß er oben an die Decke. Jetzt verstehe ich, Don Bosco, sagte er und nahm die Mitra ab, zu den Buben muß man ohne Mitra sprechen. Das gilt im übertragenen Sinn auch für unsere Predigt: Ohne Mitra, d. h. ohne feierliches Pathos, schlicht und einfach. Das Wort Gottes ebnet sich seinen Weg ohne hochtrabende Beredsamkeit.

Erinnern wir uns vor allem daran: „Brannte uns nicht das Herz in der Brust, als er unterwegs mit uns redete?" (Lk 24,32). Das Herz muß dabei warm werden. Deshalb darf auch die Vorbereitung nicht einseitig intellektuell sein. Ich habe einen heiligmäßigen Bischof gehabt, Monsignore Cattarossi – hier in Belluno werden sich sicherlich noch manche an ihn erinnern können. Er sagte nichts Besonderes, meist sogar ganz selbstverständliche Dinge, die man in jedem Katechismus nachlesen konnte. Außerdem wiederholte er sich dauernd. Er hatte auch keinen sehr ansprechenden Stil, ja manchmal machte er sogar grammatikalische Fehler. Wenn er sich vorbereitete, genügte ihm ein winzig kleines Blatt Papier. Seine Vorbereitung bestand hauptsächlich im Gebet. Statt sich vorgefertigte Gedanken ins Gedächtnis einzuprägen, versuchte er, sein Herz zu erwärmen. Wenn er auf die Kanzel stieg, besaß er zwar keinen großen Reichtum an originellen Gedanken, aber er hatte ein brennendes Herz. Wenn ich als Assistenz hinter ihm auf der Kanzel stand und hinunterschaute, sah ich, wie die Menschen ihm aufmerksam zuhörten und manchmal von seinen Worten so gerührt waren, daß sie sogar weinten. Dabei sagte er überhaupt nichts Außergewöhnliches, aber man spürte sein brennendes Herz, das auch die anderen Herzen erwärmte.

Eine gute Predigt muß die Herzen erwärmen. Das ist wichtiger als alle noch so interessanten Gedanken. Sie muß überzeugen und brennende Herzen hinterlassen.

Bitten wir den Herrn, daß er uns hilft, gute und vor allem überzeugende Prediger zu werden.

Der heilige Johannes Bosco hat sich am Tag seiner Primiz vom Herrn die Gnade eines überzeugenden Wortes erbeten. Es ist nicht so wichtig, ein glänzender Redner zu sein, viel wichtiger ist es, die Menschen überzeugen zu können.

Unsere Predigt wird dann überzeugend sein, wenn sie begleitet ist von der Gnade Gottes und unserer gewissenhaften Vorbereitung; wenn wir uns bemühen, die Nöte unserer Zuhörer zu verstehen, die rechten Maßstäbe anzulegen und unsere Ausdrucks- und Darstellungsweise nach denen auszurichten, die uns zuhören. Das zu können ist eine große Gnade.

Wir dürfen uns aber keinen Illusionen hingeben, damit es uns nicht auch so geht wie Jeremia, dem Propheten. Wir müssen also realistischerweise mit Mißerfolgen und Rückschlägen rechnen. Aber solche Mißerfolge können den nicht entmutigen, der sich selbst in den Hintergrund stellt und einzig und allein das Wort des Herrn verkündet.

XIV
Jesus rettet uns
in der Kirche

Er „goß Öl und Wein auf seine Wunden und verband sie".
Und dann? „Dann hob er ihn auf sein Reittier, brachte ihn zu
einer *Herberge* und sorgte für ihn" (Lk 10,34).

Eine Herberge, eine Art Hotel der damaligen Zeit. Nach
Origenes ist die Kirche diese Herberge, und in der Kirche sorgt
Jesus für die ganze Menschheit. Heute ist die Kirche im Konzil
vereint und eröffnet eine Art Dialog mit der Menschheit, mit
der Welt.

Das Konzil stellt an die Kirche die Frage: Bitte, würdest du
mir sagen, wer du bist und was du tust? Die Kirche hat schon
begonnen, darauf eine Antwort zu geben. Wenn du wissen
willst, wer ich bin, dann schlag nach in der *Konstitution über
die Kirche* oder in der *Liturgiekonstitution.*

Die Menschheit richtet an die Kirche die Frage: Bitte,
würdest du auch sagen, was du von jenen hältst, die keine
Katholiken sind, von den Protestanten, den Orthodoxen?
Gerne, antwortet die Kirche. Sie hat schon zwei Dekrete
veröffentlicht: eines über den *Ökumenismus* und eines über
die *Ostkirchen.*

Und was ist mit mir?, drängt die Welt. Hast du auch mir
etwas zu sagen? Ich werde es versuchen, antwortet die Kirche.
Und sie sagt der Welt, wer sie ist und was sie tut. Die Aufgabe
der Kirche in bezug auf sich selbst ist es, einige Punkte ihrer
Lehre zu verdeutlichen, die entweder falsch interpretiert
werden können oder noch unvollständig zum Ausdruck
gebracht sind.

Zum Beispiel: Was ist die Kirche? Die Kirche ist die
Gemeinschaft der wahren Christen, d. h. der Getauften, die an
ihren Sakramenten teilnehmen und den von ihr eingesetzten

Hirten gehorchen. Das ist eine ganz und gar korrekte Definition, aber sie läßt uns eigentlich kalt.

Gemeinschaft: Sollte man nicht besser *Familie* sagen? Man stellt sie sonst auf die gleiche Ebene wie andere profane Gebilde, wie staatliche oder völkische Gemeinschaften.

Die ihren Hirten gehorchen: Diese Definition klingt so dogmatisch, sie ist viel zu sehr an juristischen Normen ausgerichtet, indem die verschiedenen Gewalten und Vollmachten unterschieden werden: die Weihegewalt und die Jurisdiktionsgewalt; bei dieser letzteren wiederum unterscheidet man zwischen dem Lehramt und der Leitungsgewalt; diese gliedert sich noch einmal in die gesetzgebende, die richterliche und die exekutive Gewalt, wobei letztere sich als Regierungsgewalt, Administrationsgewalt oder Sanktionsgewalt manifestieren kann. Kurz und gut, man hat ein kompliziertes Gebäude konstruiert, in dem uns fröstelt.

Dies alles mag durchaus seine Richtigkeit haben, aber die Kirche allein unter diesem Gesichtspunkt darzustellen... Kaum sind wir zur Teilnahme am Konzil in Rom angekommen, hat man uns schon das Schema „Über die Kirche" in die Hand gedrückt, das aber sehr hart kritisiert und schließlich auch abgelehnt worden ist. Monsignore De Smedt hat gesagt: Das ist zwar alles richtig, aber wie schaut es im Endeffekt aus? Ein viel zu ausgeprägter Juridismus klingt da durch, man spricht immer nur von Rechten und Pflichten. Jesus Christus hat ganz anders gesprochen. Es ist wahr, daß es einen Unterschied gibt zwischen der Kirche und einer staatlichen Gemeinschaft, aber dieser Unterschied ist hier viel zuwenig betont, man muß ihn noch viel mehr hervorheben.

Es hat auch den Anschein, als sei die Kirche nur auf diese Welt beschränkt, während doch die sichtbare Kirche nur der Anfang der wahren Kirche ist. Die wahre Kirche hat Dimensionen, die über diese Welt hinausreichen, sie ist dort oben im Himmel. Die Kirche wird erst dann wirklich Kirche sein, wenn wir alle dort droben im Himmel sind. Das hier ist nur ein Anfang.

Außerdem ist das vorliegende Schema noch viel zuviel vom Klerikalismus und Triumphalismus geprägt.

Daher hat man diesen ersten Entwurf wieder zurückgezogen und einen zweiten vorgelegt, der zum großen Teil das Werk von Monsignore Philips gewesen ist. Mit zahlreichen Abänderungen ist er schließlich angenommen worden. Das wahre Antlitz der Kirche geht aus dieser neuen Konstitution viel klarer hervor.

Man hat also versucht, den ersten, unbefriedigenden Entwurf zu korrigieren, und hat gesagt: Man kann die Kirche zwar auch so, mit Hilfe dieser scholastischen Begriffe beschreiben, die ohne Zweifel der größeren Klarheit dienen. Aber würde die Darstellung nicht viel sympathischer sein, wenn wir diese Begriffe einmal beiseite ließen und darangingen, einfach einmal die Bibel aufzuschlagen? Spricht die Bibel denn nicht von der Kirche? Warum verwenden wir nicht ihre Bilder? Und so haben wir uns darangemacht, die Bilder der Bibel für die Kirche aufzuspüren: Sie ist das *Volk Gottes!*

Bei Daniel finden sich in einer seiner Visionen vier große Bilder. 1. Aus dem Meer stiegen vier große Tiere herauf: ein Löwe mit Adlerflügeln, ein Bär, ein Panther und ein unbekanntes Tier mit großen Zähnen aus Eisen und zehn Hörnern. – 2. Ein Gerichtshof: Ein Hochbetagter sitzt auf seinem Thron. Dieser Thron ist von Feuerflammen und Tausenden von Dienern umgeben. – 3. Die vier Tiere verschwinden nacheinander von der Bildfläche, sie werden getötet. Sie repräsentieren die Königreiche, die Machthaber dieser Erde, und werden vernichtet. – 4. Das Schlußbild: Mit den Wolken des Himmels kommt einer wie ein Menschensohn. Er gelangt bis zum Thron des Hochbetagten. Und der Hochbetagte übergibt ihm Herrschaft, Würde und Königtum.

Und Daniel fragt: Wer ist dieser *Menschensohn?* Die Antwort: Die Heiligen des Höchsten, sie werden das Erbe erhalten und für immer und ewig herrschen. Die Heiligen: Dieser Menschensohn ist also nicht eine einzelne Person, sondern ein Kollektiv, die Kirche. Daniel hatte die Kirche als *Volk Gottes* gesehen. Ein glückliches Volk, welches das Erbe der Königreiche dieser Welt antritt und nicht auf eine bestimmte Region beschränkt ist. Es ist keine kleine Kirche, beschränkt auf unsere eigene Diözese. Sie ist etwas Vorläufiges, eine Kirche unterwegs, eine pilgernde Kirche. Die wahre

Kirche wird erst im Himmel Gestalt annehmen, sie wird jedoch von uns Menschen gebildet werden, die wir jetzt hier unten auf dieser Erde leben. Aber auch jetzt, in ihrem Anfangsstadium, hat sie schon überweltliche, ewige Dimensionen. Diese Vision Daniels kehrt im ganzen Neuen Testament ständig wieder.

Bei Matthäus (Kap. 21) erzählt Jesus ausgerechnet vor den Pharisäern das Gleichnis von den bösen Winzern, die, um in den Besitz des Weinbergs zu kommen, sogar den Sohn des Gutsbesitzers töten. Und dann zieht Jesus daraus die Schlußfolgerung. Was wird er mit solchen Winzern tun? Ich will es euch sagen: Das Reich Gottes wird den Juden weggenommen werden, dem bisherigen Lieblingsvolk Gottes, und es wird einem Volk gegeben, das mehr Früchte bringt als sie. Die Kirche wird also dargestellt als das glückliche Volk, dem das Erbe gegeben wird.

Und beim heiligen Paulus heißt es: „Denn die Gnade Gottes ist erschienen, um alle Menschen zu retten. Sie erzieht uns dazu, uns von der Gottlosigkeit und den irdischen Begierden loszusagen und besonnen, gerecht und fromm in dieser Welt zu leben, während wir auf die selige Erfüllung unserer Hoffnung warten: auf das Erscheinen der Herrlichkeit unseres großen Gottes und Retters Christus Jesus." Was hat dieser Jesus Christus getan? Er hat sich selbst für uns hingegeben, um uns zu erlösen, um „sich ein reines Volk zu schaffen, das ihm als sein besonderes Eigentum gehört und voll Eifer danach strebt, das Gute zu tun". Das also ist der Grund: Er wollte uns reinigen, uns zu seinem Lieblingsvolk machen, das nur Gutes tut. Der Sinn seines Kommens ist dieser: Sich ein Volk zu schaffen, das ganz ihm gehört und das dabei glücklich ist (vgl. Tit 2,11–14).

Auch der heilige Petrus sagt, wenn er von den Christen spricht: „Ihr aber seid ein auserwähltes Geschlecht, eine königliche Priesterschaft, ein heiliger Stamm, ein Volk, das sein (Gottes) besonderes Eigentum wurde, damit ihr (seine) großen Taten verkündet... Einst wart ihr nicht sein Volk, jetzt aber seid ihr Gottes Volk." Ihr, die ihr einst nicht einmal den Namen Volk verdientet, seid jetzt das Volk Gottes, sein Lieblingsvolk, ein glückliches Volk (1 Petr 2,9–10).

Auf dieses Glück legt vor allem der heilige Johannes in seiner Offenbarung den Akzent. Da gibt es wunderbare Stellen, die wir leider nicht immer richtig verstehen. In jenen Tagen – sagt Johannes – wird es „einen neuen Himmel und eine neue Erde" geben. Und er selbst sieht diese neue Zeit in einer Vision: „Ich sah die heilige Stadt, das neue Jerusalem, von Gott her aus dem Himmel herabkommen; sie war bereit wie eine Braut, die sich für ihren Mann geschmückt hat" (Offb 21,1–2). Es handelt sich also um eine Stadt, aber diese Stadt ist so heiter, so glücklich, daß man sie am besten mit einer Braut vergleichen kann, denn so glücklich sind nur Bräute am Tag ihrer Hochzeit.

„Da hörte ich eine laute Stimme vom Thron her rufen: Seht, die Wohnung Gottes unter den Menschen! Er wird in ihrer Mitte wohnen, und sie werden sein Volk sein; und er, Gott, wird bei ihnen sein. Er wird alle Tränen von ihren Augen abwischen: Der Tod wird nicht mehr sein, keine Trauer, keine Klage, keine Mühsal. Denn was früher war, ist vergangen" (Offb 21,3–4). Ein Volk, eine Stadt, aber glücklich wie eine Braut, ohne Tränen, ohne Schmerz.

Etwas später sagt einer von den sieben Engeln, der eine Schale trägt, zu Johannes: „Komm, ich will dir die Braut zeigen, die Frau des Lammes." Und auch diesmal: Er „zeigte mir die heilige Stadt Jerusalem, wie sie von Gott her aus dem Himmel herabkam, erfüllt von der Herrlichkeit Gottes". Oh, wie herrlich!, ruft Johannes aus. Aber in dieser Stadt gibt es keinen Tempel. Das ist auch nicht notwendig, denn ihr Tempel ist Gott selbst und das Lamm. Aber es gibt auch keine Sonne und keinen Mond. Auch das ist nicht notwendig: Die Sonne ist das Lamm. Dann zeigte der Engel ihm die Tore: Sie werden den ganzen Tag nicht geschlossen, und Nacht gibt es überhaupt keine. Und wer kommt in diese Stadt? „Nichts Unreines wird hineinkommen ... Nur die, die im Lebensbuch des Lammes eingetragen sind, werden eingelassen" (Offb 21,9–27).

Die Kirche wird als *Braut* bezeichnet, um ihr Glück auszudrücken und uns verständlich zu machen, daß Jesus Christus uns „erobert" hat. In den Märchen unserer Kindheit kam immer wieder ein Prinz vor, der hoch zu Roß von seinem

Schloß aufbrach, um die Welt zu durchstreifen, der sich dabei tapfer schlug wie ein Held und zahlreiche Trophäen eroberte. Und als er eine schöne Sammlung solcher Trophäen beisammen hatte, kehrte er zu seinem Schloß zurück. Dort war eine schöne Prinzessin, der er alles zu Füßen legte mit den Worten: Willst du mich jetzt? Und angesichts all dieser schönen Dinge stieg die Prinzessin von ihrem Thron herab und sagte: Ich nehme dich zu meinem Mann.

Jesus Christus ist dieser Prinz, er hat alle diese Heldentaten vollbracht. Er hat gekämpft und sein Blut vergossen. Und warum hat er das getan? Um sich ein heiliges Volk zu erwerben ... „Ich habe euch einem einzigen Mann verlobt, um euch als reine Jungfrau zu Christus zu führen" (2 Kor 11,2). Der heilige Paulus schreibt also den Korinthern: Ihr seid die Braut Christi, er hat euch mit seinem Blut erkauft.

Das ist also die Kirche: eine wunderschöne Braut; wir alle sind diese Braut Christi. Dieses Bild drückt mit viel mehr Wärme aus, was die Kirche ist.

Auch der heilige Johannes identifiziert die Kirche mit dem Volk Gottes, mit jener Stadt, die vom Himmel herabkommt. Auf einmal hört er vom Himmel her „etwas wie den Ruf einer großen Schar und wie das Rauschen gewaltiger Wassermassen und wie das Rollen mächtiger Donner": etwas ganz Außergewöhnliches! Und diese Stimme sagt: „Wir wollen uns freuen und jubeln und ihm die Ehre erweisen. Denn gekommen ist die Hochzeit des Lammes, und seine Frau hat sich bereit gemacht." Diese Frau ist die Kirche. „Sie durfte sich kleiden in strahlend reines Leinen. Das Leinen bedeutet die gerechten Taten der Heiligen." Daraufhin wirft sich Johannes auf die Erde nieder und hört, wie jemand sagt: „Selig, wer zum Hochzeitsmahl des Lammes eingeladen ist!" Sein Engel aber, dem er sich zu Füßen geworfen hat, sagt zu ihm: „Tu das nicht! Ich bin ein Knecht wie du." Auch du hast die Ehre, am Hochzeitsmahl des Lammes teilzunehmen (vgl. Offb 19,6–10).

Die Bibel sagt uns ferner, daß die Kirche der *mystische Leib Christi* ist: Leib – nicht irgendein Gebilde, nicht bloß eine lockere Gemeinschaft, sondern lebendiger Leib. Seht her: Ein Stück von diesem Tisch da ist ein x-beliebiger Teil eines x-beliebigen Ganzen. Beim Leib ist es nicht so: Da gibt es keine x-beliebigen Teile, sondern nur qualifizierte Teile eines beseelten Leibes. Dieses Stück vom Tisch ist ein Teil dieses Tisches; aber es dient nicht den anderen Teilen, es dient nicht seiner ganzen Existenz. Wenn es sich aber um einen Leib handelt, so leistet ein qualifizierter Teil einen Dienst im Hinblick auf die anderen Teile und auf den gesamten Leib.

Der heilige Paulus sagt: Wenn dir der kleine Finger weh tut, dann betrifft das deinen ganzen Leib. Du bewegst die Hand, schaust mit den Augen hin, dein ganzer Leib leidet mit. Die Ordensschwestern, die Pfarrer, die Bischöfe stehen alle im Dienst der Kirche; die Schwestern auf diese Weise, die Bischöfe auf eine andere, die Pfarrer wieder auf eine andere. Aber sie sind keine Teile, sondern Glieder; qualifizierte Glieder an einem beseelten Leib (vgl. 1 Kor 12,12–27).

Leib Christi, weil Christus die Kirche gegründet hat: Er nährt sie und sorgt sich um sie, wie ein Bräutigam um seine Braut besorgt ist. Er macht sie lebendig, er beseelt sie mit seinem Geist. Und der Geist Christi ist der Heilige Geist (vgl. Eph 5,29).

Die Kirche ist der *mystische* Leib, weil dieser Leib sehr geheimnisvoll ist, nicht so wie die anderen Leiber. Dieser mein Finger da ist lebendig, aber er hat das Leben des Ganzen, er hat kein eigenständiges Leben, ebensowenig wie mein Fingernagel oder mein ganzer Arm. In der Kirche jedoch leben wir zwar das Leben der Kirche, aber jeder hat auch noch sein eigenes Leben, das nicht identisch ist mit dem der Kirche.

Und um einen übertriebenen Juridismus zu beseitigen, haben wir auf dem Konzil gesagt: Kümmern wir uns weniger um Definitionen. Keine Definition ist zureichend, wenn es sich um die Kirche handelt. Eine Definition muß das aussagen, was tatsächlich gegeben ist, und zwar in vollständiger Weise. Nun, welche Definition drückt schon in vollkommener Weise das aus, was die Kirche ist, oder auch nur etwas von der Kirche? Auch was die Liturgie betrifft, haben wir jede Definition vermieden. Nicht einmal die heilige Messe ist definiert worden, denn man wollte keine Definitionen geben, wo es unmöglich ist, alles in der ganzen notwendigen Fülle zum Ausdruck zu bringen. Es wird vielmehr ausdrücklich gesagt, daß die Kirche ein *Sakrament,* ein *Geheimnis* ist; ein Geheimnis oder Mysterium nicht im gewöhnlichen Sinn, eine Wahrheit, welche die Vernunft übersteigt, wo es nichts zu verstehen gibt. Von der Kirche kann man sehr viel verstehen, aber mit folgender Einschränkung: Auch wenn ihr viel verstanden habt, bleibt euch noch immer viel übrig zu verstehen. Ihr habt sicherlich den Reichtum dieses Mysteriums der Kirche noch nicht in seiner ganzen Tiefe ausgeschöpft.

Und dann gibt es noch eine andere Frage: Mysterium. Mystik bedeutet, daß man etwas nicht nur mit dem Verstand erkennt, sondern auch noch mit anderen Fähigkeiten. Wenn einer sich in Ekstase befindet, so ist davon nicht nur sein Geist betroffen, vielmehr vibriert gewissermaßen sein ganzes Sein mit all seinen Fähigkeiten, die sich mit Gott verschmelzen. Um also die Kirche zu verstehen, genügt es nicht, sie nur verstandesmäßig zu erkennen. Bist zu getauft? Ja. Gehörst du zur Kirche? Ja. Also bist du ein Bruder Jesu Christi, ein Adoptivsohn Gottes. Das alles sind Begriffe, bei denen es nicht genügt, sie bloß intellektuell verstanden zu haben: Man muß sie leben, d. h. man muß sie gewissermaßen fühlen, sie erfahren. Sohn Gottes, Bruder Jesu Christi – das kann auch etwas Gekünsteltes sein, das wenig mit meinem Lebensgefühl zu tun hat. Bei manchen Menschen aber ist es von großer Bedeutsamkeit und tief in ihrem Lebensgefühl verankert. Für viele ist es immer wieder neu eine aufregende Sache, sagen zu dürfen: Ich bin ein Bruder Jesu Christi.

Wie großartig! Aber dann ändere ich auch mein Leben angesichts dieser Tatsache. Dann ist dies nicht mehr nur eine *reine und einfache Erkenntnis,* sondern vielmehr ein Erkennen mit dem ganzen eigenen Sein, es ist gleichsam eine *Erfahrung.* Das ist auch auf dem Konzil gesagt worden. Da ist aber Kardinal Ruffini auf die Barrikaden gestiegen und hat gesagt: Das läßt mir keine Ruhe, denn hier spricht man immer von Erfahrung. Das ist die Ausdrucksweise des Modernismus; die Modernisten haben immer von Erfahrung gesprochen. Es handelt sich da aber um eine Erfahrung im guten Sinne; es ist nicht so, daß sich alles auf die Erfahrung reduziert. Für den, der die Kirche richtig versteht, ist es selbstverständlich, daß sie auch im Gefühl verankert sein muß, daß man Kirche leben muß: Deshalb nennt man sie ein Mysterium.

Man wird die Kirche aber nie restlos verstehen, denn du wirst dich niemals tief genug als Sohn Gottes fühlen, als Bruder Jesu Christi: Du wirst vielmehr immer wieder neue Erfahrungen machen, mit deren Hilfe du diese deine Einsicht konkretisierst.

Um jedoch auch hier eine Einseitigkeit zu vermeiden, wird hinzugefügt: Es ist natürlich klar, daß es in der Kirche auch Rechtsstrukturen und Ämter geben muß. Aber über allem muß die Liebe stehen, das Amt in der Kirche darf nicht auf die gleiche Weise ausgeübt werden wie im staatlichen, zivilen Bereich: Es ist etwas völlig anderes. Es ist richtig, daß Jesus Christus seinen Aposteln Vollmachten erteilt hat, aber er hat ihnen auch gezeigt, wie sie ihr Amt ausüben sollen. Wer der erste sein will, soll der letzte sein. Werdet so wie dieses Kind! Lernt von mir, ich bin nämlich nicht gekommen, um mich bedienen zu lassen, sondern um zu dienen. Ich habe euch ein Beispiel gegeben, damit auch ihr so handelt, wie ich getan habe. Wenn er also Vollmachten gegeben hat, so hat er auch gelehrt, wie diese Macht ausgeübt werden soll. Das Amt hat also in der Kirche durchaus seinen legitimen Platz, aber die Art seiner Ausübung ist von ganz besonderer Art.

Man soll also das Amt nicht überbetonen. Wir sind zwar Vorsteher, sagt der heilige Augustinus, aber wir sind es, um zu dienen. Das findet sich überall in der Heiligen Schrift und ist auch vom Konzil neuerlich bestätigt worden.

Dabei darf natürlich das Amt nicht seiner Bedeutung beraubt werden. Das hat schon der heilige Paulus gesagt. Er war zutiefst demütig, ein Sklave Christi, er ist allen alles geworden, er wurde sogar aus der Gemeinschaft ausgeschlossen um der Liebe zu den Brüdern willen. Er betrachtete die Überbetonung des Amtes geradezu als Häresie. Deshalb sagte er: „Was zieht ihr vor: Soll ich mit dem Stock zu euch kommen oder mit Liebe und im Geist der Sanftmut?" (1 Kor 4,21). Aber das bedeutet keinesfalls eine Schmälerung der Autorität: „Gehorcht euren Vorstehern, und ordnet euch ihnen unter, denn sie wachen über euch und müssen Rechenschaft ablegen" (Hebr 13,17).

Quält daher eure Vorgesetzten nicht! Das Konzil spricht vom Amt in diesem Sinne, der keineswegs neu ist, aber es betont vor allem den Gedanken des Dienens. Das Amt hat nur diesen einzigen Zweck: den Menschen zu dienen und ihnen Gutes zu tun.

Es gibt in der Kirche zuviel Klerikalismus, haben wir gesagt. Ich habe auf dem Konzil sogar antiklerikale Bischöfe gesehen. Ein Bischof hat deshalb sogar wütend die Konzilsaula verlassen. Das schlimmste Unglück für die Kirche ist ein übermäßiger Klerikalismus, eine zu große Distanz zwischen den Bischöfen und ihrem Klerus, zwischen den Priestern und Laien. Und dann hat man auch für die Laien eine Lanze gebrochen und ihnen ein eigenes schönes Kapitel gewidmet. Sie werden sogar noch ein eigenes Dekret bekommen, das sich ganz ausschließlich mit ihnen beschäftigt.

Es ist mehrfach betont worden, daß auch die Laien Priester sind, zwar keine Amtspriester, aber doch Priester im echten Sinn. Ihr kennt den Psalm: „Das ist wie köstliches Salböl, das vom Kopf hinabfließt auf den Bart, auf Aarons Bart, das auf sein Gewand hinabfließt" (Ps 133,2). Ein Salböl, ein Wohlgeruch von außergewöhnlicher Köstlichkeit. Es wird reichlich über das Haupt gegossen und benetzt die Haare und den Bart und fließt hinab bis zum Saum des Mantels: Das ist das Priestertum.

Das Konzil sagt: Das Priestertum ist vor allem jenes Salböl, das über dem Haupt Christi ausgegossen wurde, dem wahren und einzigen Hohenpriester. Aber auch die anderen nehmen an seinem Priestertum teil: die Bischöfe – sie besitzen die Fülle des Priestertums; dann die Priester – sie haben ein untergeordnetes, vor allem auf den Kult bezogenes Priestertum; schließlich auch die Laien, die ebenfalls am wahren Priestertum teilhaben, zwar nicht am Amtspriestertum, aber am allgemeinen Priestertum.

Durch die Taufe und die Firmung sind die Laien zum Volk Gottes geworden. Sie haben ein besonderes Vorrecht, vor Gott hinzutreten und von ihm verschiedene Gnadengaben zu empfangen. Stellen wir uns einmal vor, wir wären an Gottes Stelle, und die verschiedenen Menschen würden sich im Gebet an uns wenden: ein Jude, ein Moslem, ein Protestant, ein Katholik. Die beiden letzteren sind getauft, die ersten beiden nicht. Auch sie beten zu Gott und geben sich große Mühe, aber das Gebet des Protestanten und Katholiken muß vorrangig erhört werden, denn sie haben ein Privileg: die Taufe. Die Juden und Moslems haben dieses Vorrecht der Getauften aber nicht. Da diese durch die Taufe auf ihre Art Priester sind, werden ihre Gebete in bevorzugter Weise angenommen, und Gott ist ganz besonders verpflichtet, sie zu erhören. Die Laien sind also Priester in einer gewissen Hinsicht und auf ihre eigene Weise.

Sie bringen zum Beispiel auf ihre Weise das Opfer dar. Wenn wir Priester die heilige Messe feiern, dann verwandeln nur wir allein das Brot und den Wein in den Leib und das Blut Christi, aber bei der Opferung bringen wir die Gaben auch in ihrem Namen dar, und sie opfern gemeinsam mit uns. Es ist ein echtes Priestertum, das sie besitzen, man muß es ihnen nur erklären: Es ist eine überaus hohe Würde.

Die Laien haben ganz bestimmte Aufgaben in der Kirche. Was die Katholische Aktion betrifft, so hat man sich auf dem Konzil nicht sehr klar ausgedrückt; der eine sagte dies, der andere jenes. Aber zumindest das habe ich verstanden, daß es sozusagen zwei Arten von Katholischer Aktion und zwei Weisen des Apostolates gibt.

Manchmal sagen die Bischöfe und Pfarrer: Wir brauchen euch, ihr müßt uns an die Hand gehen, wir können nicht alles allein machen, helft uns doch auch bei solchen Dingen, die eigentlich in unserer alleinigen Kompetenz stehen. In diesem Fall haben die Laien für ihren Einsatz eine besondere Berufung nötig, einen speziellen Auftrag. In vielen anderen Fällen hingegen haben die Laien von vornherein ihre fest umschriebene Aufgabe, die nicht die unsere ist, ohne daß sie eigens dazu berufen werden. Seht, wenn ich so über meine eigenen Predigten nachdenke, so habe ich in ihre Wirksamkeit oft kein allzu großes Vertrauen. Wenn ich nämlich beispielsweise über die Pflichten in der Ehe predige, so hört man mir kaum zu. Andererseits habe ich in manchen Pfarreien junge Ehepaare mit einer ganzen Schar von Kindern gesehen. Wie kommt ihr denn zurecht? habe ich sie gefragt. Sie antworteten mir: Sicher, wir haben eine mehrfache Belastung zu tragen, aber dafür haben wir auch Kinder, die uns viel Freude machen. Man muß eben ein paar Opfer auf sich nehmen. Ich habe zum

Beispiel aufgehört zu rauchen, denn der eine Sohn studiert, der andere will dies und jenes...

Ein solches Beispiel macht einen tiefen Eindruck. Wenn ich hingegen predige, sagen die Leute höchstens: Er ist ja nicht verheiratet. Was versteht der denn von unsern Problemen? Er hat gut predigen! Aber wenn sie einen Laien sehen, einen jungen Ehemann zum Beispiel, und all die Opfer, die er auf sich nimmt, auch die spöttischen Bemerkungen seiner Umwelt; denn bei jedem neuen Kind, das auf die Welt kommt, macht man sich über ihn lustig, aber er geht unbeirrt seinen Weg... Er vermag etwas, was uns unmöglich ist; er gibt ein gutes Beispiel, ein Zeugnis, wie wir es nie werden geben können.

Man hat auch davon gesprochen, solchen Männern eventuell die Weihe zu erteilen. Vielleicht drängen manche ein bißchen zu sehr darauf, einige übertreiben auch ein wenig. Im Grunde ist das alles nichts Neues, aber heute muß man es wieder stärker betonen. Man muß die Laien mehr zu Wort kommen lassen, sie als Mitarbeiter heranziehen bei Angelegenheiten, von denen sie mehr verstehen als wir. Ihre Arbeit ist sehr wertvoll, sie können tatsächlich viel Gutes tun.

Im selben Jahr, in dem Kardinal Tardini gestorben ist, hat der Tod auch noch zwei andere Kardinäle mit sich genommen: Canali und Van Roey. Natürlich hat man sich sofort eine Anekdote über sie erzählt: Alle drei kommen in den Himmel. Der heilige Petrus ist sehr im Streß. Da eine Eminenz, dort eine Exzellenz – bitte, nehmen Sie Platz! Im Moment müssen Sie sich ein wenig gedulden, aber ich komme gleich wieder. Wenn Sie es sich inzwischen hier bequem machen wollen. Die drei Kardinäle nehmen also in den komfortablen Sesseln Platz und warten geduldig, aber der heilige Petrus läßt sich nicht mehr blicken. Nach einiger Zeit kommt ein junges Fräulein, eine Blondine, schön und gepflegt, eine von der modernen Sorte. Wie durch ein Wunder erscheint sofort der heilige Petrus und sagt sehr zuvorkommend: Ach Sie sind es, Fräulein, bitte, kommen Sie nur herein, ihr Platz im Himmel ist schon bereit. Die junge Dame tritt ein, ohne sich auch nur einen Augenblick im Vorzimmer aufgehalten zu haben. Canali, Tardini und Van Roey schauen sich perplex an: Es scheint, als ob der Purpur hier oben recht wenig zählt. Und die vielen Predigten, die wir gehalten haben, und alles andere? Hier läßt man doch glatt ein junges Mädchen vor uns hinein. Alle drei sind einigermaßen aufgebracht. Dann aber sagen sie sich: Nur Geduld, warten wir eben noch ein wenig... Aber der heilige Petrus ist uns eine Erklärung schuldig. Endlich kommt er daher und beginnt sich auch ihrer anzunehmen: Beruhigt euch um Gottes willen, ich werde euch alles erklären. Die Sache ist ganz einfach. Ihr habt viel gepredigt, habt gescheite Bücher geschrieben usw. Dieses Mädchen ist die Tochter eines Industriellen. Ihr reicher Vater hat ihr einen Mercedes gekauft, mit dem sie durch ganz Italien gegondelt ist. Sie war ein bißchen verrückt. Dann hat sie einen schweren Unfall gehabt und war auf der Stelle tot. Ich kann euch gar nicht sagen, welchen Eindruck der Anblick der Toten auf die Leute gemacht hat, wie erschrocken sie waren, welchen Schmerz und wieviel Angst vor der Hölle ihr plötzlicher Tod ausgelöst hat, viel mehr als alle eure Predigten und Bücher zusammen. Deshalb mußte ich ihr den Vortritt lassen.

Das ist natürlich nur eine Anekdote. Was ich damit sagen will, ist dies: Man muß auch den Laien etwas zutrauen und ein gewisses Vertrauen in sie setzen. Wenn das Konzil zu Ende sein wird, werde ich in meiner Diözese eine Pastoralsynode einberufen, wie es schon der Kardinal von Venedig getan hat. Ich werde die Priester und Ordensleute, aber auch die Laien einladen und zu ihnen sagen: Überlegen wir gemeinsam, was wir tun können... Aber wird meine Einladung auch ein Echo finden? Manchmal beklagen sich die Laien, daß man nicht auf sie zurückgreift. Wenn man dann aber zu ihnen sagt: Macht dies und jenes, dann wollen sie nicht mehr. Dennoch sollen wir ihre Möglichkeiten und Fähigkeiten zu schätzen wissen, sie in Anspruch nehmen und nützen. Die Kirche hat es von Anfang an so gehalten. Die Apostel ließen sich helfen, zum Beispiel der heilige Paulus: In Rom konnte er sich ja nicht frei bewegen, denn er saß im Gefängnis; das erste Mal ein volles Jahr, und wie lange beim zweiten Mal, das wissen wir nicht. Da sorgten dann eben andere für die Verbreitung seiner Predigt, die Frauen, die Prätorianer, die Soldaten. Er hat den Weg gezeigt, aber auch die anderen haben sich voll eingesetzt. Auch heute können die Laien einen wirksamen Beitrag zur Verbreitung des Evangeliums leisten. Wir sollten also versuchen, sie aufzuwerten.

Erbitten wir vom Herrn die Gnade, diese bedeutende Kraft in der Kirche zu verstehen, welche die Laien darstellen, und uns in diese Kirche zu verlieben, die nicht eine kalte und nüchterne Angelegenheit ist, sondern etwas Lebendiges und Begeisterndes. Und tun wir das, was die Kirche heute von uns verlangt, um das wieder auszubügeln, was man den Triumphalismus der Kirche genannt hat.

Papst Paul VI. hat auf dem Konzil gesagt: Manchmal schaut eine Frau in den Spiegel und prüft ihr Aussehen, sie schaut, ob sie irgendwelche Flecken oder Falten hat, und um sie zu kaschieren, schminkt sie sich; sie trägt ein Make-up auf, wie man das nennt. Wir werden es beim Konzil *nicht* so machen. Aber auch die Kirche steht vor dem Spiegel, um sich zu kontrollieren; und sie sagt sich: Wenn es eine Schuld gibt, einen Fehler, so muß man sie beseitigen. Dazu haben wir uns hier auf dem Konzil versammelt.

Auch die Beobachter sind von Anfang an sehr beeindruckt gewesen und haben gesagt: Wir glaubten, daß man uns eingeladen hat, damit wir uns die Aufzählung der Ruhmestaten der katholischen Kirche anhören, doch statt dessen spricht man in aller Öffentlichkeit von ihren Fehlern, Unterlassungen und Irrtümern. Sie waren davon sehr angetan. Hier haben wir eine katholische Kirche vor uns, die entschlossen ist, etwas zu tun. Reform ist nicht mehr nur die Parole Luthers, sie ist auch die Parole des Konzils geworden. Fangen wir bei uns selbst an: Wir müssen wieder viel einfacher werden. Das Konzil sagt das in aller Deutlichkeit. Gibt es irgendwelche Fehler, dann versuchen wir sie auszumerzen. Reformieren wir auch die Römische Kurie! Wir können heute nicht mehr den Eindruck erwecken, als ob die Kirche von Triumph zu Triumph schreite, denn das ist alles andere als wahr. Es gibt Heilige, aber auch große Sünder unter uns. Paul VI. hat gesagt, wenn wir einen Fehler gemacht haben, dann sollen wir um Verzeihung bitten. Und Papst Johannes meinte: Die Schuld liegt nicht allein auf einer Seite, wenn es zu Trennungen und Spaltungen gekommen ist. Kardinal Bea vertrat die Ansicht, viel Unrecht sei vor allem am jüdischen Volk begangen worden.

Bischof Elchinger ist aufgestanden und hat gesagt, im Fall Galilei müsse die Kirche heute eine feierliche Erklärung abgeben, daß sie da in der Vergangenheit einen großen Bock geschossen habe. Ich glaube das nicht, denn der Fehler, den sie in diesem Fall gemacht hat, war gar nicht so groß. Auch Galilei hat sich schließlich falsch verhalten, als er seine Entdeckungen anhand der Heiligen Schrift überprüfen wollte: Er ist es gewesen, der die anderen da ein wenig mit hineingerissen hat. Kardinal Bellarmin sagte damals zu ihm: Um Gottes willen, laß doch die Heilige Schrift aus dem Spiel! Sie sagt uns doch nicht, was am Firmament vor sich geht, sondern sie lehrt uns, wie man in den Himmel kommt.

So hat die Kirche auch in vielen anderen Dingen zugegeben, Fehler gemacht zu haben. Versuchen auch wir, uns diesen Geist zu eigen zu machen! Gestehen wir es in aller Demut ein: Parallel zur Reform der Kirche muß es auch die Reform unseres persönlichen Lebens geben.

Damit die Kirche wirklich kristallklar glänzt wie ein Edelstein – so sieht sie ja der heilige Johannes in seiner Offenbarung –, müssen wir selbst hell leuchten durch unser tugendhaftes Leben.

XV
Was die Kirche über sich
und die anderen sagt

Jesus, der barmherzige Samariter, rettet die Menschheit in der Kirche und mit Hilfe der Kirche.

Gerade in unserer Zeit ist man auf das Problem des Heils aufmerksam geworden. Auf dem Konzil kann man es regelrecht hören, wie die Welt in einen Dialog mit der Kirche eintritt: Kannst du mir sagen, wer du bist? So lautet ihre erste Frage. Die zweite: Was denkst du von uns, von der Welt? Und die dritte: Hast du irgendwelche Ratschläge für uns?

Vorhin haben wir die Antworten auf die erste Frage gehört, nicht alle zwar, sondern nur einige. Ich sagte, daß die Kirche auf dem Konzil gewisse Standpunkte präzisiert, sie ändert ihre Aussagen nicht, sie stellt sie nur genauer dar. Und wir haben gesehen, daß man sich bemüht, auf die weitverbreiteten Anschuldigungen zu antworten, die da lauten: Ihr seid viel zu juridisch, zu klerikal und zu triumphalistisch.

Ein weiterer Punkt, den man zu präzisieren versucht, ist die Stellung des Episkopats. Außerhalb der katholischen Kirche gibt es manche Vorurteile über die Stellung der Bischöfe. Sie werden vom Papst schlecht behandelt und kommen kaum zum Zug, heißt es.

Doch wir müssen unterscheiden: Beim Ersten Vatikanischen Konzil 1870 wurden der Primat und auch die Unfehlbarkeit des Papstes definiert. Ganz Europa war damals aus dem Häuschen.

Bismarck, der offenbar nichts Besseres zu tun hatte, mußte ebenfalls seinen Senf dazugeben, indem er sagte: Da schau her, wie man die Bischöfe degradiert hat; sie sind jetzt nur noch Beamte und weiter nichts. So vehement hat er gewettert, daß sogar der Papst selber sich gezwungen sah, einen sehr aufschlußreichen Brief an die Bischöfe Deutschlands zu richten.

Praktisch sagt der Papst in diesem Brief: Nein, die Bischöfe sind durchaus keine Beamten, ich habe auch nie beabsichtigt, daß sie bloß meine Repräsentanten sein sollen. Die Bischöfe sind vielmehr die Stellvertreter Jesu Christi. So wie der Papst der Stellvertreter Jesu Christi ist, so sind es auch die Bischöfe. Mit dem einen Unterschied: Während die Bischöfe vom Papst abhängig sind, ist der Papst selbst von niemandem abhängig. Aber sie sind nicht Stellvertreter des Papstes, sondern Christi selbst. Sie können sich also mit Recht so nennen.

Auch Österreich hat 1870 das Konkordat von 1866 gebrochen: Wir haben ein Konkordat mit einem fehlbaren Papst geschlossen und nicht mit einem unfehlbaren, der den Primat beansprucht. Jetzt hat sich der Vertragspartner verändert, daher brauchen wir uns an das abgeschlossene Konkordat nicht mehr zu halten.

Seitdem wir auf diesem Konzil versammelt sind, versuchen wir, die Stellung der Bischöfe in der Kirche zu präzisieren. Ihr müßt euch das eine vor Augen halten: Das, was wir jetzt sagen, ist schon im Jahre 1870 vorbereitet worden. Ein Berater des Ersten Vatikanischen Konzils, ein Jesuit, hatte damals eine Vorlage vorbereitet, über die man diskutieren wollte. Dann ist aber der Krieg zwischen Frankreich und Preußen dazwischengekommen, die Konzilsväter sind auseinandergegangen, und die Vorlage ist unerledigt liegengeblieben. Doch jetzt liegt sie praktisch wieder auf dem Tisch.

Nicht daß jetzt über den damaligen Entwurf abgestimmt würde, aber er ist doch sehr hilfreich gewesen. Man hat gesagt: Diese Vorlage ist voll von ausgezeichneten Gedanken, also greifen wir sie jetzt wieder auf und setzen das fort, was damals nicht zu Ende geführt werden konnte.

Jesus Christus hat nicht nur einzelne Apostel auserwählt, er wollte sie auch in einer fest umrissenen Gemeinschaft vereinigt sehen. Es bildete sich ein *Kollegium* um ihn herum, eine Gemeinschaft, die auf kollegiale Weise das Amt versehen und die Macht ausüben sollte.

Als er beim Letzten Abendmahl gesagt hat: „Tut dies zum Gedenken an mich!", waren alle zwölf Apostel anwesend. Als er ihnen nach seiner Auferstehung im Abendmahlsaal erschien, waren es immerhin noch elf: ein Kollegium. Und als er sagte: „Geht zu allen Völkern und macht alle Menschen zu meinen Jüngern" (Mt 28,19), waren die Zwölf wieder vollständig: Zu allen gemeinsam hat er das gesagt, und gemeinsam haben sie es aufgenommen und verwirklicht.

„Geht ... und macht alle Menschen zu meinen Jüngern": *alle* Menschen! So mancher hätte fragen können: Herr, wie sollen wir denn das machen? Wir werden vielleicht noch zehn, höchstens zwanzig Jahre leben ... Alle Menschen, alle Völker, die ganze Welt! Alle, die jetzt leben, und auch alle zukünftigen Menschen. Jesus antwortet: Habt keine Angst! Wen ihr selbst nicht mehr erreicht, den wird das Kollegium erreichen. Du stirbst, aber nach dir wird es andere geben. Die Vollmacht ist also dem ganzen Kollegium übertragen.

Das war ein Prinzip, das von sehr vielen Kirchenvätern vertreten wurde. Jesus Christus wollte, daß die Kirche eins sei. Wenn heute alle Bischöfe, die über die ganze Welt zerstreut sind, wissen, daß zwischen ihnen ein einigendes Band besteht, daß sie zur selben Gemeinschaft gehören, dann ist das für sie eine große Stärkung, und sie werden diese Einheit zu bewahren suchen.

Auch der Papst, der das Oberhaupt dieser Gemeinschaft sein sollte, mußte in dieses Kollegium eingebunden werden als Oberhaupt und zugleich Bruder in ein und derselben Gemeinschaft.

Christus hat also ein Kollegium eingesetzt und diesem Kollegium Vollmachten übertragen. Das Kollegium existiert nicht ohne Petrus, aber es hat Vollmacht über die ganze Kirche. Was ihr binden werdet ... was ihr lösen werdet; was du binden wirst ... was du lösen wirst: Zuerst hat er zu allen gemeinsam gesprochen, einschließlich Petrus; dann erst zu Petrus allein (vgl. Mt 16 und 18).

Natürlich genügt diese Stelle im Evangelium noch nicht, um das *Prinzip der Kollegialität* zu beweisen. Beim Konzil hat man viel darüber diskutiert, wie man weitere Argumente finden könnte, weil die Heilige Schrift allein eben nicht ausreicht. Schließlich ist die Mehrheit zu dem Schluß gekommen, daß dieses Prinzip zum einen Teil aus der Heiligen Schrift und zum anderen aus der Tradition bewiesen werden muß. Die Bibel allein sei nicht ausreichend, sie müsse vielmehr von der Tradition erleuchtet werden.

Es hat immer Ökumenische Konzilien gegeben, und man war auch immer der festen Überzeugung, daß diese Konzilien, die Versammlung der Bischöfe mit dem Papst an der Spitze, die oberste Leitungsgewalt über die ganze Kirche innehaben und Anordnungen für die Gesamtkirche treffen können. Und das nicht nur während eines Konzils, sondern auch sonst. Die über die ganze Welt zerstreuten Bischöfe sind auch außerhalb eines Konzils unfehlbar, wenn sie überzeugt sind und die Absicht haben, etwas für die Gesamtkirche verbindlich zu lehren. Das ordentliche Lehramt der Bischöfe in Einheit mit dem Papst, also mit der Zustimmung des Papstes, ist unfehlbar.

Wenn man nun diese allgemeine Tradition betrachtet, so fällt ein ganz neues Licht auf jene Stellen der Heiligen Schrift, die uns überliefert sind, und man liest dann: Was ihr auf kollegiale Weise binden werdet... Und dieses Wort „auf kollegiale Weise" muß man im Sinne der Tradition verstehen.

Ich bin bei euch; geht... und macht alle Menschen zu meinen Jüngern: Ich bin *bei euch,* wenn die Verkündigung auf kollegiale Weise geschieht. Es handelt sich um eine Vollmacht in ihrer ganzen Fülle, um die höchste Lehrautorität, in Einheit mit dem Papst.

Es gab eine Richtung auf dem Konzil, die wollte in der Vorlage zum *Dekret über die Hirtenaufgabe der Bischöfe* in der Kirche bei den Worten: „Die Bischöfe sind gemeinsam mit dem Papst Träger der höchsten und vollen Gewalt über die ganze Kirche" das Adjektiv „höchste" streichen. Es ist darüber ein Streit entbrannt, ihr habt ja sicher davon in den Zeitungen gelesen. Einer der Konzilsväter sagte zu mir: Entschuldigen Sie, Exzellenz, warum wollen Sie dieses Wort nicht streichen? Das ist doch ein sehr gefährliches Wort. Im Kodex von 1918 heißt es, daß die Bischöfe im Konzil „die volle Leitungsgewalt über die ganze Kirche" haben. Das genügt doch. Wenn wir auch noch „die höchste" hinzufügen, was bringt das? Ich antwortete ihm: Verzeihung, Exzellenz, aber das ist doch unlogisch. Sie geben zu, daß der Papst allein die *volle und höchste* Gewalt ausübt? Der Papst ohne Zweifel.

Und was ist mit dem Kollegium? Das sind der Papst und die Bischöfe. Wollen Sie dem Papst allein die höchste Gewalt zugestehen, aber nicht mehr dann, wenn er auch alle Bischöfe bei sich hat? Es gibt kein Kollegium ohne den Papst. Warum wollt ihr also dieses Wort „höchste" beseitigen? Jene Richtung hat auch eine dementsprechende Schlappe erlitten. Auch der berühmte Brief der Kardinäle ist für die Einfügung dieses Wortes eingetreten.

Bestimmte Vollmachten sind von den Aposteln auf die Bischöfe übergegangen; das Kollegium setzt sich also fort. Ihr erinnert euch sicher noch vom Studium her, daß die Nachfolge der Apostel nicht von einem einzelnen zu einem einzelnen geschieht. Ich bin Bischof von Vittorio Veneto, aber muß ich deshalb auch wissen, von welchem Apostel ich der Nachfolger bin? Ich weiß es nicht. Die Nachfolge ist eine Sache des Glaubens: Das Kollegium der Bischöfe folgt dem Apostelkollegium nach.

Ausgenommen davon sind vielleicht einige Patriarchen: Der Patriarch von Rom ist mit Sicherheit der Nachfolger des heiligen Petrus, so wie der Patriarch von Jerusalem der Nachfolger des heiligen Jakobus ist. Und der Patriarch von Alexandria kann als der Nachfolger des Apostels Petrus bzw. des Markus angesehen werden, der die Predigt des Petrus aufgezeichnet hat und sein Abgesandter war. Mit Ausnahme dieser Patriarchen weiß ich also nicht, welcher Bischof von sich sagen könnte: Ich bin der Nachfolger dieses oder jenes Apostels. Der Patriarch von Konstantinopel möchte zum Beispiel der Nachfolger des heiligen Andreas sein. Aber wie kann man dies beweisen?

Die Vollmachten des Apostelkollegiums sind also auf das Bischofskollegium übergegangen. Die Bischöfe haben diese Vollmachten aber nur aufgrund ihrer Weihe.

Ihr werdet nun sagen: Das haben wir in unserem Studium nie gehört. Wenn ihr in Belluno studiert hättet so wie ich und dort die Bibliothek besucht hättet, dann wäre euch dort ein Buch in die Hände gefallen mit dem Titel „Vom Primat des Heiligen Stuhls". Dieses Buch hat ein aus Belluno gebürtiger Mann geschrieben, der spätere Papst Gregor XVI. Bevor er Papst wurde, war er Kamaldulensermönch und Priester gewesen. Schon als Theologiestudent hatte er sich durch seine hohe Intelligenz ausgezeichnet. In Venedig hat man ihm sogar eine öffentliche *theologische Disputation* anvertraut: Es war die Zeit des Jansenismus.

Er hat damals den Papst verteidigt und in seiner These folgenden Standpunkt vertreten: Die Bischöfe haben einzig und allein aufgrund der Tatsache, daß sie geweiht sind, Vollmacht über die Gesamtkirche, und zwar alle zusammen in Gemeinschaft mit dem Papst.

An der Disputation nahm auch ein venezianischer Domherr teil, der dieser Behauptung energisch widersprochen hat. Doch der Student hat seine These nachdrücklich verteidigt. Der andere hat daraufhin wieder zurückgeschlagen, und alle beide gerieten immer mehr in Hitze. Da stand der Patriarch von Venedig auf und sagte: Genug jetzt, ich will keinen Streit! Und die Versammlung wurde aufgehoben. Aber die Kamaldulenser und andere haben zu dem Studenten gesagt: Es ist nicht richtig, daß die ganze Sache so endet. Schreib deine These doch nieder! Darauf hat er sie noch besser ausgearbeitet und dann zum Druck gegeben. Wohlgemerkt, er hat dieses Buch geschrieben, um den Heiligen Stuhl zu verteidigen.

Indem er sich auf die Kirchenväter, die frühchristlichen Schriftsteller und viele andere stützte, sagte er: Die Bischöfe haben zwei Vollmachten, eine über die Gesamtkirche und eine über die eigene Diözese.

Aus diesem Studenten ist, wie ich schon sagte, später der Papst Gregor XVI. geworden. Sein Buch wurde damals unverändert neu aufgelegt. Es wurde zuerst in Venedig gedruckt, dann in Rom und später sogar ins Deutsche übersetzt. Sie ist also durchaus nichts Neues, diese Lehre von der Kollegialität der Bischöfe. Gregor XVI. ist 1846 gestorben. Er ist dann ein wenig in Vergessenheit geraten, denn in Frankreich hat ein gewisser Goury Furore gemacht, ein Kanonist, der zwar nicht sehr tiefschürfende, aber brillant geschriebene Abhandlungen verfaßt hat, in denen er die gegenteilige These vertrat. Seine Auffassung hat sich in der Folgezeit überall durchgesetzt, und die andere ist mehr oder weniger eingeschlafen. Und doch war es eine Lehre, die eine Zeitlang für gültig gehalten wurde.

Auf dem Konzil ist jetzt über dieses Kollegium der Bischöfe und seine Vollmachten eine Konstitution verabschiedet worden, die ihr in euren Diözesanblättern nachlesen könnt. Ihr müßt diesen Text genau studieren, denn ihr werdet die Kirche, wie sie unser Herr gewollt hat, nicht verstehen können, wenn ihr diese Konstitution nicht kennt, da diese Lehre auch während eures Studiums weder vorgetragen noch näher erklärt worden ist.

Es geht da um etwas sehr Wichtiges. Es ist keine definierte Glaubenslehre, es ist vielmehr ein sehr eigenartiger Fall: eine feierlich auf einem Konzil verkündete Lehre, die aber *formell* nicht definiert wurde. Jetzt werden sich natürlich die Theologen in die Haare geraten: Mir ist da schon einiges zu Ohren gekommen. Man sagt nämlich, das sei der einzige geschichtlich greifbare Fall einer feierlich von der Kirche verkündeten Lehre, die formell nicht definiert ist. Man wird also darüber noch viel diskutieren, aber wichtig ist nur eines: Niemand darf ohne große Gefahr für seinen Glauben die vom Konzil verkündete Lehre über das Bischofskollegium und seine Vollmachten zurückweisen.

Wie ihr wißt, wurden der Kirchenkonstitution im Auftrag des Papstes einige Ergänzungen hinzugefügt, die zur genaueren Klärung beitragen sollen. Dieser Eingriff des Papstes in einer so umstrittenen Frage war sehr wichtig und bedeutsam. Es gab allerdings einen Kardinal, der das auf keinen Fall hinnehmen wollte, doch der Papst ließ ihm ausrichten: Liebe Eminenz, entweder geben Sie Ihren Widerstand auf, oder ich nehme Ihnen den Kardinalshut.

Diese vier erläuternden Bemerkungen sind *um des Friedens willen* hinzugefügt worden; sie ändern nichts an der wesentlichen Aussage des Dokumentes, sondern tragen nur zur größeren Klarheit bei und haben schließlich auch die Minderheit zufriedengestellt, die nun beruhigt ist. Viele von ihnen haben sogar gesagt: Wir haben gesiegt.

Monsignore Philips, der das Schema redigiert und auch die erläuternden Bemerkungen verfaßt hat, meinte: Nicht einmal der Heilige Geist hat da gesiegt. Aber bei der endgültigen Abstimmung gab es dann nur noch fünf Gegenstimmen.

Dieser Anhang zur Kirchenkonstitution ist sehr dienlich

zur Klärung der Begriffe. Im ersten Punkt heißt es: *Kollegium* wird nicht verstanden als Kreis von Gleichrangigen. Darum ging ja der große Streit. Das „Collegium Romanum" war zum Beispiel ein Kreis von Personen, die alle die gleichen Rechte besaßen, einschließlich des Vorsitzenden oder Präsidenten, der von den Mitgliedern gewählt und delegiert wurde. Das alles ist hundertmal gesagt worden, und auch im Schema selbst ist einmal von *Kollegium* die Rede, dann wieder vom *Ordo Episcoporum*, damit es ja nicht so aussieht, als würde man zu sehr am Wort Kollegium hängen. Aber es nützte alles nichts, es wurde notwendig, eine solche Erläuterung hinzuzufügen. Es handelt sich um ein Kollegium, aber nicht von Gleichrangigen. Unter den Mitgliedern dieses Kollegiums gibt es einen, der zwar auch ein Mitglied des Kollegiums ist, der aber den anderen übergeordnet ist: Das ist der Papst.

Der zweite Punkt besagt, daß die einzelnen Bischöfe aufgrund zweier Tatsachen Mitglieder dieses Kollegiums werden: durch die Bischofsweihe und die hierarchische Gemeinschaft mit dem Papst und den anderen Bischöfen. Es wird dann präzisiert, daß die volle Bischofsgewalt, um von den einzelnen ausgeübt werden zu können, einer juridischen Abgrenzung von seiten der höchsten Autorität bedarf, was mit der Zuweisung einer bestimmten Diözese geschieht. Die verschiedenen Schwierigkeiten, die sich aus dem ergeben konnten, was in den Dokumenten der letzten Päpste über die Jurisdiktion der Bischöfe festgestellt wurde, sollten im Lichte dieser Präzisierungen des Konzils überwunden werden.

Im dritten Punkt heißt es dann, daß die Bischöfe allein ohne den Papst kein Kollegium bilden und daß man den Papst nicht von den Bischöfen trennen darf, indem man beide in einen Gegensatz zueinander stellt. Denn wenn man einmal den Papst vom Kollegium getrennt hat, gibt es kein Kollegium mehr. Der Papst kann das, was er zusammen mit dem Kollegium tut, auch allein machen. Aber ohne den Papst gibt es kein Kollegium. Das ist sehr wichtig, denn in der Theorie Karl Rahners und so mancher anderer Theologen ist es nicht so dargestellt worden. Sie behaupten nämlich: Wenn der Papst spricht, dann tut er das als Wortführer des Kollegiums, gleichsam als Beauftragter und Delegierter des Kollegiums.

Und sie schließen daraus: Es gibt nicht zwei verschiedene Träger der Gewalt, sondern nur ein einziges Subjekt, nämlich das Kollegium, das aber seinen Willen auf zweifache Weise kundtut: entweder durch den Papst allein, sofern es ihn dazu beauftragt hat, dies oder jenes zu sagen, oder durch das Kollegium als solches. Das Konzil hat diese These aber zurückgewiesen.

Das alles wird noch genauer präzisiert im vierten Punkt der Erläuterungen: Der Papst ist immer das Oberhaupt des Kollegiums, er kann seine Vollmachten auch allein ausüben, ohne das Kollegium. Umgekehrt können die Bischöfe, obwohl immer Kollegium bleibend, ihre Vollmachten nur ausüben im Einverständnis mit dem Papst, wenn sie sich auf einem Konzil versammeln und manchmal auch außerhalb eines Konzils. Das Kollegium existiert zwar immer, aber es übt seine Vollmachten als Kollegium nicht immer aus.

Am Schluß steht noch ein etwas seltsamer Vermerk, auf den man besser verzichtet hätte. Um die Mehrheit zufriedenzustellen, hat man zum Ausdruck gebracht, daß mit dieser ganzen Konstitution nichts präjudiziert werden soll, was die Vollmacht jener Bischöfe betrifft, die gegenwärtig nicht in Gemeinschaft mit der katholischen Kirche stehen. Gemeint sind damit die orthodoxen Bischöfe, die offensichtlich nicht in voller Gemeinschaft mit uns sind. Das war eine etwas mißverständliche Angelegenheit. Zum Glück gibt es über den Ökumenismus ein eigenes Dekret, das besagt, daß das Priestertum der Ostkirche gültig ist; aber wenn das anerkannt wird, dann müssen auch die Bischöfe wahre Bischöfe sein. Doch diese letzte Anmerkung am Schluß der Kirchenkonstitution hat alle ein wenig ratlos gemacht.

Doch nun zu den praktischen Konsequenzen. Ihr werdet sagen: Jetzt können wir ja die Einheit der Kirche verwirklichen. Leider nein. Es wäre schön, wenn es so wäre! Es ist jedoch nicht so, daß damit schon alle Hindernisse aus dem Weg geräumt wären. Aber diese Erklärungen des Kollegiums zwingen sowohl die Orthodoxen wie die Protestanten, das Papsttum und das Bischofsamt der katholischen Kirche unter einem neuen Gesichtspunkt zu studieren. Es kann sein, daß dann beim Studium dieser neuen Perspektiven...

Der Nutzen besteht darin, daß diese Konstitution sinnvolle Reformen ermöglicht. Zum Beispiel die Einrichtung eines kollegialen Organs, das dem Papst beratend zur Seite steht; er hat dies in einer seiner Ansprachen bereits angekündigt. Er möchte Bischöfe heranziehen, die vielleicht von den einzelnen Bischofskonferenzen gewählt werden, und sie als Berater für die Erledigung der außerordentlichen Angelegenheiten der Kirche berufen.

Als Konsequenz daraus wird es auch zur Reform der Römischen Kurie kommen. Ihr wißt ja, wie das bisher war: Ganz oben an der Spitze der Papst, darunter die Kurie, dann erst die Bischöfe. Gegenwärtig müssen auch wir Bischöfe uns zuerst an die Kurie wenden. Ich kann zum Beispiel nach den augenblicklichen Gegebenheiten einen dogmatischen Text nicht ändern, ohne es der Kurie zu melden. In Zukunft sollen sich die Dinge folgendermaßen ändern: Der Papst steht über allem, dann kommt der Episkopat, soweit er in Rom vertreten ist, und erst dann die Kurie, und zwar in der Weise, daß die Römische Kurie das Ausführungsorgan der Entscheidungen ist, die der Papst zusammen mit dem Kollegium oder mit dem Bischofsrat, der das Kollegium vertritt, trifft.

Es wird auch möglich sein, daß ein Ökumenisches Konzil häufiger als bisher einberufen wird, wenn der Wunsch danach besteht oder sich sogar die Notwendigkeit ergibt. Hin und wieder sollten wir alle neuerlich zusammenkommen, wenn auch nicht für so lange Zeit. Und wir sollten dann nur einige wenige Probleme behandeln: Diesmal ist zuviel Teig auf einmal in den Backofen geschoben worden.

Eine weitere Konsequenz betrifft die Missionen. Uns Bischöfen wurde auf dem Konzil gesagt: Eure primäre Aufgabe und höchste Verantwortung bezieht sich auf die Gesamtkirche; an zweiter Stelle seid ihr verantwortlich für eure Diözese. Die Konsequenz aus dieser Verantwortlichkeit: Ihr müßt euch mehr um die Mission kümmern. Ihr dürft nicht aus einem verständlichen Egoismus heraus eure Priester davon abhalten, in die Mission zu gehen, wenn sie dies wollen. Und dann das liebe Geld! Es ist eine Qual, auf dem Konzil zu hören, wie soviel von den Missionaren gesprochen wird, während es kaum tausend wirkliche Missionare gibt, solche, die den

Heiden das Evangelium verkünden. Alle anderen sind ja mehr oder weniger Pfarrer, die irgendwelche Christengemeinden betreuen, genauso wie wir hier. Sie spenden die Sakramente, halten Unterricht usw. Doch die eigentliche Mission kommt kaum voran. Es wäre notwendig, dorthin Leute zu schicken, dort finanzielle Mittel einzusetzen. Ihr schafft euch zum Beispiel eine neue Orgel an, legt einen Marmorfußboden in der Kirche, baut eine Heizung ein; alles gut und schön, aber dort unten haben sie nicht einmal eine primitive Hütte, wo die Gläubigen sich versammeln könnten. Ist nicht auch dort die eine Kirche? Ich bin doch mitverantwortlich für die gesamte Kirche. Ein Kardinal hat sogar vorgeschlagen, alle Diözesen und alle Pfarreien sollten mit einer bestimmten Abgabe belegt werden. Wenigstens 20 Prozent aller Einnahmen sollten für die Mission bestimmt sein.

So merkt man etwas von der Katholizität der Kirche. Es müßte wirklich ein neuer missionarischer Geist wehen, nicht nur über den Bischöfen, sondern über allen Priestern, über den Diözesen und auch über den Laien.

Ein weiterer Punkt, der berührt wurde, ist der eschatologische Aspekt der Kirche. Wir haben viel zuviel von der Kirche hier auf Erden gesprochen und zuwenig von der anderen Kirche.

Wie ihr wißt, gibt es die triumphierende, die streitende und die leidende Kirche. Das sind zwar gewissermaßen drei „Stände", aber es ist nichts Statisches dabei, es gibt eine ständige Bewegung, einen gegenseitigen Austausch. Wenn ein Gläubiger stirbt, so kommt seine Seele ins Fegefeuer, sie wird dort gereinigt und macht einen Schritt in Richtung Himmel. Es findet zwar eine Bewegung statt, aber sie betrifft nur die einzelnen Seelen, nicht aber die leidende Kirche als solche.

Es muß aber auch eine Kirche geben, die in Bewegung ist, eine Kirche auf dem Weg: die pilgernde oder streitende Kirche. Erst dort oben im Himmel wird die Kirche fest und stabil sein, weil sie dann vollkommen ist.

Hier unten haben wir erst einen Beginn, einen Anfang von Kirche. Es ist noch nicht alles, was nötig ist, vollständig vorhanden. „Was wir sein werden, ist noch nicht offenbar geworden" (1 Joh 3,2). Eine eher dynamische Vorstellung, auch um sich von neuem dem Juridismus zu widersetzen. Ihr setzt einfach dieselben Strukturen hier wie dort voraus, sowohl dort oben als auch hier unten, als ob sich alles hier abspielen würde, nach dem Maß der anderen menschlichen Gemeinschaften. Doch dies ist eine Periode des Übergangs: Wir trachten nach dem Zukünftigen, daher muß man den eschatologischen Aspekt stärker betonen. Man sagt: Kirche unterwegs, pilgernde Kirche.

Ein anderer Aspekt der Kirche betrifft den Marienkult. Das war eine sehr interessante Sache. Kardinal Urbani hat gemeint: Es war gut, das Kapitel über Maria in die Konstitution über die Kirche einzubauen, denn dadurch wird einerseits die Muttergottes geehrt, die das hervorragendste Mitglied der Kirche ist, und andererseits erhält auch die Konstitution selbst dadurch viel mehr Glanz.

Mir gefällt dieses 8. Kapitel der Konstitution „Lumen gentium" sehr gut. Es ist nüchtern gehalten und gut mit Bibelstellen belegt. Das kommt auch den Protestanten entgegen. Es hat zwar eine kleinere Auseinandersetzung darüber gegeben, aber mir scheint, daß jene, die dieses Kapitel so nüchtern abgefaßt haben, ein gutes Gespür hatten. Wie ihr wißt, wollte man ja den Ausdruck „Miterlöserin" verwenden. Man hat aber gut daran getan, ihn wegzulassen, denn es handelt sich da um eine theologische Lehrmeinung, die noch in Diskussion steht.

Daß Maria in einem gewissen Sinn Miterlöserin ist, mag schon richtig sein, denn sie hat ja gesagt: Dein Wille geschehe, siehe, ich bin die Magd des Herrn! Und auf Kalvaria am Fuß des Kreuzes hat sie ohne Zweifel durch ihren mütterlichen Schmerz das Erlösungswerk ihres Sohnes unterstützt. Aber in einem anderen Sinn ist es keineswegs sicher, sondern sehr umstritten. Denn manche behaupten, sie sei Miterlöserin aufgrund des göttlichen Heilsplanes. Das heißt, Gott habe in seinem Heilsplan festgelegt, daß die Erlösung der Menschen durch den Opfertod Christi und durch seine Mutter erfolgen sollte, so daß die Menschen sowohl von Christus als auch von Maria erlöst würden. Natürlich in einem Verhältnis der Unterordnung, aber doch von beiden.

Wie will man das beweisen? Worauf stützt man sich dabei?

Maria ist doch auch erlöst worden, oder etwa nicht? Wie kann sie Erlöserin ihrer selbst sein? Daher wurde der Ausdruck „großmütige Gefährtin seines Leidens" eingeführt und das Wort „Miterlöserin" weggelassen. Die Protestanten hätten nämlich sonst gesagt: Nur einer allein ist der Erlöser! Großmütige Gefährtin seines Leidens: Sie hat sich großmütig mit Christus, ihrem Sohn, vereinigt, während er litt, um uns zu erlösen. In Zukunft wird diese Lehre sicher noch vertieft werden.

Einen großen Streit gab es auch um das Wort „Mittlerin". Sicher ist Maria eine Mittlerin. Aber „nur einer ist Mittler zwischen Gott und den Menschen". Die Protestanten halten streng an dieser Lehre fest. Dennoch ist dieser Terminus in das Dokument aufgenommen worden, indem man gesagt hat: Die Christen haben die Gottesmutter immer für eine Mittlerin gehalten, ohne damit auch nur im geringsten die Würde und Wirksamkeit des einzigen Mittlers Jesus Christus anzutasten.

Der Papst wollte auch noch den Ausdruck „Mutter der Kirche" eingefügt haben. In der Kommission war man dagegen, denn das kann richtig, aber auch falsch interpretiert werden, und außerdem schien es eine Betonung des juridischen Aspektes der Kirche zu sein. Mutter der Kirche... Ihr hört nicht mehr auf, neue Hindernisse zu errichten, bleibt doch auf dem Boden der Bibel, sagten einige. Es gibt nicht nur die Kirche, es muß auch die Mutter der Kirche geben, antworteten andere in der Kommission. Daraufhin hat der Papst persönlich eingegriffen: Wenn das Konzil nicht will, kann ich es auch allein durchsetzen, ohne das Konzil. Das war ein gutes Beispiel, denn es hat bewiesen, daß der Papst auch während eines Konzils absolut unabhängig ist. Und er ist auch mit sehr viel Feingefühl vorgegangen. Vielleicht habt ihr es gar nicht bemerkt, aber wenn ihr euch die Konstitution genau anschaut, sagt er nicht „Mutter der Kirche", sondern „Mutter der Glieder Christi"; der Papst hat also auch die zufriedengestellt, die einen übermäßigen Juridismus ablehnen. Kurz, der Papst hat sehr geschickt gehandelt. Lauter Dinge, welche die Leute kaum bemerken.

Man muß schon selbst auf dem Konzil gewesen sein oder Theologe sein, um auf diese Dinge aufmerksam zu werden. Ich bin zutiefst davon überzeugt, daß Maria die „Mutter der Kirche" ist, aber vorläufig sind die Dinge aufgrund der Umstände eben so gelaufen.

Und was sagt die Kirche von den anderen? Sie spricht von „getrennten Brüdern" und von „Nicht-Katholiken".

Hinsichtlich der getrennten Brüder gibt es zwei Dekrete. Das erste handelt über den *Ökumenismus*. Ich bitte euch, es zu lesen: Ihr könnt keine guten Pfarrer sein, wenn ihr diese Dinge nicht studiert. Ihr könnt kein konziliares Klima schaffen, ohne die verschiedenen Konstitutionen und Dekrete genau zu kennen und anzuwenden.

Der Ökumenismus ist ein sehr wichtiges Phänomen in der Kirche. Man muß verstehen, was er ist, ja man muß ihn leben. In diesem Dekret werden zuerst einige katholische Prinzipien über den Ökumenismus ausgesprochen. Ich sage euch, sagt die Kirche, was ihr Nicht-Katholiken seid. Es ist eine sehr weitherzige Abhandlung. Wer in den letzten Jahren Dogmatik studiert hat, der weiß, daß es in den Vereinigten Staaten einen großen Streit gegeben hat. In Boston hat ein Priester, ein etwas exaltierter Studentenpfarrer, öffentlich gesagt, daß Eisenhower, wenn er sich nicht bekehrt, in die Hölle kommt, denn es könne niemand in den Himmel kommen, wenn er nicht *formaliter* zur katholischen Kirche gehöre.

Sein Erzbischof hat ihn daraufhin in Rom angezeigt. Das Heilige Offizium hat ihm einen Verweis erteilt: Nein, lieber Herr, um in den Himmel zu kommen, genügt es, das implizite Verlangen zu haben, zur Kirche zu gehören. Wer sich in einer unüberwindlichen Unwissenheit befindet und nicht weiß, welche die wahre Kirche ist, oder noch nie etwas von den Katholiken gehört hat, aber dennoch ein implizites Verlangen hat ... usw.

Das Konzil unterstreicht dieses Prinzip, ja es geht sogar noch weiter und sagt: Um in den Himmel zu kommen, genügt der gute Glaube (bona fides) und das implizite Verlangen, selbst wenn man *formaliter* dem Protestantismus, dem Luthertum angehört; so daß das Heil der getrennten Brüder gesichert ist, solange sie guten Glaubens sind. Sie haben nämlich vieles mit uns gemeinsam.

Es ist ein sehr ausgewogenes Dekret. Gewöhnlich nannte

man nur eine solche Gemeinschaft Kirche, wo es noch einen Bischof gab wie bei den getrennten Ostkirchen. Hingegen wurden jene Gemeinschaften, die keinen Bischof haben, nicht Kirche genannt, sondern nur als Vereinigungen bezeichnet. Nun nennt sie das Dekret „kirchliche Gemeinschaften", also doch ein wenig Kirche. Daran könnt ihr ersehen, wieviel Rücksicht genommen worden ist.

Ich habe auch einige Proteste im Konzil vernommen. Jemand hat gesagt: Die katholische Kirche macht den Ostkirchen zu viele Zugeständnisse. Diese wiederum haben gemeint: Wir und nicht-katholische Kirchen? Wir sind doch alle katholisch. Wehe, wenn ihr uns „nicht-katholisch" nennt!

Dann folgen einige Prinzipien darüber, wie man den Ökumenismus praktizieren soll. Es wird vor allem auf das Wohlwollen gegenüber den anderen, auf die Toleranz, das Feingefühl hingewiesen; und daß wir uns klar darüber werden sollen, warum wir so wenig von den anderen wissen.

Hinsichtlich der Praxis des Ökumenismus gibt es ein Prinzip, das man vorher nie zugegeben hat: Die katholische Kirche befindet sich in ständiger Reform. Sie wird sich immer wieder reformieren müssen. Was heißt das? Obwohl sie die wahre Kirche Christi ist, muß sie ständig danach trachten, all das an sich zu haben, was Christus von uns verlangt. Das gefällt den Protestanten, denn, so sagen sie, zuerst habt ihr uns die Reform zum Vorwurf gemacht, und jetzt sagt auch die katholische Kirche, daß sie es nötig hat, sich dauernd zu reformieren.

Dabei ist die innere Reform notwendiger als die äußere. Wer also den Ökumenismus verwirklichen will, muß in seiner eigenen Haltung sehr klar und eindeutig sein, er muß viel Einfühlungsvermögen besitzen, er muß heiligmäßig leben und die Liebe zu allen über alles stellen.

Das gemeinsame Gebet wird ohne Einschränkung gebilligt. Wir sollen gemeinsam beten, noch viel mehr beten!

Auch im Seminar ist es jetzt vorgeschrieben, die anderen Kirchen zu studieren, denn man kann nicht zur Einheit gelangen, wenn man sich gegenseitig nicht kennt.

Was die praktischen Dinge hinsichtlich der Ostkirchen betrifft, wird vieles gesagt, denn es gibt Dinge, die wir gemeinsam haben, und solche, in denen wir uns unterscheiden. Das ist ein alter Hut.

Ich erinnere mich, einmal eine Erzählung von Solowjew, dem russischen Schriftsteller, gelesen zu haben. Er hat unsere beiden Kirchen so charakterisiert: Eines Tages sagte der heilige Nikolaus im Himmel zum heiligen Kassian: Gehen wir doch hinunter auf die Erde, um uns ein wenig die Füße zu vertreten. Sie stiegen also vom Himmel hinunter und kamen in eine ländliche Gegend. Während sie so dahingingen, sahen sie plötzlich auf einem Feldweg einen Ochsenkarren, der im Schlamm steckengeblieben war. Die beiden Ochsen zogen mit aller Kraft, der Bauer trieb sie an und half selbst mit, aber alles war vergeblich: Die Räder schienen wie festgenagelt und bewegten sich nicht von der Stelle. Gehen wir und helfen wir ihm doch, sagte der heilige Nikolaus. Kassian antwortete: Wie sollen wir denn das machen? Wir haben doch unsere schönen Gewänder an; wenn wir da mithelfen, den Karren aus dem Dreck zu ziehen, machen wir uns ganz schmutzig. Da ging der heilige Nikolaus allein hin, krempelte sich die Ärmel hoch und half mit. Mit vereinten Kräften brachten sie den Karren schließlich aus dem Schlamm heraus. Aber das weiße Gewand des heiligen Nikolaus war natürlich von oben bis unten voll Dreck. Die beiden Heiligen kehrten in den Himmel zurück und trafen dort den heiligen Petrus. Wo seid ihr denn gewesen? Dort unten. Und was, Nikolaus, bedeutet dieser ganze Dreck? Nun, wir begegneten einem armen, unglücklichen Bauern, der es mit seinen beiden Ochsen nicht schaffte, seinen Karren aus dem Schlamm zu ziehen, und da bin ich hingegangen und habe ihm geholfen. Schau her, wie ich jetzt ausschaue! Es tut mir leid, aber ich gehe jetzt sofort und bringe alles wieder in Ordnung. Ach was, sagte der heilige Petrus, du hast etwas sehr Schönes und Gutes getan. Doch war nicht auch Kassian bei dir? Doch, doch, aber er wollte seine Kleider nicht schmutzig machen. Ach so! Doch von nun an wird der heilige Nikolaus in Rußland zwei Feste im Jahr haben: Er hat es sich verdient. Der heilige Kassian aber nur eines, und das am 29. Februar, so daß es nur alle vier Jahre einmal gefeiert wird.

Nun, so schließt Solowjew, Kassian symbolisiert die Ostkirche und Nikolaus die westliche Kirche. Die Ostkirche:

Tiefe Kontemplation, prunkvolle Liturgien, aber sie haben keine Spitäler, keine Altersheime, keine Internate. Die westlichen Kirchen dagegen sind eher nüchtern in ihrer Liturgie, aber sie haben Krankenhäuser eingerichtet, Leprastationen, Schulen, Kindergärten, Altersheime usw. Denkt nur an den heiligen Vinzenz von Paul und die vielen geistlichen Krankenschwestern, die 12 und 14 Stunden am Tag ihren schweren Dienst verrichten.

Dann mag es durchaus sein, daß sie während der Meditation einschlafen. Eine solche Schwester hat einmal zu mir gesagt: Ich schlafe während der Betrachtung immer ein, aber es geschieht mit dem Einverständnis Gottes. Er weiß ja, daß ich 12 Stunden und mehr gearbeitet habe.

In der Ostkirche sind die Auffassungen ganz anders. Aber Gutes gibt es sowohl hier wie dort.

Hinsichtlich der Protestanten ist das Dekret strenger. Ihr wißt, daß im letzten Moment in der Konzilsaula zu hören war: Der Papst hat aufgrund seiner Autorität in zehn Punkten Abänderungen im Schema über den Ökumenismus vornehmen lassen. Das war sein gutes Recht. Und sie betrafen alle solche Stellen, die sich auf die Protestanten bezogen. Diese Eingriffe des Papstes dienten einer eindeutigeren Klarstellung des Sachverhaltes. Sie waren von der Sorge diktiert, es könnte zu einem falsch verstandenen Ökumenismus kommen, zu einem untragbaren Irenismus. Ich glaube, daß die Intervention des Papstes geradezu providentiell war, denn sonst hätte man vielleicht alles falsch auslegen können. Besonders was die heilige Messe angeht, werden die Fronten klar abgesteckt. Die Protestanten wollen nicht zugeben, daß sie ein *Opfer* ist, sie sagen, sie sei bloß eine *Gedächtnisfeier;* das ist sie auch, aber darüber hinaus auch noch ein Opfer. Es werden die Unterschiede zwischen dem, was wir glauben, und dem, was sie glauben, klar herausgearbeitet. Das mußte der Papst selbst tun, weil in der Konzilsaula dieses Thema nicht genügend behandelt worden ist.

Dann wird auch noch die Frage der mit Rom verbundenen orientalischen Kirchen behandelt. Man hat viel über die angebliche Latinisierung diskutiert. Viele Klagen sind laut geworden: Ihr wollt uns vereinnahmen und uns eure Riten aufzwingen. Wenn unsere Priester, die wir zum Studium nach Rom schicken, wieder nach Hause kommen, können sie nicht einmal die Messe im orientalischen Ritus feiern. Sie haben sich sehr lautstark beklagt!

In den nächsten Sitzungen des Konzils werden wir wohl auch ihre Einwände zur Kenntnis nehmen müssen.

Es wird auch zur Aufwertung der Patriarchate kommen. Nicht alle sind damit einverstanden. Als man mit der Diskussion darüber Schluß machen wollte – es waren noch viele Redner vorgemerkt –, sagte der Kardinal, der gerade den Vorsitz führte: Wer der Meinung ist, daß das Thema bereits erschöpfend behandelt worden ist und daß nun Schluß sein soll, der möge aufstehen. Daraufhin sind alle aufgestanden außer einem kleinen schwarzen Bischof, der in der Reihe vor mir saß. Ich habe ihn gefragt, ob ihm etwas nicht klar sei. Da hat er sich umgedreht und so getan, wie es die Boxer machen. Nein, nein, sagte er, sie sollen nur weitermachen, es ist ein Spaß, ihnen zuzuhören...

Aber die Betroffenen waren sich selbst untereinander nicht einig. Einer ist aufgestanden und hat gesagt: Die Patriarchate sind eine Einrichtung göttlichen Rechtes, sie gehen auf die Zeit der Apostel zurück, man darf sie daher nicht antasten, ja man muß sie sogar in der ganzen übrigen Kirche installieren. Die westliche Kirche ist ihrem Auftrag untreu geworden, weil sie keine Patriarchen kennt.

Da erhob sich ein anderer und schlug zurück: Aber welche Patriarchate? Wir wissen genau, seit wann es die einzelnen gibt, wir kennen das Datum der Errichtung dieser Institution. Sie waren sich also nicht einmal unter sich einig und warfen sich gegenseitig ziemlich saftige Ausdrücke an den Kopf.

Nun, die Kirche wird versuchen, diese Institution wieder aufzuwerten und ihr möglichst die frühere Bedeutung wiederzugeben.

Es gibt auch Gegensätze zwischen den Patriarchen und der Kongregation für die orientalischen Kirchen. Papst Johannes hat versucht, alle Patriarchen zu Mitgliedern dieser Kongregation zu machen, aber damit sind sie noch nicht zufrieden, denn sie möchten nicht zu sehr von Rom abhängig sein.

Bezüglich der Sakramente und des Kultes wurde bestimmt,

daß von nun an ein Katholik, wenn er zum Beispiel in Athen die heilige Kommunion empfangen will und keinen katholischen Priester findet, auch bei einem orthodoxen Priester beichten und kommunizieren kann, allerdings mit der gebotenen Klugheit und gebührenden Zurückhaltung. Umgekehrt kann auch ein Nicht-Katholik, zum Beispiel ein orthodoxer Christ, der nach Italien kommt oder sich in einem anderen katholischen Land aufhält und dort die heilige Kommunion empfangen will oder vielleicht der Krankensalbung bedarf, der beichten oder eine heilige Messe mitfeiern will, dies alles in unseren Kirchen tun, wenn nicht die Gefahr des Ärgernisses gegeben ist.

Und so ist es auch mit den Mischehen: Von nun an ist es nicht mehr notwendig, unter allen Umständen zum katholischen Pfarrer zu gehen. Auch wenn sie zum Popen oder einem orthodoxen Bischof gehen, können sie eine gültige Ehe schließen, und das auch ohne Dispens. In manchen Fällen wird eine solche Ehe vielleicht unerlaubt sein, aber sie ist immer gültig. Es hat ja in der Vergangenheit viele Schwierigkeiten und großes Unbehagen gegeben. Man hat gesagt: Wie? Wir sollen nicht einmal fähig sein, eine gültige Ehe einzugehen? Nach langwierigen Diskussionen ist nun endlich ihre Gültigkeit anerkannt worden.

Aber es ist notwendig, daß ihr das alles genau studiert und wißt. Ihr werdet sonst die heutige Kirche nie verstehen können. Es genügt nicht, das Konzil nur so aus der Ferne zu verfolgen, indem man die Zeitungen liest, man muß sich vielmehr in das konziliare Klima und die Lehre des Konzils vertiefen.

Noch eine andere Kleinigkeit hätte ich zu sagen. Nicht nur über die Nicht-Katholiken, sondern auch über die anderen, über die Juden, die Anhänger anderer Religionen ist auf dem Konzil gesprochen worden. Ihr wißt, daß es ein eigenes Schema gibt, das von den Juden, den Hindus, den Buddhisten und den Moslems handelt. Aber ganz besonders hat man sich mit den *Juden* befaßt, und man ist zu einem Ergebnis gekommen, das allgemein sehr gut aufgenommen worden ist. Kardinal Bea hat sich besonders dafür eingesetzt und gesagt: Sollte einmal ein zweiter Hitler kommen und alle Juden ausrotten, so wird er sich auf eine allgemeine Antipathie stützen können, die auch in unseren Reihen anzutreffen ist ... Wir können es einfach nicht mehr zulassen, wir dürfen nicht ... Wir müssen einsehen, daß wir uns schuldig gemacht haben: Es war ein Fehler, das jüdische Volk des Gottesmordes zu bezichtigen. Es war nicht das jüdische Volk, es waren einige wenige Fanatiker. Selbst im kleinen Vorhof des Palastes von Pilatus fanden höchstens 600 bis 700 Personen Platz, es war also keinesfalls das ganze Volk von Judäa dort versammelt. Und selbst wenn der Hohe Rat tatsächlich das ganze jüdische Volk repräsentiert hätte, kann man nicht den Nachkommen, den Kindern und Kindeskindern, die heute geboren werden, die Schuld geben, den Herrn damals getötet zu haben. Das geht einfach nicht!

Es handelt sich außerdem gar nicht um einen *Gottesmord:* „Denn hätten sie ... erkannt, so hätten sie den Herrn der Herrlichkeit nicht gekreuzigt" (1 Kor 2,8). Das sagt der heilige Paulus, und das gleiche hat auch der heilige Petrus ausgedrückt. Auch Jesus selbst hat es gesagt: Sie wissen nicht, was sie tun! Sie wußten es tatsächlich nicht. Denn wenn sie gewußt hätten, daß er Gott war, hätten sie ihn niemals getötet. Es war Neid und Haß, sie fürchteten die Konkurrenz, nichts anderes war es.

Man kann also nicht mehr am Gründonnerstag auf die Kanzel steigen und sagen: Beten wir für die bösen Juden, beten wir für das Volk, das Gott getötet hat! Das hat Kardinal Bea ausdrücklich gesagt: Wir haben ihnen Unrecht getan.

Kardinal Cushing hat gesagt: Auch in Rom, so wie in allen anderen Städten, wurden die Juden, ob sie wollten oder nicht, in der Vergangenheit von der Polizei gezwungen, sich die katholische Predigt anzuhören. Eine solche Vorgangsweise ist schärfstens abzulehnen. Wir müssen bekennen, daß wir schuldig geworden sind, und versuchen, dieses Unrecht wiedergutzumachen. In diesem Lichte muß man heute die Dinge sehen.

Auch das *Dekret über die Religionsfreiheit* ist sehr aktuell und von höchster Bedeutung. Es wird so bald als möglich veröffentlicht werden. Da hat es große Schwierigkeiten gegeben. Es war der schrecklichste Tag des Konzils, dieser

19. November 1964. Es lag ein gewisses Maß an Unduldsamkeit und Unverständnis in der Luft.

Es wird dies ein sehr bedeutsames Dekret sein, das hat auch der Papst in seiner Weihnachtsbotschaft angedeutet. Die Religionsfreiheit muß aber richtig verstanden werden, sonst kommt es zu Mißverständnissen.

Wir sind uns alle darüber einig, daß es nur *eine einzige wahre Religion* gibt, und wer sie erkennt, ist verpflichtet, sich nach ihr zu richten. Aber daneben gibt es auch noch andere Dinge, die richtig sind und die man hervorheben muß. Das heißt, wer vom katholischen Glauben nicht überzeugt ist, hat aus mehreren Gründen das Recht, sich zu seiner Religion zu bekennen. Das *Naturrecht* sagt, daß jeder das Recht und die Pflicht hat, nach der Wahrheit zu suchen. Nun ist es klar, daß man die Wahrheit, besonders die religiöse Wahrheit, nicht suchen kann, indem man sich in sein Zimmer einschließt und irgendwelche Bücher liest. Man sucht sie vor allem, indem man mit anderen Menschen spricht und sie um Rat fragt. Wenn ich als Heide oder Lutheraner das Recht habe, auf die Suche nach der religiösen Wahrheit zu gehen, so habe ich auch das Recht, mit den anderen Gemeinschaft zu pflegen, den anderen meine Religion zu erklären und davon zu sprechen.

Ihr habt in der Moraltheologie immer gehört, daß es die Rechte des persönlichen Gewissens gibt. Auch ein falsches Gewissen (Menschen, die es nicht besser wissen, aber im guten Glauben handeln) hat sein Recht. Wenn einer der echten Überzeugung ist, daß dies seine Religion sei und keine andere, hat er auch das Recht, daran festzuhalten, sie offen zu bekennen und öffentlich für sie zu werben.

Auf der anderen Seite sollte man die eigene Religion, aber auch die der anderen stets gut beurteilen. Und die Entscheidung für eine bestimmte Religion muß vollkommen frei sein: Je freier sie ist und je mehr sie aus Überzeugung erfolgt, desto anziehender wirkt sie auf andere.

Das sind sozusagen die natürlichen Rechte. Aber ihr wißt, daß das Recht immer eine relative Sache ist. Es gibt keinen Vater ohne Kind und keinen Lehrer ohne Schüler. So gibt es auch kein Recht, dem nicht auch eine Pflicht entsprechen würde.

Die Nicht-Katholiken haben das Recht, ihre Religion frei zu bekennen, und ich habe die Pflicht, ihr Recht zu respektieren: ich als Privatmann, ich als Bischof oder Priester, aber auch der Staat.

Manche haben sich auf dem Konzil vehement dagegen gewehrt: Und was ist mit den Rechten der Wahrheit? Solche Rechte existieren nicht, die Wahrheit selbst hat kein Recht. Sie ist ja keine Person. Es gibt nur Rechte von Personen. Es ist nur eine Redensart, wenn man von den „Rechten der Wahrheit" spricht, aber in Wirklichkeit gibt es nur physische oder moralische Personen, die das Recht haben, die Wahrheit zu suchen. Ihr braucht also keine Angst zu haben, der Wahrheit eine Ohrfeige zu versetzen, wenn ihr einer Person das Recht einräumt, ihre Freiheit zu gebrauchen.

Die Wahrheit ist kein Rechtsträger, nur Menschen können Rechtssubjekte sein. Es ist eine Metapher, wenn man sagt, die Wahrheit habe ihre Rechte. Der Besitzer der Wahrheit hat Rechte, aber die abstrakten Wahrheiten haben weder Rechte noch Pflichten.

Natürlich gibt es da eine Grenze. Das hat auch Monsignore Colombo gesagt. Denn wenn ich in meiner Propaganda oder beim Bekenntnis zu einer bestimmten Religion gegen ein anderes eindeutiges Naturrecht verstoße, dann muß ich mir Einhalt gebieten. Stellen wir uns einmal vor: Ich habe eine Religion, die mich lehrt, Gott dadurch zu ehren, daß ich andere Menschen verspeise, daß ich also zum Menschenfresser werde; oder die mich lehrt, kultische Prostitution auszuüben... Das ist eindeutig gegen das Naturrecht. Man kann sich also nicht auf ein Naturrecht berufen, um gegen ein anderes Naturrecht zu verstoßen.

Manche Bischöfe waren darüber sehr erschrocken: Aber dann kommen morgen vielleicht die Buddhisten und ziehen ihre Propaganda auf, um Rom und ganz Italien zu bekehren. Es gibt ja schon jetzt 4000 Moslems in Rom, und man hat ihnen das Recht zugestanden, sich eine Moschee zu bauen.

Dagegen gibt es nichts einzuwenden: Man muß es zulassen. Wenn ihr wollt, daß eure Kinder nicht Buddhisten oder Moslems werden, müßt ihr ihnen eben den Katechismus besser vermitteln, und zwar in einer Weise, daß sie wirklich von ihrem katholischen Glauben überzeugt sind, daß sie spüren, wie ihre Religion tief in der Seele verwurzelt ist, so daß sie nicht mehr von ihr ablassen. Meistens ist unser Christsein aber eher Gewohnheitssache: Man ist katholisch, weil die Angehörigen schon immer katholisch waren.

Die Religionsfreiheit birgt zwar für uns ein größeres Risiko in sich, aber andererseits können dann auch wir in den anderen Staaten mehr Freiheit beanspruchen.

Unsere Gegner behaupten: Die katholische Kirche will dort, wo sie die Mehrheit hat, ein Monopol haben; wo sie hingegen in der Minderheit ist, beansprucht sie die gleichen Rechte wie die anderen auch. Warum? Das ist doch nicht richtig, es ist unverständlich.

Wie hätte denn Papst Paul VI. Indien besuchen können, wenn er sich nicht so verhalten hätte, wie er es getan hat mit seiner Proklamation des gegenseitigen Respekts: Auch bei euch findet sich viel Gutes usw. So muß man es machen.

In einer auch in religiöser Hinsicht pluralistischen Gesellschaft wie der unsrigen muß man die Freiheit, die es auch schon vorher gab, öffentlich proklamieren. Aber warum haben wir das nicht schon früher getan? Früher bestand dafür keine Notwendigkeit, denn die Gesellschaft war ganz anders strukturiert. Jetzt aber ist der Augenblick gekommen, diese Freiheit zu proklamieren.

Verzeiht, wenn ich über diese Dinge so ausführlich gesprochen habe. Aber ich spreche zu euch ja von der Kirche, die man aber nicht verstehen kann, wenn man nicht alles das berücksichtigt.

Und nun sind wir beim letzten Punkt angelangt: Was tut die Kirche für die Welt?

Es ist noch ein Schema in Vorbereitung, das sich mit sehr heiklen Fragen wie jener der *Empfängnisverhütung* beschäftigt. Man hat im Zusammenhang mit der Ehe nie von der Pille gesprochen, denn die Frage ist ja viel weitreichender. Es sollte darüber auch nicht öffentlich diskutiert werden. Kardinal Agagianian hat vorgeschlagen, die Konzilsväter sollten ihre Stellungnahmen dazu schriftlich einreichen. Die Angelegenheit sei sehr delikat, und die Journalisten suchten sich immer nur die pikantesten Dinge heraus. Ich habe oft, sagte er, in der

Zeitung Berichte über sehr wichtige Themen gesehen, aber weil es sich dabei um Theologie handelt, interessiert sich kein Mensch dafür. Wohl aber stürzt man sich auf Berichte über irgendwelchen Zank und Streit, so daß es scheint, als ob das Konzil überhaupt nur damit beschäftigt wäre. Wer also über dieses Thema etwas sagen will, so sagte der Kardinal, der soll es schriftlich tun.

Diese Frage wurde auch regelrecht hochgespielt. Wir Konzilsväter sahen uns mit einer Eingabe konfrontiert, die von 130 Katholiken unterzeichnet war, von wirklichen Experten. Darunter befanden sich Wissenschaftler, Biologen, Soziologen, Universitätsprofessoren, auch Vertreter der Katholischen Aktion.

Sie alle verdienen großen Respekt. In der Eingabe hieß es: Wir sind Laien und arbeiten auf verschiedenen Gebieten, im Familienbereich, in der Soziologie, in der Wirtschaft, in der Wissenschaft ganz allgemein, in den Gewerkschaften: Für uns ist das eine sehr wichtige Frage. Und wir glauben, daß wir wirklich seriöse wissenschaftliche Erkenntnisse in der Hand haben. Es waren psychologische, medizinische, physiologische, biologische und soziologische Forschungsergebnisse. Wir wollen wissen, was das Konzil dazu sagt. Wir versuchen, gute Christen zu sein, und gestatten uns, euch unsere Unterlagen zur Kenntnis zu bringen. Wenn es euch opportun erscheint, die Frage im Lichte dieser Daten zu prüfen, in der Hoffnung, daß sie euch nützlich sein können...

Es war nach meinem Dafürhalten offensichtlich, daß hinter diesem so gut formulierten Brief irgendein Bischof oder sonst ein bedeutender katholischer Experte stand. Schon in jenen Tagen hatten wir das Gefühl, daß die Frage doch behandelt würde, da ja der Papst eine eigene Kommission nominiert hatte, um dieses Problem zu studieren. Daher hat man gesagt: Für diese Frage gibt es bereits eine Kommission. Im Schema selbst wollten wir sie nicht behandeln, sondern sie dort nur anklingen lassen.

Kardinal Agagianian hatte gefordert: Nur schriftliche Eingaben! Doch viele ließen sich nicht davon abhalten, auch darüber zu sprechen. Auf Intervention des Papstes wurde die Debatte dann aber abgebrochen. Der Papst hat gesagt: Schluß mit der Diskussion, denn draußen wird das alles ganz falsch interpretiert. Man weiß nicht, was man davon halten soll, aber mir scheint das ein sehr mutiger Schritt gewesen zu sein.

Nun, soweit ich die Fakten verstehe, sind manche dieser wissenschaftlichen Erkenntnisse sehr überzeugend, andere wiederum nicht. Zur Stunde muß man sich also dem Urteil des Papstes beugen, der gesagt hat: Solange nichts anderes verlautbart wird, bleibt das gültig, was Pius XII. in seiner Ansprache an die Hebammen festgehalten hat.

Jedoch mittlerweile sind die Dinge noch viel schwieriger geworden, denn alle haben ja die Berichte in den Zeitungen gelesen und zumeist nur das aufgenommen, was nach ihrem Geschmack ist.

Man sagt jetzt: Seht doch, sogar die Bischöfe... Der „Corriere della Sera" schrieb am nächsten Tag: Wie könnt ihr es eigentlich noch wagen, uns bezüglich der Fragen des Vollzugs der Ehe anzuklagen, weil wir bestimmte Thesen unterstützen, wenn sogar viele Bischöfe diese Ansicht teilen?

Es ist heutzutage nicht angenehm, Beichte hören zu müssen. Ein Kapuzinerbischof sagte zu mir: Ich danke manchmal Gott dafür, daß ich Bischof geworden bin, aus dem einzigen Grund, weil ich zu Ostern nicht mehr in den Beichtstuhl gehen und mich mit all den schmerzlichen Fällen herumschlagen muß... Man kann die Leute nicht überzeugen und weiß oft nicht mehr, was man sagen soll. Man kann sicher nicht leugnen, daß es für die Beichtväter ein wahres Martyrium ist. Aber ich habe nichts zu dem hinzuzufügen, was der Papst gesagt hat. Ich versichere euch aber, daß alle Bischöfe äußerst zufrieden wären, wenn sie eine Möglichkeit fänden, den Gebrauch von empfängnisverhütenden Mitteln unter bestimmten Umständen als erlaubt zu erklären. Das Studium dieser Frage geht jedenfalls weiter. Einige meinten: Es genügt nicht, bloß eine Kommission einzusetzen, diese Kommission muß vielmehr permanent sein, denn es gibt ständig neue Erkenntnisse und Entdeckungen.

Es wäre nötig, daß es eine Kommission von Moraltheologen gibt, welche die Probleme anhand des Fortschritts der Wissenschaft studiert und sich immer auf dem laufenden hält. Es ist doch eine schreckliche Vorstellung, daß es Millionen von

Gläubigen gibt, die bloß deshalb in Sünde leben. Und wenn es nur eine winzige Möglichkeit von eins zu tausend gibt, müssen wir diese Möglichkeit ausfindig machen und sehen, ob wir nicht zufällig, mit Hilfe des Heiligen Geistes, etwas entdecken, was uns bis jetzt entgangen ist.

Erbitten wir vom Herrn die Gnade, die Kirche zu lieben und sie immer besser kennenzulernen.

Der Papst sagt immer wieder: Man muß das Studium der Kirche vertiefen, man muß sie immer besser studieren. Und er hat recht. Ich hatte geglaubt, sie zu kennen, doch als ich zum Konzil kam, wieviel Neues habe ich da gelernt! Und auch nach dem Konzil, durch Lesen und ständiges Durchsehen der Dokumente – wieviel kann man da entdecken!

Man muß die Kirche heute kennen und auch lieben. Man muß auch die Laien dazu erziehen, die Kirche zu lieben. Liebt sie auch in euren Bischöfen! Glaubt mir, ihr habt nicht nur die Pflicht, den Bischöfen zu gehorchen, sondern auch die, ihnen ein wenig Wohlwollen entgegenzubringen. Wenn ihr einmal älter werdet, dann werdet ihr mir recht geben. Es ist kein erstrebenswertes Amt, glaubt mir, denn es ist mit vielen Schwierigkeiten verbunden, besonders wenn man selbst Fehler macht – und man macht immer wieder Fehler, denn ohne das geht es fast nicht.

Der Bischof lebt von Informationen. Ein Bischof hat sehr wenig Zeit, und er muß alle anhören. Man muß die Türen immer offen lassen: Die Leute stehlen einem die Zeit, wahrlich! Manchmal ist es geradezu zum Heulen.

Viele Stunden gehen auf diese Weise drauf, man muß sie opfern, und da bleibt oft keine Zeit mehr für das Studium oder für andere Dinge. Begegnet also euren Bischöfen mit Liebe und Verständnis!

Vor allem aber dem Papst: Er ist ja der Stellvertreter Christi auf Erden. Manche glaubten, der Papst würde aus diesem Konzil geschwächt hervorgehen. Nach meinem Dafürhalten geht er in seiner Autorität sogar gestärkt daraus hervor, denn er ist nicht nur das Oberhaupt der Kirche, sondern auch der Bruder jener, die die Leitungsgewalt innehaben. Er ist der Vorsteher einer Gemeinschaft, die jetzt viel mehr Wärme ausstrahlt, und das macht ihn sowohl den Protestanten als auch den anderen viel sympathischer. Es ist also eine Verbesserung unter allen Aspekten.

Versuchen wir daher, all das nicht nur zu verstehen, indem wir unser Studium über die Kirche intensivieren, sondern indem wir sie wirklich lieben, wie Christus sie geliebt hat, indem wir ihr Ansehen mehren und ihre weitere Verbreitung in der ganzen Welt fördern im Zeichen der Wahrheit und der Liebe.

XVI
Die Liturgie

Im Himmel gibt es nach der Bibel eine Art himmlischen „Hofstaat" mit Engeln, Erzengeln und anderen seligen Geistern, und es wird dort im Angesicht des dreifaltigen Gottes eine *geheimnisvolle Liturgie* gefeiert, über die wir kaum etwas wissen.

Aber einige Schleier sind doch gelüftet worden, und es ist ein wenig von dieser himmlischen Liturgie erkennbar geworden. Jesaja sagt im 6. Kapitel: Eines Tages „sah ich den Herrn. Er saß auf einem hohen und erhabenen Thron. Der Saum seines Gewandes füllte den Tempel aus. Serafim standen über ihm. Jeder hatte sechs Flügel: Mit zwei Flügeln bedeckten sie ihr Gesicht, mit zwei bedeckten sie ihre Füße, und mit zwei flogen sie. Sie riefen einander zu: Heilig, heilig, heilig ist der Herr der Heere. Von seiner Herrlichkeit ist die ganze Erde erfüllt" (Jes 6,1–3).

Und noch einmal wurde ein Schleier gelüftet, davon berichtet uns der heilige Johannes in seiner Offenbarung: „Sogleich wurde ich vom Geist ergriffen. Und ich sah: Ein Thron stand im Himmel; auf dem Thron saß einer, der wie ein Jaspis und ein Karneol aussah. Und über dem Thron wölbte sich ein Regenbogen, der wie ein Smaragd aussah. Und rings um den Thron standen vierundzwanzig Throne, und auf den Thronen saßen vierundzwanzig Älteste in weißen Gewändern und mit goldenen Kränzen auf dem Haupt. Und von dem Thron gingen Blitze, Stimmen und Donner aus. Und sieben lodernde Fackeln brannten vor dem Thron; das sind die sieben Geister Gottes. Und vor dem Thron war etwas wie ein gläsernes Meer, gleich Kristall. Und in der Mitte, rings um den Thron, waren vier Lebewesen voller Augen, vorn und hinten."

(Es waren offenbar sehr intelligente Wesen.) „Und jedes der vier Lebewesen hatte sechs Flügel, außen und innen voller Augen. Sie ruhen nicht, bei Tag und Nacht, und rufen: Heilig, heilig, heilig ist der Herr, der Gott, der Herrscher über die ganze Schöpfung; er war, und er ist, und er kommt... Dann werfen sich die vierundzwanzig Ältesten vor dem, der auf dem Thron sitzt, nieder und beten ihn an... Und sie legen ihre goldenen Kränze vor seinem Thron nieder und sprechen: Würdig bist du, unser Herr und Gott, Herrlichkeit zu empfangen und Ehre und Macht. Denn du bist es, der die Welt erschaffen hat" (vgl. Offb 4,2–11).

Das ist also die Liturgie des Himmels. Dort ist der große Heilsplan für die Menschen entworfen worden. In diesem Plan wurde festgelegt: Der Sohn wird auf die Erde hinabsteigen. Ihm werden einzelne Personen vorangehen. Angefangen von Mose und seinen Nachfolgern über die Propheten und die verschiedenen Ereignisse, die Befreiung, der Durchzug durch das Rote Meer – das alles ist eine Vorbereitung auf das endgültige Heil. Schließlich wird der große Augenblick kommen, der seit Ewigkeit festgelegt war und den man die „Fülle der Zeit" genannt hat. „Als aber die Zeit erfüllt war, sandte Gott seinen Sohn, geboren von einer Frau und dem Gesetz unterstellt" (Gal 4,4). Damals ist der Sohn Gottes erschienen, er ist Mensch geworden und hat die menschliche Natur angenommen. In diesem Augenblick sind zwei Dinge Wirklichkeit geworden: Was er einmal angenommen hat, hat er nie wieder abgelegt, er hat die menschliche Natur beibehalten, er ist immer bei den Menschen geblieben, seine Gegenwart unter uns ist nie zu Ende gegangen; und er hat den Anstoß zu einer neuen Liturgie gegeben, die vom Menschen zu Gott aufsteigt.

Neben der Liturgie im Himmel gibt es nun auch die Liturgie hier auf Erden. Diese Liturgie der Erde spiegelt die Liturgie des Himmels wider.

Diese menschliche Liturgie ereignet sich in drei Zeitabschnitten, denn in drei solche Abschnitte gliedert sich die Gegenwart Jesu Christi in unserer Mitte.

Der erste Abschnitt reicht von der Menschwerdung bis zu seinem Tod, oder besser: bis zur Auferstehung. In dieser Zeit ist Jesus Christus als Mensch einsam und allein. Insofern er aber Gott ist, bleibt er vereint mit dem Vater und dem Heiligen Geist. Das besagt die sogenannte Perichorese, die gegenseitige Einwohnung der drei göttlichen Personen. Wo der Sohn ist, ist immer auch der Vater und der Heilige Geist, auch in der Eucharistie. Insofern Jesus aber Mensch ist, bleibt er einsam und allein. Jesus ist keine Ehe eingegangen, er hat sich keine Frau genommen, er hat sich vielmehr selbst seine Braut geschaffen: „So will er die Kirche (seine Braut) herrlich vor sich erscheinen lassen, ohne Flecken, Falten oder andere Fehler; heilig soll sie sein und makellos" (Eph 5,27).

In dieser Zeit gab es aber einen entscheidenden Augenblick, der bedeutsamer war als alle anderen: sein Leiden und Tod, dann seine Auferstehung – eben das *Ostergeheimnis*.

Dann kam der zweite Zeitabschnitt vom Tod und von der Auferstehung bis zur Parusie, wenn er von neuem wiederkommt. In dieser Zeit ist seine Braut unter uns gegenwärtig. Am Pfingsttag schlug die Geburtsstunde der Kirche, da hat er sie offiziell der Welt vorgestellt. Seither hat er sich nie mehr von ihr getrennt. Er ist das Haupt des christlichen Volkes, der Bräutigam seiner Kirche, der Hohepriester. „Er aber hat, weil er auf ewig bleibt, ein unvergängliches Priestertum" (Hebr 7,24). „Wir haben einen Beistand beim Vater: Jesus Christus, den Gerechten" (1 Joh 2,1). Sein Amt besteht nun darin, unser Fürsprecher zu sein, unser Haupt, unser Bräutigam. Auch in seiner priesterlichen Funktion steht er jetzt nicht mehr allein da. Es gibt andere Priester, die seine Stellvertreter sind.

Die Liturgie in dieser gegenwärtigen zweiten Phase sieht so aus: Jesus Christus bildet mit seiner Kirche ein unzertrennliches Ganzes. Christus und die Kirche loben und preisen gemeinsam den Vater. Die Stoßrichtung dieser Liturgie geht von unten nach oben.

Mit seiner göttlichen Kraft sorgt Jesus für seine Kirche, indem er sie reinigt, erlöst und geheimnisvoll in ihr Leben eingreift: Diese Stoßrichtung geht von oben nach unten.

Diese beiden Phasen der Gegenwart Christi sind sehr voneinander verschieden. In der ersten Phase, vor seinem Tod, war die Gegenwart Jesu menschlich und begrenzt. War er in Galiläa, so konnte er nicht gleichzeitig in Judäa sein; war er in Jerusalem, so konnte er nicht zur selben Zeit in Nazaret sein.

Er hatte noch keinen verherrlichten Leib, es waren ihm von der menschlichen Natur noch Grenzen gesetzt. Nach seinem Tod und seiner Auferstehung ist seine Gegenwart anders, aber deswegen nicht weniger real. Als er in den Himmel auffuhr, sagte er: Ich gehe zum Vater, aber ich werde gleichzeitig auch hierbleiben und euch nicht verlassen. Ich werde nicht nur in Jerusalem oder in Rom oder sonstwo sein; ich werde auf geheimnisvolle Weise überall sein. Das können wir zwar nicht verstehen, aber dennoch ist es so.

Erinnert euch an seine Erscheinung vor den Emmaus-jüngern. Er war mitten unter ihnen, aber sie hatten ihn nicht erkannt. Erst hinterher ist ihnen ein Licht aufgegangen, und sie haben gesagt: „Brannte uns nicht das Herz in der Brust...?" Wir haben seine Gegenwart gespürt, auch wenn wir ihn nicht gesehen haben. Wir wußten nicht, daß der Herr es war, aber seine Gegenwart hat in unserem Innersten Wirkung gezeigt.

So geht es auch uns heute. Er ist hier mitten unter uns. Wir können ihn zwar nicht sehen, aber seine Kraft, die Wirkung seiner Gegenwart spüren wir.

Das Konzil hat dieses Thema sehr eingehend behandelt. Im Artikel 7 der *Konstitution über die heilige Liturgie* heißt es: Christus ist seiner Kirche immerdar gegenwärtig, besonders in den liturgischen Handlungen. Und dann folgt eine Aufzählung dieser liturgischen Handlungen:

1. In der heiligen Messe ist Christus im Priester gegenwärtig. Ich leihe ihm meine Lippen, meine Worte. „Das ist mein Leib." Ich bin zwar nur ein armer Hund, aber in diesem Augenblick bin ich Christus selbst.

2. Die hervorragendste Weise seiner Gegenwart ist die in den eucharistischen Gestalten. Dort ist er lebendig, wahrhaftig, real gegenwärtig, wenn auch auf unsichtbare Weise. Es ist eine geheimnisvolle Gegenwart, aber eine von höchster Realität.

3. In seinem Wort: Das Evangelium enthält nicht nur das Wort Gottes, es *ist* vielmehr Wort Gottes. Es ist Christus selbst, der im Evangelium zu uns spricht.

4. In den Sakramenten: In der Konstitution werden die Worte des heiligen Augustinus zitiert: Wenn Petrus tauft, ist es Christus, der tauft; wenn Paulus tauft, ist es Christus, der

tauft. Wenn ich taufe oder die Firmung spende, ist Christus auf geheimnisvolle Weise zugegen; zwar nicht so wie in der Eucharistie, aber er ist auch hier gegenwärtig. Ich salbe die Stirn, und Jesus Christus berührt dabei die Seele, er wäscht sie, reinigt sie und kräftigt sie.

5. In der Versammlung des christlichen Volkes: Wenn ich als Priester das Gebet der Gemeinde mit den Worten beschließe: Durch unsern Herrn Jesus Christus..., will ich damit sagen: Gott, unser Herr, dieses Gebet richte ich an dich; aber schau, ich bin nicht allein, mit dir betet auch dein Sohn Jesus Christus, der mitten unter uns ist. Die Konstitution zitiert Matthäus (18,20): „Wo zwei oder drei versammelt sind in meinem Namen, da bin ich mitten unter ihnen."

In der heiligen Messe bilden wir mit dem Vater, dem Heiligen Geist und mit Christus eine Versammlung, die in gewisser Weise die zukünftige himmlische Versammlung vorwegnimmt. Aber in der gegenwärtigen Phase ist unsere Versammlung noch nicht vollkommen: Sie ist nur ein Anfang, ein schwaches Abbild der ewigen Versammlung im Himmel.

Dann werden wir die dritte Weise der Gegenwart Jesu Christi erleben. Wir werden ihn dann sehen in seiner verherrlichten Menschheit, und auch wir werden mit ihm verherrlicht sein. Denn an der himmlischen Versammlung, die ihre Liturgie im Himmel abhält, werden alle Erlösten teilnehmen, die ganze Welt, die ganze Schöpfung: Es wird einen neuen Himmel und eine neue Erde geben (vgl. 2 Petr 3,13).

Auch auf dem Konzil hat man mit dem heiligen Paulus vom ganzen Kosmos gesprochen, der erlöst wird: „Denn die ganze Schöpfung wartet sehnsüchtig... zugleich gab er ihr Hoffnung: Auch die Schöpfung soll von der Sklaverei und Verlorenheit befreit werden" (Röm 8,19–21). Es ist eine Liturgie, die für uns unvorstellbar ist, nach der wir aber mit allen Kräften unseres Seins trachten müssen.

In dieser Liturgie gibt es zwei Gruppen von Elementen: jene Elemente, die von Christus stammen, die wir *Materie* und *Form* der Sakramente nennen und die unveränderlich sind; und dann die Elemente, die von der Kirche festgelegt worden sind, die mehr ein Beiwerk sind und auch verändert werden können.

Es ist gut, daß sich manches von diesem Beiwerk in der Liturgie ändert. Jahrhundertelang hat es immer wieder solche Veränderungen gegeben, aber jetzt mit dem Konzil werden die Reformen ziemlich tiefgreifend sein, auch wenn sie erst nach und nach in Kraft treten sollen.

Also müssen wir das Volk auf diese Änderungen vorbereiten. Diese Aufgabe ist euch Priestern gestellt, und ihr müßt sie mit viel Einfühlungsvermögen und großer Klugheit lösen.

Ich habe keine Zeit, um all das im Detail darzulegen, was sich in Zukunft ändern wird. Ich werde nur von den zwei wichtigsten liturgischen Handlungen zu euch sprechen: von der heiligen Messe und vom Breviergebet.

Die heilige Messe: Wir müssen die Gläubigen über die heilige Messe katechetisch unterweisen, ihnen sagen, welche grundsätzliche *innere Einstellung* man haben muß. In der heiligen Messe beten wir den Herrn an und danken ihm. In den Zerstreuungen des modernen Lebens ist uns oft der Sinn der Anbetung verlorengegangen, das Bewußtsein, alles Gott zu verdanken. Wir müssen wieder lernen, staunend vor Gott zu stehen, wir als kleine Menschen vor dem großen Gott. In dieser Haltung müssen wir Gott anbeten und ihm danken, das ist viel vollkommener, als wenn wir nur eingelernte Formeln hersagen.

Wichtig ist auch, das Wort Gottes *schweigend* zu hören und dann über das Gehörte nachzudenken, zu meditieren. Wir bemühen uns sehr um das gemeinsame Beten und Singen beim Gottesdienst. Doch was ist mit dem Schweigen? Dazu haben wir die Leute kaum erzogen. Die stille Anbetung ist aber etwas sehr Wichtiges, auf das wir viel zuwenig Wert gelegt haben.

Die Liturgie besteht auch aus vielen *zeichenhaften* Handlungen des Priesters und der versammelten Gemeinde. Die Gläubigen knien nieder, stehen auf, setzen sich, verbeugen sich. Warum soll ich aufstehen? Muß ich dieses ewige Auf und Nieder mitmachen wie eine Marionette? Was für einen Sinn hat das? Man muß das Wozu erkennen, diese Dinge müssen mit Einsicht getan werden. Das Knien zum Beispiel ist die Haltung dessen, der anbetet, der demütig ist. Die innersten Gefühle müssen mit dem äußeren Zeichen in Einklang stehen; sonst wäre das alles nur ein Theater.

Und die Zeichen des Priesters? Ausgebreitete Arme, gefaltete Hände, Altarkuß: Die Leute wissen nicht, was das bedeuten soll. Es kommt ihnen vor wie ein Ballett: Einige Schritte nach rechts, dann wieder nach links. Was macht der eigentlich dort vorne am Altar?

Das Konzil hat gesagt: Das alles ist viel zu verwirrend, wir müssen wieder einfacher werden. Viele dieser Zeremonien sind ja im Laufe der Jahrhunderte eingeführt worden. Man sollte aber nur jene Zeichen beibehalten, die das Volk versteht, die einen Sinn haben. Dieses „Abspecken" wird zwar erst nach und nach erfolgen können, aber inzwischen müssen wir wenigstens die wichtigsten Dinge unseren Gläubigen zu erklären versuchen.

Es muß also eine *praktische* Einführung erfolgen. Du willst einem Jungen das Radfahren beibringen? Dann darfst du ihm nicht ein Buch in die Hand drücken, in dem steht, wie man in die Pedale treten muß, wie man mit der Lenkstange umzugehen hat usw. Gib ihm ein Fahrrad und sag zu ihm: Probier einmal! Steig auf! Er stürzt vielleicht einmal oder zweimal, aber dann wirst du sehen, daß es ihm plötzlich gelingt, das Gleichgewicht zu halten und zu fahren. Dasselbe gilt auch für die Liturgie.

Stellt aber die Leute nie unvorbereitet vor die vollendete Tatsache liturgischer Neuerungen, sie könnten sonst böse reagieren. Erklärt ihnen zuerst, warum das und jenes jetzt auf einmal anders sein soll, erst dann ist es sinnvoll, die Reform in die Tat umzusetzen. Das ganze Geheimnis liegt darin, daß die Leute überzeugt sein müssen. Wenn sie aber den Eindruck haben, daß man nur aus purer Lust am Verändern Neuerungen einführt, dann haben sie das bald satt und werden unruhig. Sie müssen vielmehr sagen können: Ich habe das verstanden, das leuchtet mir eigentlich ein, die Änderung ist richtig und notwendig.

Und nun zum *Breviergebet:* Ich empfehle euch sehr, die Theologie des Breviers zu studieren, wie sie in der Liturgiekonstitution dargelegt wird. Es werden dort drei Prinzipien in Erinnerung gerufen: Das Gebet, das wir hier unten verrichten, ist nur ein Echo, ein schwacher Abglanz jener anderen Liturgie dort oben im Himmel. Das ist das erste Prinzip.

Das zweite ist die sogenannte *veritas horarum.* „Betet ohne Unterlaß!" (1 Thess 5,17) heißt es bei Paulus. Wenn wir die einzelnen Horen des Offiziums zu den dafür vorgesehenen Stunden des Tages beten, dann geschieht automatisch auf der ganzen Welt eine solche Verteilung des Betens, daß in jedem Augenblick, Tag und Nacht, das Gebet der Kirche wie Weihrauch zu Gott emporsteigt. Auf dem Konzil ist gesagt worden: Die armen Priester, sie sind so überlastet; wenn sie sich am Abend müde hinsetzen, haben sie noch das ganze Offizium vor sich. Daher hat man das Brevier gekürzt unter der Bedingung, daß die einzelnen Teile tatsächlich zur vorgesehenen Zeit verrichtet werden, daß also die veritas horarum beachtet wird.

Das dritte Prinzip: Der Kreis derer, die das offizielle Gebet der Kirche verrichten, ist erweitert worden. Während früher nur die Subdiakone, die Diakone, die Priester, die Mönche und die Nonnen zum Breviergebet verpflichtet waren, sind jetzt auch andere dazu eingeladen, auch die Laien.

Das Breviergebet ist eine Quelle der Gnade für unser Apostolat. Wenn wir uns mit dem Gebet der ganzen Kirche vereinen, wird unsere seelsorgliche Arbeit großen Nutzen daraus ziehen.

Möge Gott der Herr uns helfen, die liturgischen Reformen, die so wichtig sind, im Geiste des Konzils gut vorzubereiten und durchzuführen. Vor allem möge er uns helfen, daß wir selbst sie gut verstehen und dadurch die anderen auch gut darauf vorbereiten können.

XVII
Die Sakramente

Hauptteil der Liturgie sind natürlich die Sakramente. Bis jetzt haben wir die Leute gelehrt, daß die Sakramente vor allem ein Mittel der persönlichen Heiligung für den einzelnen sind. Das Konzil sagt aber in der Liturgiekonstitution: Das ist zwar durchaus richtig, aber sie sind auch ein Instrument der Heiligung für den gesamten Leib der Kirche. Und noch mehr: Wie in der ganzen Liturgie, so gibt es auch bei den Sakramenten nicht nur eine Bewegung von oben nach unten, sondern auch eine solche von unten nach oben. Die Feier der Sakramente ist auch ein kultischer Akt, mit dem wir Gott die Ehre erweisen. Es wird darum notwendig sein, sich bei der Unterweisung der Gläubigen nicht nur darauf zu beschränken, Materie und Form der Sakramente zu erklären, sondern den ganzen Komplex von Zeremonien und Gebeten, die unsere Gottesverehrung zum Ausdruck bringen. Wenn ich ein Sakrament empfange, erweise ich dem Herrn die Ehre. In Zukunft will man also den Ritus so gestalten, damit dieser Aspekt noch deutlicher hervortritt.

Aus praktischen Überlegungen betrachten wir zuerst jene Sakramente, die wir am häufigsten empfangen. Beginnen wir mit der heiligen *Kommunion:* Wenn ihr die Konstitution lest, werdet ihr finden, daß sie im Hinblick auf die Eucharistie einen wunderbaren Ausdruck des heiligen Augustinus sich zu eigen gemacht hat: Sie ist „das Sakrament huldvollen Erbarmens, das Zeichen der Einheit, das Band der Liebe". Wer leben will, bekommt das, was er zum Leben braucht.

Sakrament huldvollen Erbarmens: Dieser Ausdruck bringt zwar nicht alle, aber doch einige Aspekte oder Wirkungen der Eucharistie in uns zum Ausdruck. Sie birgt wahrhaftig das

Leben in sich, das innere Leben, das darin besteht, daß wir nach und nach dieselben Gedanken, dieselbe Mentalität, dieselben Einstellungen, dieselben Gefühle haben wie Jesus Christus. Wenn du das eucharistische Brot ißt, wird dieses Brot dich verwandeln; nach und nach wirst du sein, was dieses Brot ist. Du mußt es nur geschehen lassen.

Zeichen der Einheit: „*Ein* Brot ist es. Darum sind wir viele *ein* Leib; denn wir alle haben teil an dem einen Brot" (1 Kor 10,17), sagt der heilige Paulus. Und in der Didache heißt es schon um das Jahr 100: Wie dieses Brot, das wir brechen, ausgestreut wurde über die Äcker und nach der Ernte zu einem einzigen Stück geworden ist, so sammelt sich deine Kirche zur Einheit, o Gott! Brot, das vereint. Wir waren zerstreut, das Brot vereinigt uns wieder, es eint die ganze Kirche.

Sakrament der kirchlichen Einheit. Es tut nicht nur dir und mir gut, es tut auch der Pfarrgemeinde, der Diözese, der ganzen Weltkirche gut, wenn man gemeinsam zum *Tisch des Herrn* geht. Wir gebrauchen dafür das Wort Kommunion und denken oft gar nicht mehr an das, was *communio* eigentlich bedeutet. Ihr wißt, daß es in den ersten Jahrhunderten das sogenannte „fermentum" gab: Der Bischof nahm, um seine Übereinstimmung mit einem anderen Bischof zu zeigen, einen Teil der während der Messe konsekrierten Hostien, legte sie in einen Behälter und schickte sie einem anderen Bischof. Das sollte bedeuten: Mach Kommunion mit mir, wir sind derselben Auffassung, wir gehören zusammen, wir sind eine Einheit!

Die Eucharistie als Sakrament der kirchlichen Einheit bewirkt aber nicht nur die Einheit mit dem Bischof, sie vereint uns auch untereinander. Es gibt keine Einheit in der Diözese, wenn der Klerus nicht geeint und einmütig ist. Seht, heute stellen sich die Probleme in einer ganz anderen Weise als früher einmal. Früher war die Pfarrei in sich geschlossen, heute ist sie offen. Früher arbeiteten die Menschen an demselben Ort, an dem sie lebten. Heute leben und essen sie hier und gehen woanders zur Arbeit. Und an den Festtagen seht ihr oft eure Pfarrkinder kaum. Der Pfarrer allein steht also auf verlorenem Posten. Er muß die Arbeit mit den Nachbarpfarrern koordinieren, er muß sich mit ihnen zusammensetzen. Wir müssen alle an einem Strick ziehen. Die *communio* ist notwendig, besser gesagt die *Liebe,* die Einheit der Priester untereinander und die mit ihrem Bischof.

Kommen wir nun zur *Beichte:* Der Pfarrer von Ars erzählt in seinen Predigten einfach Beispiele, wie er das gerne tat: Es war einmal ein kleines Mädchen mitten auf einem Feld. Da sprang plötzlich aus dem Wald ein Wolf hervor, packte es mit seinen Zähnen und zerrte es fort. Der Vater und der Onkel, die gerade bei der Arbeit waren, bemerkten es: Sie nahmen Knüppel in die Hand und rannten hinter dem Wolf her. Sie haben ihn auch eingeholt und gezwungen, die Beute wieder loszulassen. Das arme Kind wurde gerettet.

Der Wolf ist der Teufel, das wehrlose Kind sind wir, und der uns rettet, ist Jesus Christus mit seinem Knüppel. Die Hiebe gelten nicht uns, wohlgemerkt, sondern dem Wolf. Wir waren im Maul des Wolfes, aber dann sind wir befreit worden.

Wenn man zur Beichte geht, bereitet uns das meist großes Unbehagen; aber wenn man es dann hinter sich hat, ist man froh und sagt erleichtert: Gott sei Dank, es war wirklich eine gute Idee von Jesus, dieses Sakrament einzusetzen. Was würde mit mir sein, wenn es die Beichte nicht gäbe?

Daher müssen wir der Beichte eine große Bedeutung beimessen und ihre Praxis nicht nur den anderen, sondern auch uns selbst immer wieder einschärfen. Halten wir uns an das, was das kirchliche Gesetzbuch sagt: Wir sollen *oft* zur Beichte gehen. Verschiedene Synoden sagen sogar: jede Woche. Versucht, euch danach zu richten! Es macht ein wenig Mühe, aber dann fühlt man sich wohler, man ist zufriedener, man schöpft wieder neue Kraft.

Der Herr hat uns das Sakrament der Buße als ein Instrument seiner Barmherzigkeit und seines Friedens gegeben. Man darf nicht allzuviel Angst davor haben. Und das Bekenntnis muß einfach und klar sein. Manche machen eine etwas zu komplizierte Gewissenserforschung, weil sie glauben, eine gute Figur machen zu müssen. Besser ist es, mit wenigen Worten klar zu sagen, was man zu sagen hat, in aller Kürze, in Demut, ohne lang herumzureden... Eine gute Figur können wir anderswo machen, nicht hier. Das ist nicht der Platz, gut dastehen zu wollen.

Aber man soll es sich auch nicht zu einfach machen. Kennt

ihr die Anekdote von den zwei Pfarrern in benachbarten Bergdörfern? Jeden Samstag gingen sie getreu zur Beichte, wobei sie sich gegenseitig die Absolution erteilten. Im Winter war einmal sehr viel Schnee gefallen und hatte die kleine Brücke, die ihre beiden Dörfer miteinander verband, zum Einsturz gebracht. Es gab kein Weiterkommen, und doch wollten sie beichten. Der eine stand da, der andere dort, und unter ihnen toste laut ein Wildbach. Der erste legte die Hand an den Mund und schrie zum anderen hinüber: Alles wie immer! Und der andere: Verstanden, geht in Ordnung! Die Buße auch wie immer! Und mit dem Arm machte er ein großes Kreuzzeichen. Dasselbe Spiel auch umgekehrt. Nachdem sie sich gegenseitig die Absolution erteilt hatten, kehrten sie glücklich und zufrieden nach Hause zurück.

Sehr einfach: Sünde und Buße, alles wie gehabt!

Versuchen wir, nicht immer so zu bleiben, wie wir gewöhnlich sind, ohne uns um Besserung zu bemühen. Ihr wißt ja besser als ich, daß der wahre Schmerz über die Sünden und Fehler sich in dem Vorsatz zeigt, sich zu bessern, und in der tatsächlichen Besserung.

Man muß auch die Gelegenheiten zur Sünde meiden können. Denkt an den heiligen Augustinus: Da war einer, der sagte: Ich kann nicht anders, ich bin nicht dazu imstande. Er war verheiratet, aber ging oft fremd. Man sagte zu ihm: Geh nicht mehr dorthin, du ruinierst deine und ihre Familie. Aber er sagte nur: Ich kann jetzt nicht mehr zurück, obwohl ich es möchte, ich weiß nicht mehr, was tun. Doch eines Nachts haben ihm die Verwandten in der Dunkelheit aufgelauert und ihn fürchterlich verprügelt. Ganz blau geschlagen kam er nach Hause, und seither hat man ihn nie mehr in jenem fremden Haus gesehen. Und der heilige Augustinus bemerkt abschließend: Der Herr vermochte es nicht, aber der Knüppel vermochte es.

Und dann unsere Vorsätze: Wir sollten uns lieber weniger vornehmen, aber dieses Wenige dann auch zu halten versuchen. Wir dürfen es nicht so machen wie jene zwei Matrosen, die ein Gelübde abgelegt hatten, nachdem ihr Schiff in einen fürchterlichen Sturm geraten war. Die beiden Matrosen fielen sofort auf die Knie, sie waren beide Sizilianer: Heiliger

Caloger, hilf, hilf! Und sie versprachen, zu Fuß zu seinem Heiligtum zu pilgern, sogar mit Erbsen in den Schuhen. Und sie wurden tatsächlich gerettet. Wie versprochen machten sie sich auf den Weg, mit den Erbsen in den Schuhen. Aber während der eine vor lauter Schmerzen alle Sterne sah und fast nicht mehr weiterkonnte, ging der andere seelenruhig und mit federndem Schritt dahin. Hör mal, sagte der eine, hast du denn keine Erbsen in den Schuhen? O doch, natürlich. Und dich plagen sie nicht? Überhaupt nicht. Wie das? Ich habe sie gekocht, bevor ich sie hineintat. Weißt du, wie weich und angenehm das ist?

Es gibt manche, die zwar einen großzügigen Vorsatz fassen, aber dann, wenn es darum geht, ihn auch zu halten, den bequemsten Weg gehen.

Als Priester haben wir alle das *Weihesakrament* empfangen. Wir waren damals wirklich gut darauf vorbereitet, wir waren innerlich bewegt und haben die Größe und Bedeutung dieses Augenblicks gespürt. Wir sollten uns den Tag unserer Priesterweihe immer wieder vor Augen halten, um die damalige innere Verfassung neu in uns aufleben zu lassen.

Nach den niederen Weihen wurden wir bei der Subdiakonatsweihe mit dem Kleid der Freude und Fröhlichkeit bekleidet. Man muß sich einen gewissen Optimismus immer bewahren. Man kann nicht heilig sein, wenn man nicht ein fröhliches Herz hat. Jemand hat einmal zu mir gesagt: Wissen Sie, ich habe eine heiligmäßige Oberin gekannt, die viel Buße getan hat. Der einzige kleine Fehler: Sie war immer traurig und machte stets ein finsteres Gesicht. Ach, sagte ich, dann ist es schwer zu glauben, daß sie wirklich eine Heilige war. Vielleicht hatte sie nur ein Magenleiden, aber heilig war sie bestimmt nicht.

Im Buch Nehemia gibt es eine Stelle, die lautet: „Die Freude am Herrn ist eure Stärke" (Neh 8,10). Die Freude am Herrn ist unsere Glückseligkeit. Das sagt uns die Heilige Schrift. Die Heiligen waren im allgemeinen fröhliche Menschen, die Freude um sich verbreiteten. Lieferanten der Freude müssen auch wir sein, wir sollten nicht ständig mit einem finsteren Gesicht herumlaufen. Wer wird denn schon Priester werden wollen, wenn die Vorbilder immer traurig sind, wenn der Pfarrer keinen Humor hat und immer nur anderen Vorwürfe macht. Dann wird nämlich eine Mutter sagen: Ich will unter keinen Umständen, daß mein Sohn auch einmal so wird. Wenn aber ein Priester immer fröhlich ist und Freude verbreitet, dann werden die Eltern vielleicht sagen: Ich würde es gerne sehen, wenn...

Dann kam das *Diakonat:* Empfange den Heiligen Geist, den Geist der Stärke! Kardinal von Galen war ein großer Bischof: Man nannte ihn den Löwen von Münster. Eine ganz hervorragende Gestalt der Kirchengeschichte. Er hat Hitler in beispielhafter Weise Widerstand geleistet, indem er sagte: Laßt ihn nur zuschlagen, ich habe keine Angst. Ich bin der Amboß, Hitler ist der Hammer: Eher zerspringt der Hammer, ich habe keine Angst! Und in der Tat, der Hammer ist zersprungen.

Man darf sich nie entmutigen lassen in dieser Welt. Die Stärke wird uns geschenkt, wenn wir unser ganzes Vertrauen auf den Herrn setzen.

Denkt an den heiligen Stephanus, von dem man sagt: Er war der Diakon der Liebe, des Dienstes an den Armen, der Stärke im Martyrium.

Auf dem Konzil haben Kardinal Lercaro und viele andere von der *Kirche der Armen* gesprochen. Was soll das eigentlich heißen? Daß ich dieses Brustkreuz hier ablege? Dazu bin ich sofort bereit, aber deswegen bin ich noch lange nicht arm. Aber wenn der Pfarrer die Kranken besucht, wenn er Mitleid hat mit den Armen, wenn er das Geld nicht für irgend etwas hinauswirft, sondern es denen gibt, die in Not sind, dann wird etwas von dieser Kirche der Armen sichtbar. Ich möchte euch sehr ans Herz legen, euch um die Armen zu kümmern, ihnen zu helfen, soweit es nur geht. Ein Priester der Reichen ist kein erstrebenswertes Modell.

Jesus Christus war den Armen und den Sündern nahe. Ihr erinnert euch: „Dieser Freund der Zöllner und Sünder" (Mt 11,19), schrieb der heilige Matthäus. Ihr sollt wie die Armen demütig sein und arm. Manchmal ist der Ruhm einer Diözese nicht ein großer Bischof, sondern ein schlichter Pfarrer, der einfach seine Pflicht getan hat, der ein Meister des geistlichen Lebens gewesen ist, der es verstanden hat, den

Glauben zu lehren, der die Kinder und Jugendlichen so erzogen hat, daß sie sich zu selbständigen Persönlichkeiten entwickeln konnten und wirklich Erwachsene geworden sind, der sich mit den Kleinen und Ohnmächtigen solidarisiert hat.

Eure Lehre soll eine geistliche Medizin für das Volk Gottes sein. Eine klare, auf dem Lehramt der Kirche fußende Verkündigung, ein solide gebildetes Gewissen, ein Beispiel an Tugendhaftigkeit – das ist das Andenken, das Erbe, das jeder Pfarrer seiner Gemeinde hinterlassen müßte. Das ist es auch, was ich euch aus ganzem Herzen wünsche.

XVIII
Gebet und Abtötung

Die Liturgie ist sicherlich sehr wertvoll und sehr wichtig für uns Priester. Trotzdem kann man nicht leugnen, daß auch da die Gefahr der Übertreibung besteht. Diese Übertreibung wird mit dem Wort *Panliturgismus* zum Ausdruck gebracht. Manche glauben, alle Probleme mit der Liturgie lösen zu können; das aber ist unmöglich. Das Konzil hat diese Schwierigkeit vorausgesehen und in die Konstitution einige nützliche Überlegungen eingefügt.

In Artikel 12 heißt es: „Das geistliche Leben deckt sich aber nicht schlechthin mit der Teilnahme an der heiligen Liturgie." Das geistliche und aszetische Leben wird zwar auch von der Liturgie gespeist, aber sie ist nur eine der Quellen, und man darf die anderen nicht vernachlässigen.

Im einzelnen werden zwei besonders empfohlen: das persönliche Gebet und die Abtötung.

Das *persönliche Gebet:* Im Evangelium heißt es: „Du aber geh in deine Kammer, wenn du betest, und schließ die Tür zu; dann bete zu deinem Vater, der im Verborgenen ist. Dein Vater, der auch das Verborgene sieht, wird es dir vergelten" (Mt 6,6). Jesus hat uns auch das Privatgebet gelehrt, man darf sich also nicht mit dem öffentlichen oder offiziellen Gebet begnügen und sich nur darauf beschränken.

Mehrmals gibt es auch noch die Empfehlung, daß man allzeit beten und darin nicht nachlassen solle (Lk 18,1). „Betet, ohne nachzulassen" (1 Thess 5,17). Doch wie läßt sich diese Forderung mit den vielfältigen Aufgaben eines jeden von uns vereinbaren? Man kann nicht ständig zum gemeinsamen Gebet in die Kirche gehen, und auch das Breviergebet ist nicht für alle geeignet. Es muß daher noch etwas anderes geben, womit man die Empfehlungen Christi und des heiligen Paulus verwirklichen kann: Es ist das persönliche Gebet oder Privatgebet.

Dazu gehören alle Andachts- oder Gebetsformen, die nicht für die Gesamtkirche approbiert sind. Der Artikel 13 der Konstitution empfiehlt daher die *Andachtsübungen* des christlichen Volkes und die *gottesdienstlichen Feiern* der Teilkirchen, zum Beispiel den Kreuzweg, den Rosenkranz, die Anbetung des Allerheiligsten usw. Es wäre wirklich eine Sünde, das alles nur aus dem Grund beiseite zu schieben, weil es nicht liturgisch ist. Das wäre jedenfalls nicht im Sinne des Konzils.

Auch was das priesterliche Leben betrifft, ist das Privatgebet von großer Wichtigkeit. Wenn ein Priester neben der heiligen Messe und dem Brevier keine anderen Gebete verrichtet, trocknet er mit der Zeit innerlich aus. Erlaubt mir daher, daß ich noch ein Wort über das persönliche Beten sage.

Die heilige Theresia hat sich einmal folgendermaßen geäußert: Ich weiß, wenn ich nicht den festen Entschluß gefaßt habe, um jeden Preis zu beten, werde ich es bald nicht mehr tun. Denn heute ist es der Zustand der Trockenheit meiner Seele, morgen sind es die großen Sorgen, übermorgen sind es meine Sünden – aus dem einen oder anderen Grund werde ich nicht mehr beten. Ich muß daher einen festen Entschluß fassen zu beten.

Sie war wirklich eine gute Psychologin. Treffend vor allem der Hinweis auf die Sünde. Im Zustand der Sünde hat man oft nicht den Mut zu beten. Das ist aber ein großer Fehler, denn wenn es einen Moment gibt, wo man beten soll, dann ist es gerade der, wenn man gesündigt hat. Jesus sagt uns: Wer es am meisten nötig hat, soll zu Gott beten, und er kann damit rechnen, daß er ihm hilft.

Ohne das Gebet gibt es keinen Fortschritt im geistlichen Leben. Aber welches Gebet? Das läßt sich schwer sagen. Jeder hat da seine eigene Weise zu beten. Aber es muß ein wirklich gutes Gebet sein, kein oberflächliches Lippengebet.

Wir Priester müßten für die anderen Menschen Lehrer des Gebetes sein. Doch wie willst du die anderen lehren, wie man betet, wenn du selbst gar nicht oder nur schlecht betest? Was man selbst nicht kann, das kann man andere auch nicht lehren.

Das ist auch der Grund, warum in vielen Pfarreien die Menschen kaum mehr beten: weil der Pfarrer nicht betet. Er macht zwar vieles andere, setzt sich in den Beichtstuhl usw. Aber unsere erste Pflicht ist es doch, die Leute beten zu lehren, denn wenn wir ihnen dieses mächtige Hilfsmittel in die Hand gegeben haben, wissen sie sich selbst zu helfen, um die Gnade von Gott zu erlangen. Daher kann man auf das Beten auf keinen Fall verzichten.

Als Jesus uns das Vaterunser gelehrt hat, hat er gesagt: So sollt ihr beten. Und er hat sein Gebet in zwei Teile gegliedert. Der erste Teil: „Geheiligt werde dein Name, dein Reich komme, dein Wille geschehe". Dieser Teil bezieht sich auf unser Verhältnis zu Gott. Erst dann kommt man zum zweiten Teil: „Gib uns heute unser tägliches Brot" usw. Auch beim persönlichen Gebet sollte man dieser Methode folgen: Zuerst die Anbetung, das Lob, der Dank – dann erst die Bitte.

Aber auch die anderen Gebete haben diese innere Struktur: „Gegrüßet seist du, Maria, voll der Gnade, der Herr ist mit dir." Dann erst: „Bitte für uns Sünder!" Zuerst macht man also der Gottesmutter ein schönes Kompliment. Man muß diplomatisch sein: Zuerst Lob und dann erst die Bitte. Alle alten kirchlichen Gebete haben am Anfang das Lob, das Kompliment, und dann erst die Bitte.

Ihr wißt, daß das schönste Gebet an sich das passive ist, wo man sich ganz der Gnade und ihrem Wirken überläßt. Stellt euch ein kleines Boot vor, das mit vollen Segeln dahingleitet, auch wenn der Seemann die Arme in den Schoß legt: Der Wind treibt es voran. So ergeht es auch manchen Menschen, die geradezu von Gott in Beschlag genommen werden. Es ist das sogenannte *mystische Gebet* derjenigen, die sich der Kontemplation hingeben.

Doch darüber kann ich euch nicht viel sagen, denn Mystiker bin ich leider keiner. Die heilige Theresia, die eine sehr erfahrene Frau war und wahrlich eine Mystikerin, sagt: Ich habe heiligmäßige Menschen gekannt, wirkliche Heilige, die nicht kontemplativ waren; und ich habe Kontemplative gekannt, die wirklich die Gnade des höheren Gebetes hatten, aber keine Heiligen waren. Das heißt, daß die Gabe der Kontemplation für die Heiligkeit nicht unbedingt erforderlich ist. Wenn aber einer von euch diese besondere Gnade besitzt, dann ziehe ich den Hut vor ihm. Ich selbst aber halte mich lieber an das schlichte, einfache Gebet eines demütigen Herzens.

Ich pflege die verschiedenen Arten des Betens mit einem sehr einfachen Beispiel zu erklären: In einer Familie feiert der Vater Geburtstag. Die Mutter und die Kinder haben ein kleines Fest für ihn vorbereitet. Zuerst kommt der Jüngste an die Reihe: Er hat ein kleines Gedicht auswendig gelernt, das er brav vor dem Vater aufsagt. Bravo, sagt der Vater zu ihm, das hast du aber fein gemacht. Ich danke dir sehr, mein liebes Kind.

Dann tritt der zweite Sohn auf, der schon die Mittelschule besucht. Es ist unter seiner Würde, ein Gedichtlein auswendig herzusagen; er hat vielmehr eine ausgefeilte kleine Ansprache vorbereitet, alles selbst erdacht, ganz auf seinem eigenen Mist gewachsen. Ich hätte nie geglaubt – so der Vater –, daß du so tüchtig bist und eine solche Rede halten kannst. Und er ist sehr stolz auf ihn.

Danach ist das Fräulein Tochter dran. Sie hat nur einen Strauß roter Nelken mitgebracht und bringt kein einziges Wort über die Lippen. Vor Aufregung ist sie ganz rot im Gesicht, als sie ihm den Blumenstrauß überreicht. Und der Vater sagt zu ihr: Man sieht, daß du mich sehr gern hast, denn du bist so rot geworden. Und er nimmt die Blumen entgegen, weil er sieht, wie sehr dieses kleine Geschenk von Herzen kommt.

Schließlich ist die Mutter an der Reihe, seine langjährige Ehefrau. Sie hat kein Geschenk für ihn. Sie kommt mit leeren Händen. Sie schaut ihren Mann nur an, und er schaut sie an. Einfach nur ein Blick! Sie wissen alles. Dieser Blick ruft die ganze Vergangenheit, ein ganzes Leben ins Gedächtnis: das Gute wie das Schlechte, die Freuden und das Leid der Familie. Nichts sonst.

Das sind die vier Gebetsarten. Die erste – das auswendig gelernte Gedichtlein – ist das *gesprochene Gebet:* Wenn ich andächtig den Rosenkranz bete oder das Vaterunser oder das Ave Maria, dann sind wir noch kleine Kinder, stehen noch ganz am Anfang.

Die zweite Gebetsweise – die kleine Festrede – ist die *Meditation*. Da ist schon etwas dabei, was auf meinem eigenen Mist gewachsen ist.

Die dritte Gebetsart – der Blumenstrauß – ist das *affektive Gebet*. Die kleine Tochter in ihrer Aufregung und mit ihren Gefühlen. Da braucht es nicht viele Gedanken, es genügt, das Herz sprechen zu lassen. Mein Gott, ich liebe dich! Wenn einer auch nur zwanzig Minuten so betet, ist es besser als jede Meditation.

Die vierte Art – die der Ehefrau – ist das *Gebet der Einfachheit* oder des einfachen Blickes. Ich stelle mich vor den Herrn hin und sage kein Wort. Irgendwie schaue ich ihn an. Es scheint, als sei dieses Gebet wenig wert, doch es ist allen anderen überlegen. Und es ist nicht einmal so schwer, dahin zu kommen.

Eine große Schwierigkeit jedes Gebetes sind die *Zerstreuungen*. Ich kenne keinen, der nicht darunter zu leiden hätte. Ich weiß kein anderes Heilmittel dagegen als einfach ständige Bemühung. Die Beständigkeit des Geistes, die innere Sammlung sind allein Frucht vieler Anstrengungen und großer Beflissenheit. Sicher ist es gut, eine Zone des Schweigens um sich zu schaffen; doch das wird wohl nicht genügen, denn die Zerstreuungen kommen gewöhnlich von innen. Aber wenn man wirklich will, lassen sich auch die Zerstreuungen vermindern und abschwächen.

Trachtet danach, euer Gebet immer mehr zu verbessern: Das ist eine wirklich grundlegende Sache für das geistliche Leben des Priesters. Mehr möchte ich gar nicht sagen. Man könnte zwar wer weiß was alles noch sagen, aber das einzig Wichtige beim Gebet besteht darin, es zu praktizieren.

Das Konzil spricht auch von der *Abtötung*. Erinnern wir uns: „Wohin wir auch kommen, immer tragen wir das Todesleiden Jesu an unserem Leib" (2 Kor 4,10); „... ergänze ich in meinem irdischen Leben das, was an den Leiden Christi noch fehlt" (Kol 1,24). Es ist nicht leicht, die Abtötung zu lieben! Wir wünschen eigentlich genau das Gegenteil.

Jedenfalls gehört zur Heiligkeit, zu der wir berufen sind, auch ein wenig Abtötung. Alle Heiligen haben in ihrem Leben Probleme gehabt und sie aus Liebe zum Herrn angenommen und bewältigt. Wer nicht leidet, kann auch nicht heilig werden.

Es gibt unzählige Arten von Abtötung. Es gibt die *passive* Abtötung, wenn man einfach die Leiden annimmt, die Gott uns schickt. Es gibt aber auch die *aktive* Abtötung, die ich mir selbst wähle. Ich verzichte zum Beispiel darauf, ein Glas Wein zu trinken, ein Stück Obst mehr zu nehmen. Außerdem kann es sich um eine innere oder eine äußere Abtötung handeln. Die *innere* Abtötung ist zum Beispiel eine Demütigung, die ich ertrage, ein Kummer, ein Neidgefühl, das ich unterdrücke, dem ich nicht nachgeben will. Eine *äußere* Abtötung liegt vor, wenn ich Zahnweh oder Kopfschmerzen habe, wenn mich Rheumatismus oder eine andere Unpäßlichkeit plagt und ich nicht ständig vor allen Leuten darüber jammere.

Wenn ich durch die ständige Übung der Abtötung eine Gewohnheit angenommen habe, die einer bestimmten Neigung entgegengesetzt ist, wird dann jene Neigung, jene Leidenschaft einfach verschwinden? O nein, das nicht. Geben wir uns da keinen Illusionen hin! Zwar behaupten manche Lehrer des geistlichen Lebens, daß man, wenn man seinen Körper quäle, gewisse Reize nicht mehr spüren würde. Doch das ist keineswegs immer so, manchmal wirst du sie sogar noch mehr fühlen. Es ist gefährlich, sich da trügerischen Hoffnungen hinzugeben.

Was ist aber nun das Gute an der Abtötung? Es entsteht irgendwie ein neuer psychologischer Zustand. Eines Abends verzichte ich zum Beispiel auf das obligate Glas Wein, am nächsten Abend wieder: Zuerst fällt es mir schwer, nach und nach bemerke ich dann, daß es immer leichter wird, und ich halte daran fest, mich weiter zu überwinden. Es ist ein Training des Geistes. Ich muß mich ständig daran erinnern, demütig zu sein, mich abzutöten.

Doch wir haben oft nur wenig Bereitschaft, Buße zu tun. Außerdem ist es ein Kennzeichen unserer Zeit, auf die Buße wenig Wert zu legen, während im Mittelalter die ganze Aszese auf die Buße ausgerichtet war. Daher ist es gut, jene Disposition der Seele zu besitzen, die bekennt: Ich habe es notwendig, Buße zu tun für meine Sünden, es dient der Demut, am Boden zu bleiben. Das ist die große Wohltat der Abtötung.

Wenn einer seine Standespflichten getreulich erfüllt, indem er die Trägheit, die Langeweile und alle Widerwärtigkeiten mit wirklichem Eifer überwindet, ist das im allgemeinen eine nützliche und verdienstvolle Buße. Ein Pfarrer, der immer treu seine Pflicht erfüllt, der seine Abrechnung macht, sich um das Kirchenvermögen kümmert und genau über alles Buch führt, dabei aber eine unüberwindliche Abneigung gegen diesen ganzen Verwaltungskram hat, der sich vielleicht mehr zur Literatur hingezogen fühlt, zur Lektüre der letzten Novitäten... Doch nein, jeden Abend unterzieht er sich der Pflicht, alles genau einzutragen, und überwindet so seine eigene Abneigung. Das ist wahrlich eine Übung der Abtötung. Er wird daraus großen Nutzen ziehen für seinen Charakter, für sein geistliches Leben. Und andererseits ist es eine Buße, die ihn nicht in Stolz verfallen läßt, denn es ist ja nichts Außergewöhnliches: Schließlich tun es ja alle, und es gibt keinen Grund, sich darauf etwas einzubilden. Aber er hat seinen inneren Widerstand überwunden, er hat mit Ausdauer versucht, seine Pflicht zu tun.

Hier mache ich nun Schluß. Bitten wir den Herrn, daß er uns hilft, treue Vollstrecker der Beschlüsse und Anordnungen des Konzils über die heilige Liturgie zu sein. Und gleichzeitig wollen wir uns bemühen, jene zwei großen und unersetzlichen Mittel der Heiligkeit in höchstem Maße zu schätzen, nämlich das Gebet und die Abtötung.

XIX
In Erwartung seiner Wiederkunft

Die letzten Worte des Samariters beim Abschied, bevor er die Herberge verließ, lauteten: Da sind zwei Denare, sorge für ihn! Und wenn es nicht reichen sollte, werde ich dir das, was du mehr für ihn verbraucht hast, später bezahlen, *wenn ich wiederkomme.*

Er wird also wiederkommen. Jesus Christus wird wiederkommen. Ich habe während dieser Exerzitien mehr als einmal das *Eschaton* unterstrichen, den eschatologischen Aspekt der Kirche. Das Konzil wollte, daß man diesem Aspekt, der früher einmal viel stärker im Bewußtsein der Menschen verankert war, wieder mehr Aufmerksamkeit schenkt. In der Urkirche glaubte man vielfach, daß die Wiederkunft Christi unmittelbar bevorstünde. Der heilige Paulus mußte zum Beispiel die Thessalonicher in dieser Hinsicht eher einbremsen. Die Apostel wollten keineswegs, daß die Gläubigen die Hände in den Schoß legten mit der Begründung, das einzig Wichtige sei, auf die Wiederkunft des Herrn zu warten. Sie sagten vielmehr: Ja, der Herr wird wiederkommen, aber inzwischen dürfen wir hier nicht untätig bleiben. Soviel Gutes muß noch getan werden.

Ich nenne euch als Beispiel eine Stelle aus dem ersten Petrusbrief: „Das Ende aller Dinge ist nahe" (1 Petr 4,7). Was muß ich aber tun, während ich dieses Ende erwarte? Der heilige Petrus fährt fort: „Seid also besonnen und nüchtern, und betet! Vor allem haltet fest an der Liebe zueinander; denn die Liebe deckt viele Sünden zu. Seid untereinander gastfreundlich, ohne zu murren. Dient einander als gute Verwalter der vielfältigen Gnade Gottes, jeder mit der Gabe, die er empfangen hat. Wer redet, der rede mit den Worten, die Gott ihm gibt; wer dient, der diene aus der Kraft, die Gott verleiht. So wird in allem Gott verherrlicht durch Jesus Christus" (1 Petr 4,7–11).

Seid besonnen: Von der Klugheit und Besonnenheit habe ich schon gesprochen. Ich glaube, sie ist in besonderem Maße eine pastorale Tugend. Der heilige Jakobus sagt: „Jeder Mensch soll schnell bereit sein zu hören, aber zurückhaltend im Reden" (Jak 1,19). Ich möchte gleichsam den heiligen Jakobus korrigieren in dem Sinne, daß man auch sehr vorsichtig sein muß, wenn es sich darum handelt, das zu glauben, was man so hört. Glaubt doch nicht jedem Geschwätz, das die Runde macht! Seid vielmehr klug und besonnen!

Betet! Der heilige Petrus stimmt hier vollkommen mit dem heiligen Paulus überein. Man muß ständig beten, ohne Unterlaß. Geht von diesen Exerzitien nicht weg, ohne euch vorzunehmen: Herr, ich will wieder mehr beten!

Vor allem haltet fest an der Liebe zueinander: „Das ist mein Gebot: Liebt einander" (Joh 15,12). Habt Nachsicht miteinander, vergebt einander, hat Jesus gesagt. „Daran werden alle erkennen, daß ihr meine Jünger seid: Wenn ihr einander liebt" (Joh 13,35). Es ist nicht die große Liebe, die außergewöhnliche, die heroische Liebe. Nein, es ist die Liebe der kleinen Dinge: sich gegenseitig ertragen, sich an die kleinen Belästigungen gewöhnen. Darin zeigt sich die wahre Liebe.

Der Pfarrer von Ars war nur ein einfacher Priester, aber von ihm können wir einiges lernen. Er war nicht sehr begabt, und als er im Februar 1814 zur Theologieprüfung antrat, ist er auch prompt durchgefallen. Man gab ihm unmißverständlich zu verstehen, daß er für das Priesteramt ungeeignet sei. Da ist eine Welt für ihn zusammengebrochen. Daraufhin begab sich Pfarrer Balley, der ihn durch Privatunterricht vorbereitet hatte, selbst ins Seminar und sagte zu den Professoren: Versetzt euch doch einmal in die Lage dieses Mannes, der erst so spät mit dem Studium beginnt. Ihr könnt von ihm nicht das gleiche verlangen wie von den anderen jungen Studenten. Und so hat er sie überredet, es mit einer zweiten Prüfung nochmals zu versuchen. Diesmal ging es ziemlich gut. Ein Jahr darauf wurde er schließlich doch zum Priester geweiht.

Doch niemand in der ganzen Diözese wollte ihn haben. Nur Pfarrer Balley hat ihn liebend gern bei sich aufgenommen. Drei Jahre lang war er sein Kaplan. Sie waren beide Heilige, und die Bevölkerung von Ecully war sehr zufrieden. Als Pfarrer Balley schließlich starb, begab sich sofort eine Abordnung des Ortes zum Generalvikar: Lassen Sie Vianney bei uns, wir sind sehr zufrieden mit ihm, er ist ein Priester, der Goldes wert ist. Doch er selbst wußte genau, daß man ihm nie im Leben diese Pfarrei anvertrauen würde. Man hat ihm schließlich Ars gegeben: 250 Einwohner, 500 Franc Jahreseinkommen, keinerlei Nebeneinkünfte, eine ungesunde Luft wegen der nahegelegenen Zinngruben und Antiklerikale in rauhen Mengen, die der Religion feindlich gesinnt waren. Die Kirche schmal, eng und dunkel. Den Turm hatten die Revolutionäre niedergerissen, es waren nur noch ein paar Balken mit einer gesprungenen Glocke vorhanden. Wirklich eine Katastrophe! Doch er hat gehorcht. Er hat die Pfarrei wieder in Schwung gebracht und wurde in ganz Frankreich sehr populär.

Die Heiligkeit des Pfarrers von Ars bestand nicht in seinen großen Fastenübungen, sondern in diesen kleinen Dingen, in der Liebe und dem Gehorsam zu seinen Vorgesetzten, die ihn nicht verstanden, die seine Pläne durchkreuzten, zum Bischof, der nur jetzt gut zu ihm war, da alle ihn einen Heiligen nannten. Dadurch ist er heilig geworden.

Denn die Liebe deckt viele Sünden zu: Man weiß nicht genau, was dieser Ausdruck bedeuten soll. Es gibt Leute, die erklären es so: Wenn einer die Liebe übt, dann mag er noch so beladen sein mit Sünden, seine Liebe läßt ihn für alles Verzeihung erhalten. Aber vielleicht soll es auch dies bedeuten: Wenn du Liebe übst gegen deinen Nächsten und weißt, daß er ein großer Sünder ist, mußt du die Augen schließen und ihn dennoch lieben, auch wenn er Kommunist ist, auch wenn er ein Säufer ist. Jetzt braucht er deine Liebe am nötigsten. Vergiß, daß er ein Sünder ist!

Seid untereinander gastfreundlich, ohne zu murren: Früher einmal kannte man viel mehr Gastfreundschaft; im Orient gibt es sie auch heute noch. Bei uns aber haben sich die Dinge leider geändert. Wir Priester sollten aber auch in dieser Hinsicht mit gutem Beispiel vorangehen.

Dient einander als gute Verwalter der vielfältigen Gnade Gottes (im griechischen Text steht hier das Wort *Charisma*): Denkt an das Gleichnis von den Talenten! Wir alle haben verschiedene Talente erhalten. Der eine ist ein guter Prediger, der andere ein gütiger Beichtvater, der eine ist von robuster Gesundheit, der andere versteht es, gute Ratschläge zu geben, wieder ein anderer ist sehr gebildet. Man muß versuchen, alles in den Dienst der Menschen zu stellen.

Wer redet, der rede mit den Worten, die Gott ihm gibt: Es ist ein Aufruf zur Ernsthaftigkeit des Wortes. Die Worte des Priesters müßten immer Worte Gottes sein, Worte der Wahrheit, der Hoffnung, der Ermutigung. Jeder Mensch hat seine Zeiten der Mutlosigkeit und Verzagtheit. Da tut ein gutes Wort ungeheuer wohl. Manche haben die Gabe, andere überzeugen zu können oder sie zum Lachen zu bringen. Auch das ist etwas Gutes. Auch die Fröhlichkeit ist eine Tugend.

Wer dient, der diene aus der Kraft, die Gott verleiht: Wenn du vor eine schwierige Aufgabe gestellt bist, laß dich nicht demoralisieren, verlier nicht den Mut, niemals! Sondern halte durch mit der Kraft, die Gott verleiht! Verlaß dich nicht allein auf deine eigenen Kräfte, sondern denke daran, daß Gott dir in allem beisteht, wo auch immer dein Platz sein mag.

Hier möchte ich ein kurzes Wort sagen über den *Posten,* auf den man dich gestellt hat, den man dir anvertraut hat, und über die Liebe, die man zu dieser Aufgabe haben muß. Manchmal hat man einfach von allem genug. Wenn die Situation schwierig wird, glaubt man oft, eine andere Aufgabe sei vielleicht weniger anstrengend. Nein, das ist keinesfalls wahr. Wenn du das eine Kreuz fallen läßt, wirst du eben mit einem anderen beladen. Der Herr will, daß wir dort heilig werden, wo er uns hingestellt hat, und daß wir auf seine Vorsehung vertrauen.

Auf der anderen Seite dürfen wir auch wieder nicht zu sehr an einer bestimmten Aufgabe hängen. Wenn der Bischof sagt: Ich hätte gern, daß du eine andere Aufgabe übernimmst, mußt du dazu bereit sein. Man darf da nicht egoistisch denken, sondern muß das Wohl der ganzen Diözese im Auge haben.

So wird in allem Gott verherrlicht durch Jesus Christus. Sein ist die Herrlichkeit und die Macht in alle Ewigkeit. Das ist eine wunderbare Doxologie, mit der wir auch diese Exerzitien beschließen wollen.

Versuchen wir, unser Amt und vor allem unsere Arbeit zu lieben; ertragen wir die Unannehmlichkeiten, die damit verbunden sein können. Es ist nicht der Herr, der sie uns schickt. Er läßt sie nur zu, zu unserem Nutzen, als Chance für uns, und auch um unsere Tugend auf die Probe zu stellen.

Beten wir zur Gottesmutter, zum „Stern des Meeres", daß sie unseren Weg erleuchte, damit wir wahre und heilige Priester sind.

Unlängst habe ich in einem Buch folgenden Satz gelesen: Willst du glücklich sein und den Frieden des Herzens gewinnen? Dann werde Priester und sei es ganz! Willst du unglücklich sein und gleichsam die Last eines Berges auf dir spüren, die dich niederdrückt? Dann werde Priester und sei es nur halb! Das Priestertum macht Freude, wenn es voll und ganz gelebt wird, mit seinen schönen Seiten und mit seinen Opfern. Wenn aber einer nur so halb bei der Sache ist, dann wird das Priestertum für ihn tatsächlich zu einer unerträglichen Last.

Ich wünsche euch, daß eure priesterliche Aufgabe euch ganz erfüllt, daß ihr für euer ganzes Leben zufrieden seid, Priester zu sein, und daß eure größte Freude darin besteht, dem Herrn zu begegnen, wenn er einst wiederkommt.